Economic Law

经济法

彭立峰 孙 丹◎主 编
逄艳波 张 义◎副主编

清华大学出版社
北京

内 容 简 介

本书从满足高等院校经管类应用型复合人才培养目标的实际需要出发，着力体现经济法最新立法、司法最新实践和研究最新成果，纳入大量经济法司法实践中的鲜活案例，注重培养学生运用经济法知识解决实际问题的实务操作能力。本书既可以作为经管类专业的本科教材，也可作为经管类从业人员的学习资料和培训教材。

本书封面贴有清华大学出版社防伪标签，无标签者不得销售。

版权所有，侵权必究。举报：010-62782989，beiqinquan@tup.tsinghua.edu.cn

图书在版编目（CIP）数据

经济法/彭立峰，孙丹主编．—北京：清华大学出版社，2022.8（2024.8重印）
21世纪经济管理新形态教材．经济学系列
ISBN 978-7-302-61550-7

Ⅰ．①经… Ⅱ．①彭… ②孙… Ⅲ．①经济法－中国－高等学校－教材 Ⅳ．①D922.29

中国版本图书馆CIP数据核字(2022)第 140350 号

责任编辑：刘志彬 朱晓瑞
封面设计：李召霞
责任校对：王凤芝
责任印制：刘 菲

出版发行：清华大学出版社
网　　址：https://www.tup.com.cn，https://www.wqxuetang.com
地　　址：北京清华大学学研大厦A座　　邮　编：100084
社 总 机：010-83470000　　邮　购：010-62786544
投稿与读者服务：010-62776969，c-service@tup.tsinghua.edu.cn
质 量 反 馈：010-62772015，zhiliang@tup.tsinghua.edu.cn
课 件 下 载：https://www.tup.com.cn，010-83470332

印 装 者：天津安泰印刷有限公司
经　　销：全国新华书店
开　　本：185mm×260mm　　印 张：17　　字　数：382千字
版　　次：2022年8月第1版　　印　次：2024年8月第4次印刷
定　　价：49.00元

产品编号：096334-01

前言

市场经济本质上是法治经济，"经济法"课程因之成为高等院校经济管理类专业的重要课程。本书从满足高等院校经管类应用型复合人才培养目标的实际需要出发，着力体现经济法最新立法、司法最新实践和研究最新成果，纳入大量经济法司法实践中的鲜活案例，注重培养学生运用经济法知识解决实际问题的实务操作能力。因此，本书既可作为经管类专业的本科教材，也可作为经管类从业人员的学习资料和培训教材。

为了提高教学质量，配合线上线下混合式教学，本书精心设计和制作了丰富的电子配套资源，以新形态教材促进新形态教学。本书的电子配套资源包括有趣的引导案例、海量的法律法规条文、经典案例及其评析、规范的裁判文书、大量的习题及答案解析等，以充分发挥网络课程资源的优势，打破教学的时间和空间限制，实现"经济法"课程学习的个性化。

在本书的编写过程中，本团队参考了大量文献，并借鉴了同行专家的研究成果，在此表示衷心的感谢！本书由西北政法大学彭立峰副教授、佳木斯大学孙丹教授担任主编，佳木斯大学逄艳波副教授、张义老师担任副主编，西北政法大学陈红霞副教授、徐芳宁副教授和佳木斯大学李晶蕾老师参编。具体分工为：彭立峰负责编写第九章，孙丹负责编写第二章、第四章，逄艳波负责编写第一章、第六章，张义负责编写第三章、第七章，李晶蕾负责编写第五章，陈红霞负责编写第八章，徐芳宁负责编写第十章；彭立峰、孙丹负责全书的统稿工作。由于时间仓促和编者水平有限，书中难免有疏漏和不足之处，敬请同行及广大读者批评指正。

编者
2022 年 2 月

目 录

第一章　经济法基础理论 ··· 1
　　第一节　经济法概述 ·· 1
　　第二节　经济法律关系 ·· 5
　　第三节　民事法律行为与代理 ··· 8
　　第四节　经济仲裁与诉讼 ··· 15
　　本章思考题 ··· 26

第二章　合伙企业法律制度 ·· 27
　　第一节　合伙企业法律制度概述 ·· 27
　　第二节　普通合伙企业 ·· 29
　　第三节　有限合伙企业 ·· 38
　　第四节　合伙企业的解散与清算 ·· 42
　　本章思考题 ··· 44

第三章　公司法律制度 ·· 45
　　第一节　公司法律制度概述 ·· 46
　　第二节　公司的股东、董事、监事和高级管理人员 ··························· 49
　　第三节　公司的财务会计制度 ·· 57
　　第四节　公司的变更、合并、分立、解散与清算 ······························ 59
　　第五节　有限责任公司 ·· 62
　　第六节　股份有限公司 ·· 71
　　本章思考题 ··· 80

第四章　合同法律制度 ·· 82
　　第一节　合同法律制度概述 ·· 82
　　第二节　合同的订立 ··· 85

第三节　合同的效力 ·· 92
　　第四节　合同的履行 ·· 94
　　第五节　合同的担保 ·· 99
　　第六节　合同的变更和转让 ·· 108
　　第七节　合同权利义务的终止 ·· 110
　　第八节　违约责任 ·· 113
　　本章思考题 ·· 116

第五章　票据法律制度 ·· 117
　　第一节　票据法律制度概述 ··· 117
　　第二节　汇票 ·· 125
　　第三节　本票 ·· 138
　　第四节　支票 ·· 139
　　本章思考题 ·· 142

第六章　证券法律制度 ·· 143
　　第一节　证券法律制度概述 ··· 143
　　第二节　证券发行 ·· 147
　　第三节　证券交易 ·· 153
　　第四节　上市公司收购 ·· 156
　　第五节　信息披露法律制度 ··· 161
　　第六节　投资者保护法律制度 ·· 165
　　本章思考题 ·· 168

第七章　商标法律制度 ·· 169
　　第一节　商标概述 ·· 169
　　第二节　商标权的取得 ·· 171
　　第三节　商标权的内容 ·· 175
　　第四节　商标权的消灭 ·· 176
　　第五节　商标侵权行为 ·· 178
　　第六节　驰名商标的保护 ·· 180
　　本章思考题 ·· 181

第八章　反垄断法律制度 ································ 182

　　第一节　反垄断法律制度概述 ·························· 182

　　第二节　滥用市场支配地位 ···························· 188

　　第三节　垄断协议 ·································· 193

　　第四节　经营者集中 ································ 198

　　第五节　行政垄断 ·································· 202

　　本章思考题 ······································ 207

第九章　反不正当竞争法律制度 ························ 208

　　第一节　反不正当竞争法律制度概述 ···················· 208

　　第二节　商业混淆行为 ······························ 212

　　第三节　虚假宣传行为 ······························ 215

　　第四节　商业诋毁行为 ······························ 218

　　第五节　商业贿赂行为 ······························ 221

　　第六节　不正当有奖销售行为 ·························· 224

　　第七节　侵犯商业秘密行为 ···························· 227

　　第八节　互联网新型不正当竞争行为 ···················· 230

　　本章思考题 ······································ 232

第十章　劳动法律制度 ································ 234

　　第一节　劳动法律制度概述 ···························· 234

　　第二节　劳动合同制度 ······························ 237

　　第三节　劳动基准制度 ······························ 246

　　第四节　劳动保障制度 ······························ 252

　　第五节　劳动争议处理制度 ···························· 256

　　本章思考题 ······································ 260

参考文献 ·· 261

第一章 经济法基础理论

本章学习目标

1. 了解：
（1）经济法的产生和发展；
（2）经济法的地位和调整对象；
（3）经济法律关系的构成；
（4）仲裁和诉讼的相关程序。
2. 掌握：
（1）经济法的概念；
（2）经济法的渊源；
（3）经济法的主体与客体；
（4）民事法律行为；
（5）代理制度；
（6）仲裁和诉讼相关制度。
3. 运用：
（1）正确分析经济法律关系；
（2）正确识别常见的经济法律行为；
（3）合理解决生活中的经济纠纷。

第一章 引导案例

第一节 经济法概述

法是反映由一定物质生活条件所决定的统治阶级意志，由国家制定或认可并得到国家强制力保证的，赋予社会关系主体权利与义务的社会规范的总称。法通过对社会成员行为的规范和引导，实现立法者所追求的社会秩序与正义目标。

根据《中华人民共和国宪法》①（以下简称《宪法》）的规定，国家"实行依法治国，建设社会主义法治国家"。全面依法治国是中国特色社会主义的本质要求和重要保障。习近平在中国共产党第十九次全国代表大会报告中指出："必须把党的领导贯彻落实到依法治国全过程和各方面，坚定不移走中国特色社会主义法治道路，完善以宪法为核心的中国特色社会主义法律体系，建设中国特色社会主义法治体系，建设社会主义法治国家，发展中国特色社会主义法治理论，坚持依法治国、依法执政、依法行政共同推进，坚持法治国家、法治政府、法治社会一体化建设，坚持依法治国和以德治国相结合，依法治国和依规治党有机统一，深化司法体制改革，提高全民族法治素养和道德素质。"

依法治国是对新中国历史经验进行深刻总结的结果，是发展社会主义市场经济的客观需要。全面推进依法治国，离不开党的领导。社会主义市场经济在本质上是法治经济。在平等保护市场主体的产权和其他合法权益、营造公平竞争环境、完善国有资产管理体制、创新和完善宏观调控等方面，法治都发挥着至关重要的保障作用。

一、经济法的概念及调整对象

（一）经济法的概念

"经济法"这一概念起源于法国，1755年，空想社会主义者摩莱里在他出版的《自然法典》一书中首先使用。第一次世界大战期间，德国颁布了《煤炭经济法》和《钾盐经济法》，经济法开始作为一个独立的部门法出现在法律体系中。在自由资本主义经济过渡到垄断资本主义经济过程中，生产的高度社会化以及人类社会的现代化导致了诸多市场失灵问题，国家全面协调经济运行成为政府和社会的必然选择，"经济法"应运而生。

经济法是调整国家在管理与协调经济运行过程中发生的经济关系的法律规范的总称。经济法是国家为了克服市场调节的盲目性和局限性而制定的调整全局性的、社会公共性的、需要国家干预的经济关系的法律规范的总称。这一概念有四层含义：一是经济法是调整市场经济关系的法律，是在市场经济的条件下产生和发展起来的；二是经济法调整的不是所有的市场经济关系，而是那些需要由国家干预或调节的市场经济关系；三是制定经济法的目的是促进和保障市场经济健康发展，维护社会经济秩序；四是经济法是众多经济法律、法规的总称。

扩展阅读 1-1 相关法律法规

（二）经济法的调整对象

经济法的调整对象不是一切经济关系，而是一定范围内的特定的经济关系，即国家

---

① 《中华人民共和国宪法》1982年12月4日第五届全国人民代表大会第五次会议通过，1982年12月4日全国人民代表大会公告公布施行；根据1988年4月12日第七届全国人民代表大会第一次会议通过的《中华人民共和国宪法修正案》、1993年3月29日第八届全国人民代表大会第一次会议通过的《中华人民共和国宪法修正案》、1999年3月15日第九届全国人民代表大会第二次会议通过的《中华人民共和国宪法修正案》、2004年3月14日第十届全国人民代表大会第二次会议通过的《中华人民共和国宪法修正案》和2018年3月11日第十三届全国人民代表大会第一次会议通过的《中华人民共和国宪法修正案》修正。

在对经济管理和协调发展经济活动过程中所发生的法律关系。经济法调整的经济法律关系主要有以下几类。

1. 宏观经济调控关系

宏观经济调控关系是指国家从长远和社会公共利益出发，对关系国计民生的重大经济因素，在实行全局性的管理过程中，与其他社会组织所发生的具有隶属性或指导性的社会经济关系。发展市场经济，弥补市场调节的缺陷、优化资源配置，必须建立以间接手段为主的宏观调控体系。实施国家宏观经济调控的法律制度主要包括产业调节、计划、国有资产管理等方面的法律制度，如预算法、会计法、中央银行法、价格法等。宏观调控是核心、灵魂，其他关系服从于宏观调控。

2. 市场主体调控关系

市场主体调控关系是指国家在对市场主体的活动进行管理以及市场主体在自身运行过程中所发生的社会关系。这里所说的市场主体，主要是指在市场上从事直接和间接交易活动的经济组织，如企业和非企业性经济组织。其中企业是最主要的市场经济主体。规范市场主体的法律制度有公司法、合伙企业法、独资企业法、外商投资企业法等。

3. 市场运行调控关系

市场运行调控关系是指国家为了建立社会主义市场经济秩序，维护国家、生产经营者和消费者的合法权益而干预市场所发生的经济关系。要发展社会主义市场经济，必须建立统一、开放的市场体系。为了维护正常的市场经济秩序，使市场经济有序发展，克服垄断和不正当竞争等现象，需要国家干预和加强市场管理。保障市场运行的法律制度主要有关于反不正当竞争、反垄断、产品质量、价格管理等方面的法律，如合同法律制度、票据法、反垄断法、反不正当竞争法等。

4. 社会分配调控关系

社会分配调控关系是指国家在对国民收入进行初次分配和再分配过程中所发生的经济关系，如关于劳动报酬、财政税收、社会保障等方面的法律关系。通过国家干预，建立强制实施、互济互助、社会化管理的社会保障制度，有助于充分开发和合理利用劳动力资源，保护劳动者的基本生活权利，维护社会稳定，促进经济发展。规范社会分配的法律制度有税收法律制度、社会保障法等。

二、经济法的渊源

经济法的渊源是指经济法律规范借以存在和表现的形式。经济法的渊源表明法的效力来源，包括法的创制方式和法律规范的外部表现形式。我国经济法的渊源主要有：

（一）宪法

宪法是由全国人民代表大会依特别程序制定的，具有最高效力的根本大法。宪法规定的是国家政治、经济和社会制度的基本原则，公民的基本权利和基本义务，国家机关的组织和活动原则等国家和社会中最基本、最重要的问题。经济法以宪法为渊源，主要是从中汲取有关国家经济制度的基本原则和基本规范。宪法具有最高效力，一切法律、行政法规、地方性法规、自治条例和单行条例、规章都不得同宪法相抵触。

（二）法律

法律是由全国人民代表大会及其常委会制定和修改的规范性法律文件的总称，在地位和效力上仅次于宪法，是经济法的主要渊源，它规范的是国家和社会生活中带有普遍性的基本经济关系。以法律形式表现的经济法律规范是经济法的主体和核心组成部分。

（三）法规

法规包括行政法规和地方性法规。行政法规是作为国家最高行政机关的国务院在法定职权范围内为实施宪法和法律而制定的规范性法律文件。行政法规应当依据宪法和法律制定，其地位和效力仅次于宪法和法律。

地方性法规是有地方立法权的地方人民代表大会及其常委会就地方性事务以及根据本行政区域的具体情况和实际需要制定的规范性法律文件的总称。地方性法规不得与上位法相抵触。地方性法规只在本辖区内适用。经济法大量以法规的形式存在，法规是经济法的重要渊源。

（四）规章

规章包括部门规章和地方政府规章。部门规章是国务院各部、委员会、中国人民银行、审计署和具有行政管理职能的直属机构，就执行法律、国务院行政法规、决定、命令的事项在其职权范围内制定的规范性法律文件的总称。

地方政府规章是指有权制定规章的地方人民政府，依据法律、行政法规和本省、自治区、直辖市的地方性法规制定的规范性法律文件。其中省、自治区、直辖市人民政府，省、自治区人民政府所在地的市，经济特区所在地的市，国务院批准的较大的市人民政府具有地方政府规章的立法权。

（五）民族自治地方的自治条例和单行条例

民族自治地方的自治条例和单行条例是指民族自治地方的人民代表大会依照当地民族的政治、经济和文化的特点，依法制定的规范性文件。民族自治地方的自治条例和单行条例可以依照当地民族的特点，对法律和行政法规的某些规定作出变通规定，但不得违背法律或者行政法规的基本原则。民族自治地方的自治条例和单行条例也是经济法的渊源之一，主要适用于本民族自治地方。

（六）司法解释

司法解释是指最高人民法院在总结审判实践经验的基础上发布的指导性文件和法律解释。司法解释也是经济法的渊源之一。

（七）国际条约和协定

国际条约和协定是指我国作为国际法主体同其他国家或地区缔结的双边、多边协议和其他具有条约、协定性质的文件。上述文件生效以后，对缔约国的国家机关、组织和公民就具有法律上的约束力，形成法律渊源。

第二节　经济法律关系

一、经济法律关系的概念和特征

（一）经济法律关系的概念

法律关系是指经过法律规范调整形成的法律主体之间具有权利和义务内容的社会关系。经济法律关系是法律关系的一种，是指由经济法律规范所确认和调整的经济法主体在经济运行过程中所形成的经济权利和经济义务的法律关系。但并非所有的经济关系都是法律关系，只有当某种特定的经济关系为经济法律规范所调整并以经济权利和义务为内容时才具有经济法律关系的性质。

（二）经济法律关系的特征

1. 经济法律关系是经济法规定和调整的法律关系

没有经济法律规范的具体规定，经济法律关系不能产生，其内容也无法实现。在大多数情况下，其主体是特定的，即经济法律关系的主体一方是国家经济管理机关。任何主体不享有经济法律规定以外的权利，不承担经济法律规定以外的义务。

2. 经济法律关系主要发生在国家宏观调控与市场主体自主运营过程之中

宏观经济调控是政府运用法律、计划、金融、税收等手段和政策对经济进行干预和监督，市场调节则是通过"看不见的手"对经济进行调节。经济法就是调节各种市场主体在经济运行过程中的各种关系。

3. 经济法律关系是一种具有经济内容的权利义务关系

经济法律关系是以当事人的经济权利和经济义务为内容的法律关系。横向的经济法律关系要求主体之间在经济协作中权利和义务必须一致；纵向的经济法律关系要求主体一方在行使国家赋予的经济管理权利时，也要履行对国家应尽的经济管理义务，无论放弃国家赋予的经济管理权利还是推卸应对国家履行的经济管理义务，都是不允许的。

二、经济法律关系的构成要素

经济法律关系的构成要素包括主体、内容和客体三个方面。

（一）经济法律关系的主体

经济法律关系主体是指经济法律关系中享有经济权利和承担经济义务的当事人或参加者。享有经济权利的一方叫权利主体，承担经济义务的一方叫义务主体。而在许多情况下，双方当事人都是既享受经济权利又承担经济义务的。

1. 经济法律关系的主体资格

经济法律关系的主体资格，是指经济法律关系主体参加经济法律关系，享有经济权利和承担经济义务的能力，即相应的权利能力和行为能力。它是经济法律关系主体参与经济法律关系的前提和基础。

民事权利能力又称权利义务能力，是指经济法律关系主体能够参与经济法律关系，依法享有一定经济权利和承担一定经济义务的法律资格。自然人的权利能力和组织的权利能力的取得与范围不尽相同。自然人的权利能力始于出生，终于死亡。自然人依法享有民事权利，承担民事义务。自然人的民事权利能力大体上平等。组织的权利能力始于成立，终于终止，每个组织权利能力大小不一，其权利能力的范围取决于该组织成立的宗旨和义务范围。

民事行为能力是指经济法律关系主体能够通过自己的行为实际获取经济权利和履行经济义务的能力。自然人是否具有行为能力，一般依据年龄、智力或精神健康状况而定。而社会组织的行为能力必须与其权利能力相一致，否则，其行为是无效的，不产生法律拘束力，并可能导致相应的法律责任。

2. 经济法律关系主体的范围

（1）国家机关。作为经济法律关系主体的国家机关，主要指国家的权力机关和行政机关中的经济管理机关。

（2）企业和其他社会组织。企业是指以营利为目的，依法成立、独立从事生产经营或商业服务活动的经济组织。企业数量多、范围广，是最重要的经济法主体。其他社会组织主要包括事业单位和社会团体等。

（3）自然人、个体工商户和农村承包经营户。

（4）国家。在某些特殊场合，以国家的名义从事经济行为时，国家才成为经济法律关系的主体。

（二）经济法律关系的内容

经济法律关系的内容是指经济法律关系主体所享有的经济权利和承担的经济义务。这是经济法律关系的核心。

1. 经济权利

经济权利是指由经济法律关系的主体在经济管理和经济协调关系中依法具有的自己为一定行为或不为一定行为和要求他人为一定行为或不为一定行为的资格。经济权利包括：

（1）经济职权，指国家机关及其工作人员在行使经济管理职能时依法享有的权利。既是权利，又是义务，不能转让或放弃。

（2）所有权，指所有人依法对自己的财产享有的占有、使用、收益和处分的权利。所有权的主体是财产所有人，所有权的客体是财产，所有权的内容是所有人对其财产所享有的权利和非财产所有人负有的不得侵犯的义务。

（3）法人财产权，指企业法人对企业所有者投资所设立的全部财产在经营中所享有的占有、使用、收益和处分的权利。

（4）债权，指按照合同的约定或法律规定，在当事人之间产生的特定的权利。是一种请求权，义务主体特定。

（5）知识产权，指智力成果的创造人依法所享有的权利和生产经营活动中标记所有人依法享有的权利的总称,包括商标权、专利权、著作权等。

2. 经济义务

经济义务是指经济关系主体为了满足特定权利主体的权利,在法律规定的范围内必须实施或不实施某种经济行为,是法律、法规所确认的一种责任。无论是享受权利还是承担义务,都必须有合法依据。

(三)经济法律关系的客体

1. 经济法律关系客体的概念

经济法律关系客体是指经济法律关系主体的经济权利和经济义务所共同指向的对象。经济法律关系客体是经济权利和经济义务确立和产生的依据,也是确定经济权利是否实现、经济义务是否履行的客观标准和尺度。

2. 经济法律关系客体的种类

(1)物,法律意义上的物是指法律关系主体支配的、在生产上和生活上所需要的客观实体。包括自然存在的物品和人类劳动生产的产品,以及固定充当一般等价物的货币和有价证券等。物是经济法律关系中存在最为广泛的客体。

(2)经济行为,是指经济法律关系主体为达到某种特定的经济目的所进行的经济活动。它包括经济管理行为、提供劳务行为和完成工作行为等。

(3)智力成果,又称精神财富或无形产品,是指经济法律关系主体通过脑力劳动所创造的,能为其带来经济价值的精神财富。智力成果是一种精神形态的客体,是一种思想或技术方法,不属于物。智力成果包括作品、发明、实用新型、外观设计、商标、商业秘密等。

三、经济法律事实

经济法律事实,是指由经济法律规范所确定的、能够引起经济法律关系发生、变更或者消灭的客观现象。经济法律事实具备两个条件:一是属于客观情况;二是它直接导致某种经济法律效果的出现,或经济法律关系的产生、变更和消灭。经济法律事实依照其发生与当事人的意志有无关系,又分为法律行为与法律事件两类。

法律行为是指以经济法主体的意志为转移,能够引起经济法律关系发生、变更和终止的有意识的活动。法律行为分为合法行为和违法行为。违法行为不能产生行为人所预期的后果,但可能产生其他法律后果,也会引起相应的经济法律关系的产生、变更或终止,如引起经济制裁法律关系等。违法行为是行为人承担法律责任的依据之一。

法律事件是指不以当事人的主观意志为转移的客观事实,包括自然现象和社会现象引起的事实。自然现象引起的事实又称绝对事件,如地震、洪水、台风等非人为因素造成的自然灾害。社会现象引起的事实又称相对事件,如爆发战争或重大政策改变等致使合同无法履行等。相对事件虽然是因人的行为而引起的,但其出现在特定经济法律关系中并不以当事人的意志为转移。

有的经济法律关系的发生、变更和消灭,只需一个法律事实出现即可成立;有些经济法律关系的发生、变更和消灭，则需要两个以上的法律事实同时具备。引起某一经济法律关系发生、变更或消灭的数个法律事实的总称，称为事实构成。如保险赔偿关系的发生，需要订立保险合同和发生保险事故两个法律事实出现才能成立。

第三节　民事法律行为与代理

一、民事法律行为

（一）民事法律行为的概念与特征

根据《中华人民共和国民法典》[①]（以下简称《民法典》）第一百三十三条的规定，民事法律行为是民事主体通过意思表示设立、变更、终止民事法律关系的行为。民事法律行为具有以下特征：

1. 以意思表示为要素

意思表示是指行为人将意欲达到某种预期法律后果的内在意思表现于外部的行为。如果行为人仅有内在意思而不表现于外，则不构成意思表示，民事法律行为不能成立；行为人表现于外的意思不是其内在意思的真实反映，则表明该意思表示有瑕疵，民事法律行为的效力同样受到影响。意思表示是民事法律行为的核心，也是民事法律行为与非表意行为，如事实行为等相区别的重要标志。

2. 以设立、变更或终止权利义务为目的

民事法律行为是有目的的行为，此处的"目的"仅指当事人实施民事法律行为所追求的法律后果，不包括行为人实施行为的动机。法律行为的目的性是决定行为的法律效果的基本依据。只有符合生效要件的法律行为，才能发生当事人预期的法律后果。

（二）民事法律行为的分类

民事法律行为可以从不同角度作不同的分类。

1. 单方民事法律行为和多方民事法律行为

《民法典》第一百三十四条规定，民事法律行为可以基于双方或者多方的意思表示一致成立，也可以基于单方的意思表示成立。单方民事法律行为是根据一方当事人的意思表示而成立的民事法律行为。多方民事法律行为是指因两个以上当事人之间意思表示一致而成立的民事法律行为。

2. 有偿民事法律行为和无偿民事法律行为

有偿民事法律行为是指当事人互为给付一定代价（包括金钱、财产、劳务）的民事法律行为。无偿民事法律行为是指一方当事人承担给付一定代价的义务，而他方当事人不承担相应给付义务的民事法律行为。

[①]《中华人民共和国民法典》由中华人民共和国第十三届全国人民代表大会第三次会议于2020年5月28日通过，自2021年1月1日起施行。

3. 要式的民事法律行为和不要式的民事法律行为

要式的民事法律行为是指法律规定必须采取一定的形式或者履行一定的程序才能成立的民事法律行为。不要式的民事法律行为是指法律不要求采取一定形式，当事人自由选择形式即可成立的民事法律行为。不要式民事法律行为可以由当事人自由选择民事法律行为的形式；要式民事法律行为要求当事人必须采取法定形式，否则民事法律行为不能成立。

4. 诺成性法律行为和实践性的法律行为

根据其成立生效是否以标的物的实际交付为要件，民事法律行为可分为诺成性法律行为和实践性法律行为。诺成性法律行为又称不要物行为，是指只要当事人意思表示一致即可成立的民事法律行为，这种法律行为不以标的物的实际交付为成立生效要件。实践性法律行为，又称要物行为，是指除当事人意思表示一致外，还需实际交付标的物才能成立生效的法律行为，如保管、自然人之间的借贷等行为。

5. 主民事法律行为和从民事法律行为

主民事法律行为是指不需要有其他民事法律行为的存在就可以独立成立的民事法律行为。从民事法律行为是指从属于其他民事法律行为而存在的民事法律行为。从民事法律行为的效力依附于主民事法律行为：主民事法律行为不成立，从民事法律行为则不能成立；主民事法律行为无效，则从民事法律行为亦当然不能生效。但是，主民事法律行为履行完毕，并不必然导致从民事法律行为效力的丧失。

（三）民事法律行为的生效

民事法律行为要产生法律效力，首先应当符合民事法律行为的构成要素，即必须具有当事人、意思表示、标的三个要素。一些特别的民事法律行为，除了上述三个要素以外，还必须具备其他特殊事实要素，如实践性民事法律行为的成立还必须有标的物的交付。

民事法律行为生效，应当具备一定的条件，即民事法律行为的有效要件。民事法律行为的有效要件包括实质要件和形式要件。

1. 民事法律行为有效的实质要件

1）行为人具有相应的民事行为能力

法律行为是当事人旨在追求特定民事法律后果而实施的行为，所以，当事人须具有相应的民事行为能力，才可能正确理解并判断其行为的法律意义。根据《民法典》的规定：无行为能力人实施的法律行为无效；限制民事为能力人只能独立实施纯获利益的法律行为以及与其年龄、智力或精神健康状况相适应的法律行为，其他法律行为应由其法定代理人代理，或征得其法定代理人同意而实施；完全民事行为能力人可以独立地实施法律行为。对于法人而言，民事行为能力随其成立而产生、随其终止而消灭。但法人民事行为能力的行使也要与其民事权利能力范围相适应，否则可能不发生法人实施法律行为所追求的法律效果。

2）意思表示真实

民事法律行为的生效须以意思表示的真实有效为要件，如此才能确保当事人意思自由、真实地参与经济生活与市场交易。意思表示真实，指行为人的意思表示是其自主形成的内心意思的真实反映。意思表示不真实的民事法律行为，可以撤销或宣告无效。意思表示真实包括两个方面：意思表示自愿，任何人不得强迫；行为人内在的效果意思和外在的表示一致。

3）不违反法律、行政法规的强制性规定，不违背公序良俗

《民法典》第一百五十三条规定："违反法律、行政法规的强制性规定的民事法律行为无效。但是，该强制性规定不导致该民事法律行为无效的除外。违背公序良俗的民事法律行为无效。"这是指意思表示的内容不得与法律、行政法规的强制性或禁止性规范相抵触，也不得滥用法律的授权性或任意性规定规避强制性或禁止性规范。

2. 民事法律行为有效的形式要件

这是指意思表示的形式必须符合法律的规定。《民法典》第一百三十五条规定："民事法律行为可以采用书面形式、口头形式或者其他形式。法律、行政法规规定或者当事人约定采用特定形式的，应当采用特定形式。"

民事法律行为的形式主要有以下几种：①口头形式，指用谈话的方式进行意思表示，如当面交谈、电话交谈等。②书面形式，指用书面文字进行的意思表示。数据电文属于书面形式的一种。③推定形式，指当事人并不直接用口头形式或书面形式进行意思表示，而是通过实施某种积极的行为，使得他人可以推定其意思表示的形式。④沉默形式，即指行为人没有以积极的作为进行表示，而是以消极的不作为代替意思表示的形式。《民法典》第一百四十条第二款的规定，沉默只有在有法律规定、当事人约定或者符合当事人之间的交易习惯时，才可以视为意思表示。

（四）附条件和附期限的法律行为

1. 附条件的法律行为

这是指在民事法律行为中规定一定条件，并且把该条件的成就与否作为民事法律行为效力发生或者消灭根据的民事法律行为。当事人恶意促使条件成就的，应当认定条件没有成就；当事人恶意阻止条件成就的，应当认定条件已经成就。

民事法律行为所附条件，既可以是自然现象、事件，也可以是人的行为。但它应当具备下列特征：①必须是将来发生的事实。作为条件的事实，必须是在进行民事法律行为时尚未发生的。过去的事实，不得作为条件。②必须是将来不确定的事实。该事实是否发生应当是不确定的，如果在民事法律行为成立时，该事实是将来必然发生的，则该事实应当作为民事法律行为的期限而非条件。③条件应当是双方当事人约定的。民事法律行为中所附条件，必须是双方当事人约定，并以意思表示的形式表现出来。条件如果是法律规定的，如民事法律行为的成立条件、生效条件，不属于此处所谓的"条件"。④条件必须合法。不得以违法或违背道德的事实作为所附条件。⑤条件是对效力的限制。所限制的是法律行为效力的发生或消灭，而不涉及法律行为的内容，即不与行为的内容相矛盾。

2. 附期限的法律行为

这是指当事人在法律行为中约定一定的期限，并以该期限的到来作为法律行为生效或解除的根据。期限是必然要到来的事实，这是期限与条件的根本区别。法律行为所附期限可以是明确的期限，例如某年某月某日；也可以是不确定的期限，例如"某人死亡之日"。

（五）无效民事法律行为

1. 无效民事法律行为的概念

无效民事法律行为是指因欠缺民事法律行为的有效条件，不发生当事人预期法律后果的民事法律行为。无效民事法律行为是自始、当然、绝对无效。

2. 无效民事法律行为的种类

（1）无民事行为能力人实施的民事法律行为无效。

（2）以虚假意思表示实施的民事法律行为无效。行为人与相对人以虚假的意思表示实施的民事法律行为无效。行为人如果以虚假的意思表示隐藏另外一个民事法律行为，被隐藏的民事法律行为的效力，依照有关法律规定处理。

（3）恶意串通损害他人利益的民事法律行为无效。恶意串通损害他人利益的民事法律行为，指行为人故意合谋实施的损害第三人利益的行为。这类民事法律行为的主要特征是当事人之间互相串通、互相配合，共同实施了违法行为。在恶意串通损害他人利益的民事法律行为中，当事人所表达的意思是真实的，但这种意思表示是非法的，因此是无效的。

（4）违反法律、行政法规的强制性规定或者违背公序良俗的民事法律行为无效。根据《民法典》第一百五十三条规定，违反法律、行政法规的强制性规定的民事法律行为无效。但是该强制性规定不导致该民事法律行为无效的除外。因此，并非违反法律、行政法规的强制性规定的行为一律都是无效的。另外，违背公序良俗的民事法律行为亦无效。

3. 无效法律行为的法律后果

无效的法律行为，从行为开始起就没有法律约束力。其在法律上产生以下法律后果：①返还财产或折价补偿。行为人因该行为取得的财产，应当予以返还；不能返还或者没有必要返还的，应当折价补偿。②赔偿损失。有过错的一方应当赔偿对方因此所受的损失。如果各方都有过错的，应当各自承担相应的责任。③收归国家、集体所有或返还第三人。双方恶意串通，实施法律行为损害国家、集体或第三人利益的，应当追缴双方取得的财产，收归国家、集体所有或返还第三人。④其他制裁。对行为人实施无效法律行为损害国家利益或社会公共利益，依法需要给予行政制裁或刑事制裁的，还应当依法追究其行政责任或刑事责任。

（六）可撤销的法律行为

1. 可撤销的民事法律行为的概念与特征

可撤销的民事法律行为，是指依照法律规定，由于行为的意思与表示不一致或者意思表示不自由，导致非真实的意思表示，可由当事人请求人民法院或者仲裁机构予以撤销的民事法律行为。

可撤销法律行为具有以下特征：①在该行为被撤销前，其效力已经发生，未经撤销，其效力不消灭，即其效力的消灭以撤销为条件。②该行为的撤销应由享有撤销权的当事人行使，且撤销权人须通过法院或仲裁机关行使撤销权。③撤销权人对权利的行使拥有选择权，其可以选择撤销或不撤销其行为。④撤销权的行使有时间限制。《民法典》第一百五十二条第一款规定："有下列情形之一的，撤销权消灭：（一）当事人自知道或者应当知道撤销事由之日起一年内、重大误解的当事人自知道或者应当知道撤销事由之日起九十日内没有行使撤销权；（二）当事人受胁迫，自胁迫行为终止之日起一年内没有行使撤销权；（三）当事人知道撤销事由后明确表示或者以自己的行为表明放弃撤销权。"第二款规定："当事人自民事法律行为发生之日起五年内没有行使撤销权的，撤销权消灭。"⑤该行为一经撤销，其效力溯及自行为开始时无效。

2. 可撤销法律行为的种类

（1）行为人对行为内容有重大误解的。是指行为人因对行为的性质，对方当事人，标的物的品种、质量、规格和数量等的错误认识，使行为的后果与自己的真实意思相悖，并造成较大损失的情形。

（2）受欺诈的。欺诈，指当事人一方故意编造虚假情况或者隐瞒真实情况，使对方陷入错误认识而为违背自己真实意思表示的行为。被欺诈的一方可以请求人民法院或者仲裁机构予以撤销。如果第三人实施欺诈行为，使一方在违背真实意思的情况下实施民事法律行为，对方知道或者应当知道该欺诈行为的，受欺诈方有权请求人民法院或者仲裁机构予以撤销。

（3）受胁迫的。受胁迫而为的民事法律行为，指以给公民或其亲友的生命健康、荣誉、名誉、财产等造成损害或者以给法人的荣誉、名誉、财产等造成损害相要挟，迫使对方作出违背真实意愿的意思表示。被胁迫的一方可以请求人民法院或者仲裁机构予以撤销。胁迫既可以来自民事法律行为的相对人，也可以来自第三人，均导致民事法律行为的可撤销。

（4）显失公平的民事法律行为。显失公平的民事法律行为，是指一方利用对方处于危困状态、缺乏判断能力等情形，致使民事法律行为成立时当事人间的权利义务明显违反公平原则的民事法律行为。是否显失公平判断的时间点，应当以民事法律行为成立的时间点为标准。

3. 可撤销法律行为的法律后果

可撤销法律行为被依法撤销后，法律行为从行为开始起无效，具有与无效法律行为相同的法律后果。如果撤销权人表示放弃撤销权或未在法定期间内行使撤销权，则可撤销法律行为确定地成为完全有效的法律行为。

（七）效力待定的民事法律行为

效力待定的民事法律行为，是指民事法律行为成立时尚未生效，须经权利人追认才能生效的民事法律行为。

效力待定的民事法律行为主要有以下两种类型：①限制民事行为能力人依法不能独立实施的民事法律行为。②无权代理人实施的民事法律行为。

权利人追认的意思表示自到达相对人时生效。一旦追认，则民事法律行为自成立时起生效；如果权利人拒绝追认，则民事法律行为自成立时起无效。

典型案例 1-1　民事法律行为

二、代理

（一）代理的概念及特征

1. 代理的概念

代理是指代理人在代理权限内，以被代理人的名义与第三人实施民事法律行为，由此产生的法律后果直接由被代理人承担的一种法律制度。代理关系的主体包括代理人、被代理人（亦称本人）和第三人（亦称相对人）。代理关系包括三种关系：一是被代理人与代理人之间的代理权关系，二是代理人与第三人之间实施民事法律行为的关系，三是被代理人与第三人之间承受代理行为法律后果的关系。

2. 代理的特征

（1）代理人以被代理人的名义为民事法律行为。《民法典》只承认以被代理人名义进行的代理，而不包括以代理人名义进行的代理。但是，《民法典》规定的隐名代理除外。所谓的"隐名代理"是受托人以自己的名义与第三人订立合同时，第三人不知道受托人与委托人之间的代理关系的，受托人因第三人的原因对委托人不履行义务，受托人应当向委托人披露第三人，委托人因此可以行使受托人对第三人的权利。但是，第三人与受托人订立合同时如果知道该委托人就不会订立合同的除外。受托人因委托人的原因对第三人不履行义务，受托人应当向第三人披露委托人，第三人因此可以选择受托人或者委托人作为相对人主张其权利，但是第三人不得变更选定的相对人。委托人行使受托人对第三人的权利的，第三人可以向委托人主张其对受托人的抗辩。第三人选定委托人作为其相对人的，委托人可以向第三人主张其对受托人的抗辩以及受托人对第三人的抗辩。

（2）代理人是在代理权限内独立向第三人为意思表示。代理权是代理人能够以被代理人名义实施民事法律行为，并使该行为的效果直接归属于被代理人的法律资格。但是，代理行为是法律行为，本人在代理权限范围内，有权根据情况独立进行判断，并直接向第三人进行意思表示，以实现代理的目的。非独立进行意思表示的行为，不属于代理行为，如居间行为。

（3）代理人所为行为的法律效果归属于被代理人。在代理活动中，代理人不因其所实施的民事法律行为直接取得任何个人利益，由代理行为产生的权利和义务自应由被代理人本人承担。

（4）代理适用于民事主体之间设立、变更和终止权利义务的法律行为。依照法律规定或按照双方当事人约定，应当由本人实施的民事法律行为，不得代理，如订立遗嘱、婚姻登记、收养子女等；本人未亲自实施的，应当认定行为无效。

(二)代理的种类

根据《民法典》的规定,代理可分委托代理和法定代理两种。

1. 委托代理

委托代理又称意定代理。是基于被代理人授权的意思表示而发生的代理。委托授权为不要式行为,既可以采用书面形式,也可以采用口头或者其他方式授权,其中书面的委托形式是授权委托书。委托代理的被代理人在授权时必须具有相应的民事行为能力。在市场经济活动中,委托代理是适用最广泛的代理形式。

2. 法定代理

法定代理是依据法律规定而发生的代理。它是为无行为能力人和限制行为能力人设立的代理方式。《民法典》第二十三条规定:"无民事行为能力人、限制民事行为能力人的监护人是其法定代理人。"

(三)代理权的行使

1. 代理权行使的一般要求

委托代理人应按照被代理人的授权行使代理权,法定代理人应依照法律的规定行使代理权。代理人行使代理权必须符合被代理人的利益,并做到勤勉尽职、审慎周到,不得利用代理权谋取私利,不得损害被代理人利益。

2. 滥用代理权的禁止

违背代理权的设定宗旨和代理行为的基本准则,损害被代理人利益,行使代理权的行为构成滥用代理权。滥用代理权的常见情形有:①代理人以被代理人的名义与自己实施民事法律行为;②同一代理人代理双方当事人实施同一民事法律行为;③代理人与第三人恶意串通损害被代理人的利益。

《民法典》禁止代理人滥用代理权。代理人滥用代理权,给被代理人及他人造成损失的,应当承担相应的赔偿责任。代理人和第三人串通,损害被代理人的利益的,由代理人和第三人负连带责任。

(四)无权代理

1. 无权代理的概念

无权代理是指没有代理权而以他人名义进行的代理行为。无权代理表现为三种形式:①没有代理权而实施的代理;②超越代理权而实施的代理;③代理权终止后而实施的代理。

2. 无权代理的法律后果

在无权代理的情况下,只有经过被代理人的追认,被代理人才承担无权代理的法律后果。未经追认的行为,由行为人承担民事责任。但是,有以下几种情况的除外:①视为本人同意。②表见代理。行为人没有代理权、超越代理权或者代理权终止后,仍然实施代理行为,相对人有理由相信行为人有代理权的,代理行为有效。

表见代理的情形有:①被代理人对第三人表示已将代理权授予他人;②被代理人将某种有代理权的证明文件交给他人;③代理人违反被代理人的意思或者超越代理权,第三人无过失地相信其有代理权而与之进行法律行为；④代理关系终止后未采取必要的措施而使第三人仍然相信行为人有代理权，并与之进行法律行为。

（五）代理关系的终止

委托代理终止的法定情形有：①代理期间届满或者代理事务完成；②被代理人取消委托或代理人辞去委托；③代理人或者被代理人死亡；④代理人丧失民事行为能力；⑤作为代理人或被代理人的法人、非法人组织终止。

但根据《民法典》第一百七十四条第一款的规定，被代理人死亡后，有下列情形之一的，委托代理人实施的代理行为仍有效：①代理人不知道并且不应当知道被代理人死亡；②被代理人的继承人予以承认；③授权中明确代理权在代理事务完成时终止；④被代理人死亡前已经实施，为了被代理人的继承人的利益继续代理。作为被代理人的法人、非法人组织终止的，参照适用前款的规定。

法定代理终止的法定情形有：①被代理人取得或恢复完全民事行为能力；②被代理人或代理人死亡；③代理人丧失民事行为能力；④由其他原因引起的被代理和代理人之间的监护关系消灭。

第四节 经济仲裁与诉讼

经济纠纷是指市场经济主体之间因经济权利和经济义务的矛盾而引起的权益争议，解决经济纠纷的方式有当事人协商和解、有权机关进行调解、仲裁和诉讼。如果当事人通过协商、调解不能解决争议的，最主要解决争议的方法有仲裁和诉讼。

一、经济仲裁

（一）仲裁的概念和基本原则

1. 仲裁的概念

仲裁是指仲裁机构根据纠纷当事人之间自愿达成的协议，以第三者的身份对所发生的纠纷进行审理，并作出对争议各方均有约束力的裁决的解决纠纷的活动。

所谓仲裁机构是指通过仲裁方式，解决双方民事争议，作出仲裁裁决的机构，即仲裁委员会。仲裁委员会可以在直辖市和省、自治区人民政府所在地的市设立，也可以根据需要在其他设区的市设立，不按行政区划层层设立。仲裁机构与行政机关没有隶属关系。仲裁委员会之间也没有隶属关系。

2. 仲裁的基本原则

依据《中华人民共和国仲裁法》[①]（以下简称《仲裁法》），仲裁应遵循以下基本原则。

---

① 《中华人民共和国仲裁法》1994年8月31日第八届全国人民代表大会常务委员会第九次会议通过；根据2009年8月27日第十一届全国人民代表大会常务委员会第十次会议《关于修改部分法律的决定》第一次修正；根据2017年9月1日第十二届全国人民代表大会常务委员会第二十九次会议《关于修改〈中华人民共和国法官法〉等八部法律的决定》第二次修正。

（1）自愿原则。根据这一原则，当事人如果采取仲裁方式解决纠纷，必须首先由双方自愿达成仲裁协议。没有仲裁协议，一方申请仲裁的，仲裁委员会不予受理；当事人还可以自愿选择仲裁机构及仲裁员；当事人也可以自行和解，达成和解协议后，可以请求仲裁庭根据和解协议作出仲裁裁决书，也可以撤回仲裁请求；当事人自愿调解的，仲裁庭应予调解。

（2）以事实为根据，以法律为准绳，公平合理地解决纠纷原则。仲裁机构应以客观事实为根据，以民事实体法和程序法作为作出仲裁裁决的标准。

（3）仲裁组织依法独立行使仲裁权原则。仲裁组织是民间组织，它不隶属于任何国家机关。仲裁组织仅对法律负责，依法独立进行仲裁，不受任何行政机关、社会团体和个人的干涉。

（4）一裁终局原则。仲裁裁决作出后，当事人就同一纠纷，不能再申请仲裁或向人民法院起诉，仲裁委员会或人民法院不予受理。

（二）《仲裁法》的适用范围

平等主体的公民、法人和其他组织之间发生的合同纠纷和其他财产权益纠纷，可以仲裁。下列纠纷不能仲裁：①婚姻、收养、监护、扶养、继承纠纷；②依法应当由行政机关处理的行政争议。

另外，由于劳动争议和农业集体经济组织内部的农业承包合同纠纷不同于一般的经济纠纷，它们在解决纠纷的原则、程序等方面有自己的特点，应适用专门的规定，不适用《仲裁法》。

（三）仲裁协议

1. 仲裁协议的内容

仲裁协议包括合同中订立的仲裁条款以及在纠纷发生前后以其他书面方式达成的请求仲裁的协议。仲裁协议应具有下列内容：①请求仲裁的意思表示；②仲裁事项；③选定的仲裁委员会。

2. 仲裁协议的效力

仲裁协议具有以下效力：①仲裁协议中为当事人设定的义务，不能任意更改、终止或撤销；②排除诉讼管辖；③仲裁协议具有独立性，合同的变更、解除、终止或无效，不影响仲裁协议的效力。

当事人对仲裁协议的效力有异议的，应当在仲裁庭首次开庭前请求仲裁委员会作出决定，或请求人民法院作出裁定。一方请求仲裁委员会作出决定，另一方请求人民法院作出裁定的，由人民法院裁定。

仲裁协议无效的情形：①约定的仲裁事项超过法律规定的仲裁范围的；②无民事行为能力人或限制民事行为能力人订立的仲裁协议；③一方采取胁迫手段，迫使对方订立仲裁协议的。此外，仲裁协议对仲裁事项或仲裁委员会没有约定或者约定不明确的，当事人可以补充协议；达不成补充协议的，仲裁协议无效。

当事人达成仲裁协议，一方向人民法院起诉未声明有仲裁协议，人民法院受理后，另一方在首次开庭前提交仲裁协议的，人民法院应当驳回起诉，但仲裁协议无效的除外；另一方在首次开庭前未对人民法院受理该起诉提出异议的，视为放弃仲裁协议，人民法院应当继续审理。

（四）仲裁程序

1. 仲裁的申请和受理

申请仲裁必须符合下列条件：①有仲裁协议；②有具体的仲裁请求和事实、理由；③属于仲裁委员会的受理范围。

当事人申请仲裁，应当向仲裁委员会递交仲裁协议、仲裁申请书及副本。仲裁申请书应载明下列事项：①当事人的姓名、性别、年龄、职业、工作单位和住所，法人或其他组织的名称、住所和法定代表人或主要负责人的姓名、职务；②仲裁请求和所根据的理由；③证据和证据来源、证人姓名和住所。

仲裁委员会收到仲裁申请书之日起5日内，认为符合受理条件的，应当受理，并通知当事人；认为不符合受理条件的，应当书面通知当事人不予受理，并说明理由。仲裁委员会受理仲裁申请后，应当依法向被申请人送达仲裁申请书副本，并由其提交答辩书，被申请人未提交答辩书的，不影响程序的进行。

2. 仲裁庭的组成

仲裁庭可以由3名仲裁员或者1名仲裁员组成。由3名仲裁员组成的，设首席仲裁员。当事人约定由3名仲裁员组成仲裁庭的，应当各自选定或者各自委托仲裁委员会主任指定1名仲裁员，第3名仲裁员由当事人共同选定或者共同委托仲裁委员会主任指定。第3名仲裁员是首席仲裁员。当事人约定由1名仲裁员成立仲裁庭的，应当由当事人共同选定或者委托仲裁委员会主任指定。当事人没有在仲裁规则规定的期限内约定仲裁庭的组成方式或者选定仲裁员的，由仲裁委员会主任指定。仲裁庭组成后，仲裁委员会应当将仲裁庭的组成书面通知当事人。

仲裁员有下列情形之一的，必须回避，当事人也有权提出回避申请：①是本案当事人或者当事人、代理人的近亲属；②与本案有利害关系；③与本案当事人、代理人有其他关系，可能影响公正仲裁的；④私自会见当事人、代理人，或者接受当事人、代理人的请客送礼的。

当事人提出回避申请应当说明理由，并在首次开庭前提出。回避事由在首次开庭后知道的，可以在最后一次开庭终结前提出。仲裁员是否回避，由仲裁委员会主任决定；仲裁委员会主任担任仲裁员时，由仲裁委员会集体决定。仲裁员因回避原因不能履行职责的，应当依照《仲裁法》规定重新选定或者指定仲裁员。

3. 仲裁裁决

仲裁应当开庭进行。当事人协议不开庭的，仲裁庭可以根据仲裁申请书、答辩书以及其他材料作出裁决。

仲裁不公开进行。当事人协议公开的，可以公开进行，但涉及国家秘密的除外。

当事人申请仲裁后，可以自行和解。达成和解协议的，可以请求仲裁庭根据和解协议作出裁决书，也可以撤回仲裁申请。当事人达成和解协议，撤回仲裁申请后又反悔的，可以根据仲裁协议申请仲裁。

仲裁庭在作出裁决前,可以先行调解。调解书与裁决书具有同等法律效力。调解书经双方当事人签收后,即发生法律效力。

裁决应当按照多数仲裁员的意见作出,少数仲裁员的不同意见可以记入笔录。仲裁庭不能形成多数意见时,裁决应当按照首席仲裁员的意见作出。裁决书自作出之日起发生法律效力。

当事人应当履行裁决。一方当事人不履行的,另一方当事人可以依照《中华人民共和国民事诉讼法》[①](以下简称《民事诉讼法》)的有关规定向人民法院申请执行,受申请的人民法院应当执行。

二、经济诉讼

(一)诉讼的概念

诉讼是指人民法院根据纠纷当事人的请求,运用审判权确认争议各方权利义务关系,解决经济纠纷的活动。

诉讼是解决经济纠纷的重要手段,大多数情况下是解决经济纠纷的最终办法。经济纠纷所涉及的诉讼包括行政诉讼和民事诉讼。这里所说的行政诉讼是指人民法院根据当事人的请求,依法审查并裁决行使行政管理职权的行政机关所作出的具体行政行为的合法性,以解决经济纠纷的活动,如人民法院依法审理作为经济法主体的公民与税务机关在税收征纳关系上发生争议的行政案件。民事诉讼是指人民法院在当事人及其他诉讼参与人的参加下,依法审理并裁决经济纠纷案件所进行的活动。由于解决经济纠纷所涉及的诉讼绝大部分属于民事诉讼,因此本节主要就民事诉讼予以介绍,民事诉讼适用《民事诉讼法》的有关规定。

(二)诉讼管辖

诉讼管辖是指各级人民法院之间以及不同地区的同级人民法院之间,受理第一审经济案件的分工和权限。管辖有许多种类,其中最重要的是地域管辖和级别管辖。

1. 地域管辖

地域管辖,是指确定同级人民法院之间在各自管辖的地域内审理第一审案件的分工和权限。它又分为一般地域管辖和特殊地域管辖。

(1)一般地域管辖

一般地域管辖是以被告住所地为依据来确定案件的管辖法院,即实行"原告就被告

---

① 《中华人民共和国民事诉讼法》1991年4月9日第七届全国人民代表大会第四次会议通过,根据2007年10月28日第十届全国人民代表大会常务委员会第三十次会议《关于修改〈中华人民共和国民事诉讼法〉的决定》第一次修正,根据2012年8月31日第十一届全国人民代表大会常务委员会第二十八次会议《关于修改〈中华人民共和国民事诉讼法〉的决定》第二次修正,根据2017年6月27日第十二届全国人民代表大会常务委员会第二十八次会议《关于修改〈中华人民共和国民事诉讼法〉和〈中华人民共和国行政诉讼法〉的决定》第三次修正,根据2021年12月24日第十三届全国人民代表大会常务委员会第三十二次会议《关于修改〈中华人民共和国民事诉讼法〉的决定》第四次修正。

原则"。对公民提起的民事诉讼，由被告住所地人民法院管辖，被告住所地与经常居住地不一致的，由经常居住地人民法院管辖。公民的住所地是指该公民的户籍所在地，经常居住地是指公民离开住所地至起诉时已连续居住满1年的地方，但公民住院就医的地方除外。对法人或其他组织提起的民事诉讼，由被告住所地人民法院管辖。同一诉讼的几个被告住所地、经常居住地在两个以上人民法院辖区的，各该人民法院都有管辖权。对没有办事机构的个人合伙、合伙型联营体提起的诉讼，由被告注册登记地人民法院管辖记，几个被告又不在同一辖区的，被告住所地的人民法院都有管辖权。

两个以上人民法院都有管辖权的诉讼，原告可以向其中一个人民法院起诉；向两个以上有管辖权的人民法院起诉的，由最先立案的人民法院管辖。先立案的法院不得将案件移送给另一个有管辖权的人民法院。人民法院在立案前发现其他辖权的人民法院已先立案的，不得重复立案；立案后发现其他管辖权的人先立案的，裁定将案件移送给先立案的人民法院。

（2）特殊地域管辖

特殊地域管辖是以诉讼标的所在地，或引起法律关系发生、变更、消灭的法律事实所在地为依据确定管辖。适用特殊地域管辖的主要有以下几种情况：①因合同纠纷引起的诉讼，由被告住所地或合同履行地人民法院管辖。②因保险合同纠纷提起的诉讼，由被告住所地或保险标的物所在地人民法院管辖。因财产保险合同纠纷提起的诉讼，如果保险标的物是运输工具或者运输中的货物，可以由运输工具登记注册地、运输目的地、保险事故发生地人民法院管辖。因人身保险合同纠纷提起的诉讼，可以由被保险人住所地人民法院管辖。③因票据纠纷提起的诉讼，由票据支付地或被告住所地人民法院管辖。④因铁路、公路、水上和航空事故请求损害赔偿提起的诉讼，由事故发生地或车辆、船舶最先到达地，航空器最先降落地或被告住所地人民法院管辖。⑤专利纠纷案件由知识产权法院、最高人民法院确定的中级人民法院和基层人民法院管辖。⑥海事、海商案件由海事法院管辖。

2. 级别管辖

级别管辖，是指根据案件的性质、影响范围来划分上下级人民法院受理第一审案件的分工和权限。我国人民法院分为四级，即基层人民法院、中级人民法院、高级人民法院和最高人民法院。此外，还有专门法院，即军事法院、海事法院和铁路运输法院。以上法院的分级设置，构成了我国法院的体制。

基层人民法院原则上管辖第一审案件。中级人民法院管辖在本辖区有重大影响的案件、重大涉外案件及由最高人民法院确定由中级人民法院管辖的案件。其中重大涉外案件，包括争议标的额大的案件、案情复杂的案件，或者一方当事人人数众多等具有重大影响的案件。高级人民法院管辖在辖区有重大影响的第一审案件。最高人民法院管辖在全国有重大影响的案件以及认为应当由它审理的案件。

3. 协议管辖

协议管辖，又称合意管辖或者约定管辖，是指双方当事人在合同纠纷发生之前或发生之后，以协议的方式选择解决他们之间纠纷的管辖法院。协议管辖的适用范围是合同纠纷和其他财产权益纠纷，其他财产权益纠纷包括因物权、知识产权中的财产权而产生的民事纠纷。

根据管辖协议，起诉时能够确定管辖法院的，从其约定；不能确定的，依照民事诉讼法的相关规定确定管辖。管辖协议约定两个以上与争议有实际联系的地点的人民法院管辖的，原告可以向其中一个人民法院起诉。

（三）诉讼参加人

诉讼参加人包括当事人和诉讼代理人。

（1）当事人

当事人是指公民、法人和其他组织因经济权益发生争议或受到损害，以自己的名义进行诉讼，并受人民法院调解或裁判约束的利害关系人。当事人包括原告、被告、共同诉讼人、诉讼中的第三人。

（2）诉讼代理人

诉讼代理人是指以被代理人的名义，在代理权限范围内，为了维护被代理人的合法权益而进行诉讼的人。代理人包括法定代理人、指定代理人、委托代理人。

（四）审判制度

1. 合议制度

合议制度，指由若干审判人员组成合议庭对案件进行审理和裁判的制度。实行合议制，是为了发挥集体的智慧，弥补个人能力上的不足，以保证案件的审判质量。

按合议制组成的审判组织，称为合议庭。根据民事诉讼法的规定，在不同的审判程序中，合议庭的组成人员有所不同。总的来说，合议庭由3个以上的单数的审判人员组成。在普通程序中，合议庭的组成有两种形式：一种是由审判员和人民陪审员共同组成，陪审员在人民法院参加审判期间，与审判员有同等的权利。另一种是由审判员组成合议庭。例如，在第二审程序中，合议庭由审判员组成；在再审程序中，再审案件原来是二审的，按第二审程序另行组成合议庭；在特别程序中，要求对案件的审理实行合议制的，合议庭者由审判员组成。合议庭的审判工作，由审判长负责主持。

2. 回避制度

回避制度，是指为了保证案件的公正审判，而要求与案件有一定的利害关系的审判人员或其他有关人员，不得参与本案的审理活动或诉讼活动的审判制度。该项制度的基本内容有：

（1）回避适用的对象

根据民事诉讼法的规定，适用回避的人员包括：审判人员（包括审判员和人民陪审员）、书记员、翻译人员、鉴定人、勘验人员。

（2）适用回避的情形

根据民事诉讼法的规定，具有下列情形之一的，应予以回避：第一，审判人员或其他人员是本案当事人或当事人、诉讼代理人的近亲属；第二，审判人员或其他人员与本案有利害关系；第三，与本案当事人有其他关系，可能影响对案件的公正审理。

（3）回避的程序

回避的提出，可以是当事人提出申请，也可以是审判人员或其他人员主动自行提出。回避应当在案件开始审理前提出，回避事由在案件开始审理后知道的，可以在法庭辩论终结前提出。提出回避申请应当说明理由。回避申请提出后，是否准许申请，由法院决定，具体程序为：审判人员的回避，由法院院长决定；其他人员的回避，由审判长决定。法院对当事人提出的回避申请，应当在申请提出3日内，以口头或书面形式作出决定，申请人对决定不服的，可以在接到决定时申请复议一次。

（4）回避的法律后果

在当事人提出回避申请到法院作出是否同意申请的决定期间，除案件需要采取紧急措施的外，被申请回避的人员应暂停执行有关本案的职务。法院决定同意申请人回避申请的，被申请回避人退出本案的审判或诉讼；法院决定驳回回避申请而当事人申请复议的，复议期间，被申请回避的人员不停止参与本案的审判或诉讼。

3. 公开审判制度

人民法院审理案件和宣告判决，除法律另有规定，一律公开进行。公开审理的案件，要先期公布案由、当事人的姓名、开庭时间和地点，允许公民到法庭旁听，允许新闻记者采访和报道，定期公开宣判的应当先期公告。总之，应当把法庭审判活动的全过程，除了合议庭评议外，都公布于众。

依照法律规定，下列案件不公开审理：①涉及国家机密的案件；②涉及个人隐私的案件；③未成年人犯罪的案件；④离婚当事人和涉及商业秘密案件的当事人申请不公开审理的，可以不公开审理。对于不公开审理的案件，应当庭宣布不公开审理的理由，但判决仍然应当公开宣告。

4. 两审终审制度

我国人民法院审理经济纠纷案件实行两审终审制，是指一个案件要经过两级人民法院审判来宣告终结的制度。经济纠纷的民事诉讼一般包括一审程序、二审程序、审判监督程序三个阶段。

地方各级人民法院第一审案件的判决和裁定，当事人可以按照法律规定的程序向上一级人民法院上诉，人民检察院可以按照法律规定的程序向上一级人民法院抗诉。经过二审的判决或裁定，即发生法律效力。地方各级人民法院第一审案件的判决和裁定，如果在上诉期限内当事人不上诉、人民检察院不抗诉，就是发生法律效力的判决和裁定。

（五）审判程序

审判程序包括第一审程序、第二审程序、审判监督程序等。

1. 第一审程序

第一审程序，是指各级人民法院审理第一审案件适用的程序，分为普通程序和简易程序。

（1）普通程序

普通程序是民事、经济案件审判中最基本的程序，主要包括以下环节。

①起诉和受理

起诉是指公民、法人或其他组织在其民事权益受到损害或发生争议时，向人民法院提出诉讼请求的行为。起诉必须符合下列法定条件：原告是与本案有直接利害关系的公民、法人或其他组织；有明确的被告；有具体的诉讼请求和事实、理由；属于人民法院受理民事诉讼的范围和管辖范围，同时还必须办理法定手续。

受理是指人民法院通过对当事人的起诉进行审查，对符合法定条件的决定立案审理的行为。人民法院接到起诉状或口头起诉后，经审查认为符合起诉条件的，应当在7日内立案，并通知当事人。

②审理前的准备

人民法院应当在立案之日起5日内将起诉状副本发送被告。被告在收到之日起15日内提出答辩状。答辩是被告对原告提出的诉讼请求及理由进行回答、辩解和反驳，是被告的一项重要的诉讼权利。被告提出答辩状的，人民法院在收到之日起5日内将答辩状副本发送原告。被告不提出答辩状的，不影响人民法院审理。

根据《民事诉讼法》司法解释的规定，人民法院应当在开庭3日前用传票传唤当事人。对诉讼代理人、证人、鉴定人、勘验人、翻译人员应当用通知书通知其到庭。当事人或者其他诉讼参与人在外地的，应当留有必要的在途时间。

③开庭审理

开庭审理是指在审判人员主持和当事人及其他诉讼参与人的参加下，在法庭上对案件进行审理的诉讼活动。其目的是确认当事人的权利义务关系，以调解或判决的方式解决纠纷。

（2）简易程序

简易程序是指基层人民法院及其派出的人民法庭，审理简单民事案件所适用的既独立又简便易行的诉讼程序。简易程序适用于事实清楚、权利义务关系明确、争议不大的简单案件。

2. 第二审程序

第二审程序，又称上诉程序，是指上级人民法院审理当事人不服第一审人民法院尚未生效的判决和裁定而提起的上诉案件所适用的程序。

当事人不服地方人民法院第一审判决的，有权在判决书送达之日起15日内向上一级人民法院提起上诉。当事人不服地方人民法院第一审裁定的，有权在裁定书送达之日起10日内向上一级人民法院提起上诉。上诉应当递交上诉状，上诉状应当通过原审人民法院提出。

第二审人民法院对上诉案件经过审理，按照下列情况分别处理：①原判决认定事实清楚，适用法律正确的，判决驳回上诉，维持原判决；②原判决适用法律错误，依法改判；③原判决认定事实错误，或者原判决认定事实不清、证据不足，裁定撤销原判决，发回原审人民法院重审，或者查清事实后改判；④原判决违反法定程序，可能影响案件正确判决的，裁定撤销原判决，发回原审人民法院重审。第二审人民法院的判决、裁定是终审的判决、裁定。当事人对重审案件的判决、裁定可以上诉。

3. 审判监督程序

审判监督程序，又称再审程序，是指有审判监督权的人员和机关，发现已经发生法律效力的判决、裁定确有错误的，依法提出对原案重新进行审理的一种特别程序。

提起再审的情形包括：①各级人民法院院长对本院已经发生法律效力的判决、裁定，发现确有错误，认为需要再审的，提交审判委员会讨论决定。②最高人民法院对地方各级人民法院、上级人民法院对下级人民法院已经发生法律效力的判决、裁定，发现确有错误的，有权提审或指令下级人民法院再审。③当事人对已经发生法律效力的判决、裁定，认为有错误的，可以向上一级人民法院申请再审；当事人一方人数众多或者当事人双方为公民的案件，也可以向原审人民法院申请再审。当事人申请再审的，不停止判决、裁定的执行。当事人对已经发生法律效力的调解书申请再审，应当在调解书发生法律效力后6个月内提出。

（六）执行程序

执行程序是人民法院依法对已经发生法律效力的判决、裁定及其他法律文书的规定，强制义务人履行义务的程序。对发生法律效力的判决、裁定、调解书和其他应由人民法院执行的法律文书，当事人必须履行。一方拒绝履行的，对方当事人可以向人民法院申请执行。申请执行的期间为2年。申请执行时效的中止、中断，适用法律有关诉讼时效中止、中断的规定。此处规定的期间，从法律文书规定履行期间的最后一日起计算；法律文书规定分期履行的，从规定的每次履行期间的最后一日起计算；法律文书未规定履行期间的，从法律文书生效之日起计算。

申请执行人超过申请执行时效期间向人民法院申请强制执行的，人民法院应予受理。被执行人对申请执行时效期间提出异议，人民法院经审查异议成立的，裁定不予执行。被执行人履行全部或者部分义务后，又以不知道申请执行时效期间届满为由请求执行回转的，人民法院不予支持。

三、诉讼时效

（一）诉讼时效的概念和特点

诉讼时效是指权利人不在法定期间内行使权利而失去诉讼保护的法律制度。

诉讼时效具有以下特点：①诉讼时效以权利人不行使法定权利的事实状态的存在为前提。②诉讼时效期间届满时债务人获得抗辩权，但债权人的实体权利并不消灭。诉讼时效期间届满后，当事人自愿履行义务的，不受诉讼时效限制。义务人履行了义务后，又以诉讼时效期间届满为由抗辩的，人民法院不予支持。③诉讼时效具有法定性和强制性。《民法典》第一百九十七条规定："诉讼时效的期间、计算方法以及中止、中断的事由由法律规定，当事人约定无效。当事人对诉讼时效利益的预先放弃无效。"

（二）诉讼时效的适用对象

诉讼时效主要适用于请求权。所谓请求权，是指权利人请求特定人为或不为特定行为的权利。

根据《民法典》第一百九十六条的规定，下列请求权不适用诉讼时效的规定：①请求停止侵害、排除妨碍、消除危险；②不动产物权和登记的动产物权的权利人请求返还财产；③请求支付抚养费、赡养费或者扶养费；④依法不适用诉讼时效的其他请求权。

（三）诉讼时效期间的种类

按照期间的长度，可将诉讼时效期间分为普通时效期间、特殊诉讼时效和长期时效期间。

1. 普通诉讼时效

《民法典》第一百八十八条第一款规定："向人民法院请求保护民事权利的诉讼时效期间为三年。法律另有规定的，依照其规定。"

普通时效期间又被称为主观时效期间，从权利人知道或者应当知道权利受到损害以及义务人之日起计算。期间进行中可因法定事由发生中止、中断。

2. 特殊诉讼时效期间

除了《民法典》对于诉讼时效期间的一般规定外，一些民事单行法与特别法还针对特定请求权规定了特殊的时效期间。

特殊诉讼时效主要如下：①《海商法》第二百五十七条、第二百六十条、第二百六十三条，分别就海上货物运输向承运人要求赔偿的请求权、有关海上拖航合同的请求权、有关共同海损分摊的请求权，规定时效期间为 1 年；②《保险法》第二十六条规定，人寿保险的保险金请求权，其诉讼时效期间为 5 年；③《民用航空法》第一百三十五条规定："航空运输的诉讼时效期间为 2 年，自民用航空器到达目的地点、应当到达目的地点或者运输终止之日起计算。"

3. 长期时效期间

长期时效期间，又被称为客观时效期间，《民法典》规定，凡是权利人知道或者应当知道权利被侵害以及义务人的，即应适用 3 年普通时效期间，但最长不得超过从权利被侵害时起的 20 年。如权利人不知道且不应当知道权利被侵害以及义务人的，则应适用 20 年长期时效期间，从权利被侵害时起算超过 20 年的，诉讼时效期间届满。就此而言，20 年长期时效期间是对 3 年普通时效期间适用的补充。长期时效期间不发生中止、中断问题，但可以延长。

（四）诉讼时效期间的中止、中断与延长

1. 诉讼时效期间的中止

（1）诉讼时效期间中止的概念

诉讼时效期间的中止是指诉讼时效进行期间，因发生一定的法定事由而使权利人不能行使请求权，暂时停止计算诉讼时效期间，以前经过的时效期间仍然有效，待阻碍时效进行的事由消失后，继续计算诉讼时效期间。

（2）诉讼时效期间中止的条件

《民法典》第一百九十四条规定，在诉讼时效期间的最后 6 个月内，因不可抗力或其

他障碍不能行使请求权的,诉讼时效中止。

据此,发生诉讼时效期间中止的条件是:①诉讼时效的中止必须是当事人主观以外的法定事由引起的。"这些法定事由包括:(一)不可抗力,即属于当事人不可预见、不可避免和不可克服的客观情况;(二)无民事行为能力人力或者限制民事行为能力人没有法定代理人,或者法定代理人死亡、丧失民事行为能力、丧失代理权;(三)继承开始后未确定继承人或者遗产管理人;(四)权利人被义务人或者其他人控制;(五)其他导致权利人不能行使请求权的障碍,即其他使权利人无法行使请求权的客观情况。"②法定事由发生于或存续至诉讼时效期间的最后6个月内。

(3) 诉讼时效期间中止的效力

诉讼时效期间中止的效力,在于使时效期间暂停计算,待中止的原因消灭后,即权利人能够行使其请求权时,再继续计算时效期间。继续计算的时效期间不足6个月的,应延长到6个月。《民法典》第一百九十四条第二款规定:"自中止时效的原因消除之日起满六个月,诉讼时效期间届满。"

2. 诉讼时效期间的中断

(1) 诉讼时效期间中断的概念

诉讼时效期间的中断是指在诉讼时效进行中,因发生一定的法定事由,致使已经过的时效期间统归无效,待时效中断的法定事由消除后,诉讼时效期间重新计算。

(2) 诉讼时效期间中断的事由

诉讼时效中断的事由是当事人主观原因引起的,包括以下几种情况:①权利人向义务人提出请求履行义务的要求,即权利人直接向义务人请求履行义务的意思表示;②义务人同意履行义务;③权利人提起诉讼或申请仲裁;④与提起诉讼或者申请仲裁具有同等效力的其他情形。

(3) 诉讼时效期间中断的效力

诉讼时效期间中断的事由发生后,已经过的时效期间归于无效;中断事由存续期间,时效不进行;中断事由终止时,重新计算时效期间。

3. 诉讼时效期间的延长

诉讼时效期间的延长是指人民法院对已经完成的诉讼时效期间,根据特殊情况而予以延长。诉讼时效期间的中止、中断的规定,只能对3年的普通时效期间适用,20年的长期时效期间不适用中止、中断的规定。根据《民法典》第一百八十八条的规定,20年长期时效期间,"有特殊情况的,人民法院可以根据权利人的申请决定延长"。由此可知,诉讼时效期间的延长,应只适用于20年长期时效期间,3年普通时效期间,因有中止、中断的规定,不发生延长问题。

特殊情况是指权利人由于客观的障碍在法定诉讼时效期间不能行使请求权的情形。能够引起诉讼时效期间延长的事由具体由人民法院判定;延长的期间,也是由人民法院认定的,这是法律赋予司法机关的一种自由裁量权。

典型案例1-2 诉讼时效

第一章 即测即练题

本章思考题

1. 简述经济法的概念及调整对象。
2. 简述经济法渊源的概念及范围。
3. 简述经济法的主体和客体的范围。
4. 简述民事法律行为的含义。
5. 简述民事法律行为的效力。
6. 简述代理的含义和种类。
7. 简述《民法典》关于代理权的滥用界定。
8. 简述《民法典》关于无权代理的法律规定。
9. 简述《仲裁法》关于仲裁原则、仲裁协议和仲裁程序的规定。
10. 简述民事诉讼的审判制度。
11. 简述诉讼时效的法律规定。

第二章 合伙企业法律制度

> **本章学习目标**
>
> 1. 了解：
> （1）合伙企业的特征；
> （2）合伙企业法的基本原则。
> 2. 掌握：
> （1）普通合伙企业、有限合伙企业的概念；
> （2）普通合伙企业的设立条件；
> （3）普通合伙企业财产的性质；
> （4）合伙企业解散和清算的相关规定。
> 3. 运用：
> （1）普通合伙企业财产的转让；
> （2）普通合伙企业事务的执行相关规定；
> （3）合伙企业与第三人的关系；
> （4）入伙和退伙相关规定；
> （5）有限合伙企业的特殊法律规定；
> （6）普通合伙企业与有限合伙企业的区别。

第二章　引导案例

第一节　合伙企业法律制度概述

一、合伙企业的概念及分类

（一）合伙企业的概念

合伙是指两个以上的人为着共同目的，相互约定共同出资、共同经营、共享收益、共担风险的自愿联合。

合伙企业是指自然人、法人和其他组织依照《中华人民共和国合伙企业法》①（以下

---

① 《中华人民共和国合伙企业法》于 1997 年 2 月 23 日第八届全国人民代表大会常务委员会第二十四次会议通过，于 2006 年 8 月 27 日第十届全国人民代表大会常务委员会第二十三次会议修订。

简称《合伙企业法》）在中国境内设立的普通合伙企业和有限合伙企业，即由各合伙人订立合伙协议、共同出资、合伙经营、共享收益、共担风险，并对合伙企业债务承担无限连带责任的营利性组织。

（二）合伙企业的分类

合伙企业分为普通合伙企业和有限合伙企业。普通合伙企业由普通合伙人组成，合伙人对合伙企业的债务承担无限连带责任。有限合伙企业由普通合伙人和有限合伙人组成，普通合伙人对企业债务承担无限连带责任，有限合伙人以其认缴的出资额为限对合伙企业债务承担责任。

二、合伙企业法的概念及适用

（一）合伙企业法的概念

合伙企业法有广义和狭义之分。狭义的合伙企业法是指国家最高立法机关依法制定的，调整合伙企业在设立、变更、终止以及生产经营过程中发生的法律规范的总称，即《中华人民共和国合伙企业法》。它是目前我国调整合伙企业各种经济关系的主要法律规范。广义的合伙企业法是指国家立法机关或者其他有权机关依法制定的，调整合伙企业合伙关系的各种法律规范的总称。因此，除了《合伙企业法》外，国家有关法律、行政法规和规章中关于合伙企业的法律规范，都属于广义合伙企业法的范畴。

扩展阅读 2-1　《合伙企业法》形式渊源

（二）《合伙企业法》的适用

在理解和掌握《合伙企业法》适用时需要注意以下问题：

（1）采取合伙制的非企业专业服务机构的合伙人承担责任形式的法律适用问题。《合伙企业法》规定，非企业专业服务机构依据有关法律采取合伙制的，其合伙人承担责任的形式可以适用《合伙企业法》关于特殊的普通合伙企业合伙人承担责任的规定。非企业专业服务机构，是指不采取企业（如公司制）形式成立的，以自己的专业知识提供特定咨询等方面服务的组织。如律师事务所、会计师事务所等专业服务机构。

（2）外国企业或者个人在中国境内设立合伙企业的管理问题。《合伙企业法》规定，外国企业或者个人在中国境内设立合伙企业的管理办法由国务院规定。外国企业是指依照外国法律在中国境外设立的企业，外国个人即外国自然人，是指不具有中华人民共和国国籍的人。《合伙企业法》没有禁止外国企业或者个人在中国境内设立合伙企业，但具体的诸如一些程序性的问题，需要由国务院作出具体的规定。

三、合伙企业法的基本原则

（一）协商原则

投资人合伙前必须签订合伙协议。合伙协议依法由全体合伙人协商一致，以书面形式订立的用以规范合伙企业及合伙人行为的基本文件，也是确定合伙人权利义务关系的基本依据。

（二）自愿、平等、公平、诚实信用原则

自愿原则是指全体合伙人在签订合伙协议、设立合伙企业过程中意思表示充分真实。平等原则是指全体合伙人在签订合伙协议、设立合伙企业过程中，无论出资额的多少，具有平等的法律地位、享受平等的法律待遇以及享有平等的法律保护。公平原则是指全体合伙人在签订合伙协议、设立合伙企业过程中，应当本着公平的观念实施自己的行为。同时，司法机关也应当本着公平的观念处理有关纠纷。诚实信用原则是指全体合伙人在签订合伙协议、设立合伙企业过程中，讲诚实、守信用，以善意的方式处理有关问题。

（三）守法原则

守法原则是指合伙企业及其合伙人必须遵守国家的法律、行政法规，遵守社会公德、商业道德，承担社会责任。例如合伙企业应当依照法律、行政法规的规定建立企业财务、会计制度。再如合伙企业应依法纳税，即合伙企业的生产经营所得和其他所得，按照国家有关税收规定，由合伙人分别缴纳所得税，合伙企业不缴纳企业所得税。

（四）合法权益受法律保护原则

合伙企业及其合伙人的合法财产和合法权益受法律保护。

第二节　普通合伙企业

一、普通合伙企业的概念与特征

（一）普通合伙企业的概念

普通合伙企业是指由普通合伙人组成，合伙人对合伙企业的债务依照《合伙企业法》规定承担无限连带责任的一种合伙企业。

（二）普通合伙企业的特征

1. 由普通合伙人组成

普通合伙人，是指在合伙企业中对合伙企业的债务依法承担无限责任的自然人、法人和其他组织。《合伙企业法》规定，国有独资公司、国有企业、上市公司以及公益性事业单位、社会团体不得成为普通合伙人。

2. 以合伙协议为法律基础

合伙协议是合伙人建立合伙关系，确定合伙人各自的权利义务，使合伙企业得以设立的前提，也是合伙企业的基础。如果没有合伙协议，合伙人之间未形成合伙关系，合伙企业便不能成立。

3. 企业内部关系属于合伙关系

所谓合伙关系，就是共同出资、共同经营、共享收益、共担风险的关系。尽管不同

合伙企业订立的合伙协议有很大差别,但是必须遵循上述基本原则。

4. 合伙人对合伙企业债务承担无限连带责任,法律另有规定的除外

其含义包括两个方面:①当合伙企业财产不足以清偿其债务时,合伙人应以其在合伙企业出资以外的财产清偿债务。②每一合伙人对企业债务都有清偿的义务,债权人可以就合伙企业财产不足以清偿的那部分债务,向任何一个合伙人要求全部偿还。

法律另有规定的除外是指《合伙企业法》有特殊规定的,合伙人可以不承担无限连带责任。例如特殊的普通合伙企业中,对合伙人本人执业行为中因故意或者重大过失引起的合伙企业债务,执行行为人承担无限连带责任,对合伙企业造成的损失承担赔偿责任,其他合伙人以其在合伙企业中的财产份额承担责任。

二、普通合伙企业的设立

(一)普通合伙企业的设立条件

根据《合伙企业法》的规定,设立普通合法企业应当具备下列条件:

1. 有两个以上的合伙人

合伙企业合伙人至少为2人以上,对于合伙企业人数的最高限额,我国《合伙企业法》未作规定,完全由设立人根据所设企业的具体情况决定。

关于合伙人的资格,《合伙企业法》作了以下限定:①合伙人可以是自然人,也可以是法人或者其他组织。如何组成,除法律另有规定外不受限制。②合伙人为自然人的,应当为具有完全民事行为能力的人,无民事行为能力人和限制民事行为能力人不得成为合伙企业的合伙人。③国有独资公司、国有企业、上市公司以及公益性的事业单位、社会团体不得成为普通合伙人。法律、行政法规规定禁止从事营利性活动的人,不得成为合伙企业的合伙人。如国家公务员、法官、检察官等。

2. 有书面合伙协议

合伙协议是指由各合伙人通过协商、共同决定相互间的权利义务,达成的具有法律约束力的协议。合伙协议应当依法由全体合伙人协商一致,以书面形式订立。

根据《合伙企业法》的规定,合伙协议应当载明下列必要记载事项:①合伙企业的名称和主要经营场所的地点;②合伙目的和合伙企业的经营范围;③合伙人的姓名或者名称、住所;④合伙人出资的方式、数额和缴付出资的期限;⑤利润分配和亏损分担办法;⑥合伙企业事务的执行;⑦入伙与退伙;⑧争议解决办法;⑨合伙企业的解散与清算;⑩违约责任;等等。除上述必要记载事项外,合伙协议还可以载明任意记载事项,如合伙企业的经营期限。

合伙协议经全体合伙人签名、盖章后生效。合伙人依照合伙协议享有权利、承担责任。合伙协议生效后,全体合伙人可以在协商一致的基础上,对该合伙协议加以修改或者补充。

3. 有合伙人认缴或者实际缴付的出资

根据《合伙企业法》的规定,合伙人可以用货币、实物、土地使用权、知识产权或

者其他财产权利出资，也可以用劳务出资。合伙人的劳务出资形式是有别于公司出资形式的重要不同之处。合伙人以实物、土地使用权、知识产权或者其他财产权利出资，需要评估作价的，可以由全体合伙人协商确定，也可以由全体合伙人委托评估机构评估。以劳务出资的，其评估办法由全体合伙人协商确定，并在合伙协议中载明。

合伙人对于自己用于缴纳出资的财产或者财产权，应当拥有合法的处分权，合伙人不得将自己无权处分的财产或者财产权用于出资。合伙协议生效后，合伙人应当按照合伙协议约定的出资方式、数额和缴付期限，履行出资义务。以非货币财产出资的，依照法律、行政法规的规定，需要办理财产权转移手续的，应当依法办理。

4. 有合伙企业的名称和生产经营场所

①合伙企业的名称。普通合伙企业应当在其名称中标明"普通合伙"字样，特殊的普通合伙应当在其名称中标明"特殊普通合伙"字样。②有经营场所和从事合伙经营的必要条件。

5. 法律、行政法规规定的其他条件

（二）普通合伙企业的设立登记

1. 申请

申请人向市场主体登记机关提出申请，并提交全体合伙人签署的设立合伙企业的书面申请、全体合伙人的主体资格文件或者自然人身份证明、合伙协议、经营场所证明以及其他文件。法律、行政法规规定设立合伙企业必须报经有关部门审批的，还应当提交有关批准文件。合伙协议约定或者全体合伙人决定，委托一名或者数名合伙人执行合伙事务的，还应当提交全体合伙人的委托书。

2. 登记

市场主体登记机关应当对申请材料进行形式审查。对申请材料齐全、符合法定形式的予以确认，并当场登记，出具登记通知书，及时制发营业执照。不予当场登记的，市场主体登记机关应当向申请人出具接收申请材料凭证，并在 3 个工作日内对申请材料进行审查；情形复杂的，经登记机关负责人批准，可以延长 3 个工作日，并书面告知申请人。合伙企业的营业执照签发日期，为合伙企业的成立日期。合伙企业领取营业执照前，合伙人不得以合伙企业的名义从事经营活动。

三、合伙企业的财产

（一）合伙企业财产的构成

根据《合伙企业法》的规定，合伙企业存续期间，合伙人的出资和所有以合伙企业名义取得的收益均为合伙企业的财产。

（1）合伙人的出资。《合伙企业法》规定，合伙人可以用货币、实物、知识产权、土地使用权或者其他财产权利出资，也可以用劳务出资。这些出资形成合伙企业的原始财产。需要注意的是，合伙企业的原始财产是全体合伙人按照合伙协议"认缴"的财产，而非各合伙人"实际缴纳"的财产。

（2）以合伙企业名义取得的收益和依法取得的其他财产。合伙企业作为一个独立的经济实体，以其名义取得的经营收益和财产在未按合伙协议的约定分配给合伙人之前，与合伙人的出资一样，属于合伙企业的财产。主要包括合伙企业的公共积累、未分配的盈余、以合伙企业的名义购买的动产与不动产、合伙企业依法获得的赔偿金、合伙企业债权、合法接受赠与的财产、合伙企业取得的工业产权和非专利技术以及合伙企业的名称（商号）、商誉等财产权利。

（二）合伙企业财产的性质

合伙企业的合伙财产具有独立性和完整性两方面的特征。合伙企业的财产由全体合伙人依照《合伙企业法》的规定及合伙协议的约定共同管理和使用。在合伙企业存续期间，除非有合伙人退伙等法定事由，合伙人不得请求分割合伙企业的财产。对合伙财产的占有、使用、收益和处分，均应依据全体合伙人的共同意志进行。

（三）合伙人财产份额的转让

合伙人财产份额的转让，是指合伙企业的合伙人向他人转让其在合伙企业中的全部或部分财产份额的行为。由于合伙企业及其财产性质的特殊性，其财产的转让，将会影响合伙企业以及各合伙人切身的利益，因此，《合伙企业法》对合伙企业财产的转让作了以下限制性规定：

1. 内部转让

内部转让是指合伙人之间转让在合伙企业中的全部或者部分财产份额。依据《合伙企业法》，合伙人之间转让在合伙企业中的全部或者部分财产份额时，应当通知其他合伙人。

2. 外部转让

外部转让是指合伙人向合伙人以外的人转让其在合伙企业中的全部或者部分财产份额。依据《合伙企业法》，除合伙协议另有约定外，合伙人向合伙人以外的人转让其在合伙企业中的全部或者部分财产份额时，须经其他合伙人一致同意。合伙人向合伙人以外的人转让其在合伙企业中的财产份额的，在同等条件下，其他合伙人有优先购买权；但是，合伙协议另有约定的除外。合伙人以外的人依法受让合伙人在合伙企业中的财产份额的，经修改合伙协议即成为合伙企业的合伙人，依照修改后的合伙协议享有权利，履行义务。

（四）合伙人财产份额的出质

合伙人财产份额的出质是指合伙人将其在合伙企业中的财产份额作为质押物来担保债权人债权实现的行为。依据《合伙企业法》，合伙人以其在合伙企业中的财产份额出质的，须经其他合伙人一致同意；未经其他合伙人一致同意，其行为无效，由此给善意第三人造成损失的，由行为人依法承担赔偿责任。

四、合伙企业事务执行

（一）合伙事务执行的形式

合伙人执行合伙企业事务，有全体合伙人共同执行合伙企业事务、委托一名或数名合伙人执行合伙企业事务两种形式。

（1）全体合伙人共同执行合伙事务是合伙企业事务执行的基本形式，也是在合伙企业中经常使用的一种形式。在采取这种形式的合伙企业中，按照合伙协议的约定，各个合伙人都直接参与经营，处理合伙企业的事务，对外代表合伙企业。

（2）委托一名或数名合伙人执行合伙企业事务，即由合伙协议约定或者全体合伙人决定委托一名或者数名合伙人执行合伙企业事务，对外代表合伙企业。未接受委托执行合伙企业事务的其他合伙人，不再执行合伙企业的事务。

（二）合伙人在执行合伙事务中的权利和义务

1. 合伙人在执行合伙事务中的权利

根据《合伙企业法》的规定，合伙人在执行合伙事务中的权利主要包括以下内容：①合伙人平等享有合伙事务执行权，各合伙人无论其出资多少，都有权平等享有执行合伙企业事务的权利；②执行合伙事务的合伙人对外代表合伙企业；③不参加执行事务的合伙人有权监督执行事务的合伙人，检查其执行合伙企业事务的情况；④各合伙人有权查阅合伙企业的账簿和其他有关文件；⑤合伙人有提出异议权。合伙人分别执行合伙事务的，执行事务合伙人可以对其他合伙人执行的事务提出异议。提出异议时，应当暂停该项事务的执行。如果发生争议，可由全体合伙人共同决定。⑥合伙人有撤销委托执行事务权。被委托执行合伙事务的合伙人不按照合伙协议或者全体合伙人的决定执行事务的，其他合伙人可以决定撤销该委托。

2. 合伙人在执行合伙事务中的义务

根据《合伙企业法》的规定，合伙人在执行合伙事务中的义务主要包括以下内容：①合伙人不得自营或者同他人合作经营与本合伙企业相竞争的业务；②除合伙协议另有约定或者经全体合伙人同意外，合伙人不得同本合伙企业进行交易；③合伙人不得从事损害本合伙企业利益的活动；④由一名或者数名合伙人执行合伙企业事务的，应当依照约定向其他不参加执行事务的合伙人报告事务执行情况以及合伙企业的经营状况和财务状况。

（三）合伙事务执行的决议办法

（1）由合伙协议对决议办法作出约定。这种约定有两个前提：一是不与法律相抵触，即法律有规定的按照法律的规定执行，法律未规定的可在合伙协议中约定。二是在合伙协议中作出的约定，应当由全体合伙人一致共同作出。

（2）实行合伙人一人一票并经全体合伙人过半数通过的表决办法。这种决议方法实行的前提是合伙协议中未约定或约定不明确的，才实行合伙人一人一票并经全体合伙人过半数通过的表决办法。

（3）依照《合伙企业法》的规定作出决议。根据《合伙企业法》的规定，除合伙协议另有约定外，合伙企业的下列事项应当经全体合伙人一致同意：①改变合伙企业的名称；②处分合伙企业的不动产；③转让或者处分合伙企业的知识产权和其他财产权利；④改变合伙企业的经营范围、主要经营场所的地点；⑤以合伙企业名义为他人提供担保；⑥聘任合伙人以外的人担任合伙企业的经营管理人员；⑦向企业登记机关申请办理变更登记手续。

（四）非合伙人参与经营管理的相关规定

《合伙企业法》规定，除合伙协议另有约定外，经全体合伙人一致同意，合伙企业可以聘任合伙人以外的人担任合伙企业的经营管理人员。被聘任的合伙企业的经营管理人员应当在合伙企业授权范围内履行职责。被聘任的合伙企业的经营管理人员，超越合伙企业授权范围履行职务，或者在履行职务过程中因故意或者重大过失给合伙企业造成损失的，依法承担赔偿责任。

（五）合伙企业的损益分配

1. 合伙损益分配原则

合伙损益，即合伙企业的利润或亏损。合伙企业的利润分配、亏损分担按照合伙协议的约定办理。合伙协议对利润分配和亏损分担比例未约定或约定不明确的，由合伙人协商决定。协商不成的，由合伙人按照实缴出资比例分配利润、分担亏损。无法确定出资比例的，由合伙人平均分配利润和分担亏损。合伙协议不得约定将全部利润分配给部分合伙人或者由部分合伙人承担全部亏损。

2. 合伙损益分配具体形式

合伙企业年度或者一定时期的利润分配或者亏损分担的具体方案，由全体合伙人协商决定或者按照合伙协议约定的办法决定。合伙损益分配的时间比较灵活，既可以按年度进行分配，也可以在一定时期内进行分配。合伙损益分配的具体方案应由全体合伙人共同决定。

五、合伙企业与第三人的关系

（一）对外代表权的效力

根据《合伙企业法》的规定，执行合伙企业事务的合伙人，对外代表合伙企业。可以取得合伙企业对外代表权的合伙人，主要有三种情况：①由全体合伙人共同执行合伙企业事务的，全体合伙人都有权对外代表合伙企业，即全体合伙人都取得了合伙企业的对外代表权。②由部分合伙人执行合伙企业事务的，只有受委托执行合伙企业事务的那一部分合伙人有权对外代表合伙企业，而不参加执行合伙企业事务的合伙人则不具有对外代表合伙企业的权利。③由于特别授权在单项合伙事务上有执行权的合伙人，依照授权范围可以对外代表合伙企业。执行合伙企业事务的合伙人，在取得对外代表权后，可以以合伙企业的名义进行经营活动，在其授权的范围内作出法律行为。这种行为对合伙企业有法律效力，由此而产生的收益应当归合伙企业所有，成为合伙财产的来源；由此而带来的风险，也应当由合伙人承担，构成合伙企业的债务。

合伙企业对在合伙企业中有合伙事务执行权与对外代表权的合伙人执行合伙企业事务以及对外代表合伙企业权利的限制，不得对抗善意第三人。善意第三人是指善意与合伙企业进行法律行为的人，包括善意取得合伙财产和善意与合伙企业设定其他法律关系的人。若第三人与合伙企业事务执行人恶意串通、损害合伙企业利益，则不属善意之情形。

（二）合伙企业和合伙人的债务清偿

1. 合伙企业的债务清偿与合伙人的关系

（1）合伙企业财产优先清偿。合伙企业对其债务，应先以其全部财产进行清偿。

（2）合伙人的连带清偿责任。合伙企业财产不足清偿到期债务的，各合伙人应当承担无限连带清偿责任。各合伙人所有个人的财产，除依法不可执行的财产，如合伙人及其家属的生活必需品、已设定抵押权的财产等，均可用于清偿。

（3）合伙人之间的债务分担和追偿。以合伙企业财产清偿合伙企业债务时，其不足的部分，由各合伙人按照合伙企业分担亏损的比例，用其在合伙企业出资以外的财产承担清偿责任。关于合伙企业亏损分担的比例，合伙协议有约定的，按照合伙协议约定的比例分担；合伙协议未约定或约定不明确的，由合伙人协商决定；协商不成的，由合伙人按照实缴出资比例分配利润、分担亏损；无法确定出资比例的，由各合伙人平均分担。

合伙人之间的分担比例对债权人没有约束力。债权人可以根据自己的清偿利益，请求全体合伙人中的一人或数人承担全部清偿责任，也可以按照自己确定的清偿比例向各合伙人分别追索。如果某一合伙人实际支付的清偿数额超过其依照既定比例所应承担的数额，该合伙人有权就超过部分向其他未支付或者未足额支付应承担数额的合伙人追偿。

2. 合伙人的债务清偿与合伙企业的关系

（1）合伙企业中某一合伙人发生与合伙企业无关的债务，相关债权人不得以该债权抵销其对合伙企业的债务。

（2）合伙人个人负有与合伙企业无关的债务，其债权人不得代位行使该合伙人在合伙企业中的权利。

（3）合伙人个人财产不足以清偿其个人所负与合伙企业无关的债务的，该合伙人只能以其合伙企业中分取的收益用于清偿；债权人也可依法请求人民法院强制执行该合伙人在合伙企业中的财产份额用于清偿。

在以合伙人的财产份额清偿其个人债务的情况下，需要注意两点：①这种清偿必须通过民事诉讼法规定的强制执行程序进行，债权人不得自行接管债务人在合伙企业中的财产份额。②在人民法院强制执行个别合伙人在合伙企业中的财产份额时，应当通知全体合伙人，其他合伙人有优先受让的权利。也就是说，如果其他合伙人不愿意接受该债权人成为其合伙企业的合伙人，可以由他们中的一人或者数人行使优先受让权，取得该债务人的财产份额。受让人支付的价款，用于向该债权人清偿债务。其他合伙人未购买，又不同意将财产份额转让给他人的，依照《合伙企业法》的规定为该合伙人办理退伙结算，或者办理削减该合伙人相应财产份额的结算。

六、入伙与退伙

（一）入伙的条件和后果

入伙是指在合伙企业存续期间，合伙人以外的第三人加入合伙，从而取得合伙人资格。《合伙企业法》规定，新合伙人入伙时，应当经全体合伙人一致同意，并依法订立书面入伙协议。订立入伙协议时,原合伙人应当向新合伙人告知原合伙企业的经营状况和财务状况。入伙的新合伙人与原合伙人享有同等权利,承担同等责任。入伙协议另有约定的,从其约定。入伙的新合伙人对入伙前合伙企业的债务承担连带责任。

(二)退伙的形式

退伙是指合伙人退出合伙企业,从而丧失合伙人资格。合伙人退伙,一般有两种形式:一是自愿退伙;二是法定退伙。

1. 自愿退伙

自愿退伙是指合伙人基于自愿的意思表示而退伙。自愿退伙可以分为协议退伙和通知退伙两种。

(1)协议退伙。根据《合伙企业法》的规定,合伙协议约定合伙企业的经营期限的,有下列情形之一时,合伙人可以退伙:①合伙协议约定的退伙事由出现;②经全体合伙人同意退伙;③发生合伙人难以继续参加合伙企业的事由;④其他合伙人严重违反合伙协议约定的义务。

(2)通知退伙。根据《合伙企业法》的规定,合伙协议未约定合伙企业的经营期限的,合伙人在不给合伙企业事务执行造成不利影响的情况下,可以退伙,但应当提前30日通知其他合伙人。合伙人违反上述规定擅自退伙的,应当赔偿由此给其他合伙人造成的损失。

2. 法定退伙

法定退伙是指合伙人因出现法律规定的事由而退伙。法定退伙分为当然退伙和除名两类。

(1)当然退伙。根据《合伙企业法》的规定,合伙人有下列情形之一的,当然退伙:①死亡或者被依法宣告死亡;②个人丧失偿债能力;③作为合伙人的法人或者其他组织依法被吊销营业执照、责令关闭、撤销,或者被宣告破产;④法律规定或合伙协议约定合伙人必须具有相关资格而丧失该资格;⑤被人民法院强制执行合伙人在合伙企业中全部财产份额。合伙人被依法认定为无民事行为能力人或者限制民事行为能力人的,经其他合伙人一致同意,可以依法转为有限合伙人,普通合伙企业依法转为有限合伙企业。其他合伙人未能一致同意的,该无民事行为能力或限制民事行为能力的合伙人退伙。当然退伙以法定事由实际发生之日为退伙生效日。

(2)除名。根据《合伙企业法》的规定,合伙人有下列情形之一的,经其他合伙人一致同意,可以决议将其除名:①未履行出资义务;②因故意或者重大过失给合伙企业造成损失;③执行合伙企业事务时有不正当行为;④合伙协议约定的其他事由。对合伙人的除名决议应当书面通知被除名人。被除名人自接到除名通知之日起,除名生效,被除名人退伙。被除名人对除名决议有异议的,可以在接到除名通知之日起30日内,向人民法院起诉。

3. 退伙的法律后果

(1)合伙人财产份额的继承

合伙人死亡或者被依法宣告死亡的,对该合伙人在合伙企业中的财产份额享有合法继承权的继承人，按照合伙协议的约定或者经全体合伙人一致同意，从继承开始之日起，取得该合伙企业的合伙人的资格。

有下列情形之一的，合伙企业应当向合伙人的继承人退还被继承合伙人的财产份额：①继承人不愿意成为合伙人；②法律规定或者合伙协议约定合伙人必须具备相关资格，而该继承人未取得该资格；③合伙协议约定不能成为合伙人的其他情形。合伙人的继承人为无民事行为能力人或者限制民事行为能力人的，经全体合伙人一致同意，可以依法成为有限合伙人，普通合伙企业依法转为有限合伙企业。全体合伙人未能一致同意的，合伙企业应当将被继承合伙人的财产份额退还该继承人。

（2）退伙结算

合伙人退伙，其他合伙人应当与该退伙人按照退伙时的合伙企业财产状况进行结算，退还退伙人的财产份额。退伙人在合伙企业中财产份额的退还办法，由合伙协议约定或者由全体合伙人决定，可以退还货币，也可以退还实物。

退伙人对给合伙企业造成的损失负有赔偿责任的，相应扣减其应当赔偿的数额。退伙时有未了结的合伙企业事务的，待该事务了结后进行结算。

合伙人退伙时，合伙企业财产少于合伙企业债务的，退伙人应当依照法律规定分担亏损，即如果合伙协议约定亏损分担比例的，按照合伙协议的约定办理；合伙协议未约定或者约定不明确的，由合伙人协商解决；协商不成的，由合伙人按照实缴出资比例分担；无法确定出资比例的，由合伙人平均分担。

退伙人对基于其退伙前的原因发生的合伙企业债务，承担无限连带责任。合伙人退伙以后，并不能解除对于合伙企业既往债务的连带责任。根据《合伙企业法》的规定，退伙人对其退伙前的原因发生的合伙企业债务，承担无限连带责任。

七、特殊的普通合伙企业

（一）特殊的普通合伙企业的概念

特殊的普通合伙企业是指以专业知识和专门技能为客户提供有偿服务的专业服务机构。特殊的普通合伙企业名称中应当标明"特殊的普通合伙"字样。

（二）特殊的普通合伙企业的责任承担

1. 责任形式

《合伙企业法》规定，一个合伙人或者数个合伙人在执业活动中因故意或者重大过失造成合伙企业债务的，应当承担无限责任或者无限连带责任，其他合伙人以其在合伙企业中的财产份额为限承担责任。合伙人在执业活动中非因故意或者重大过失造成的合伙企业债务以及合伙企业的其他债务，由全体合伙人承担无限连带责任。

（1）有限责任与无限连带责任相结合。即一个合伙人或者数个合伙人在执业活动中因故意或者重大过失造成合伙企业债务的，应当承担无限责任或者无限连带责任，其他合伙人以其在合伙企业中的财产份额为限承担责任。由于特殊普通合伙企业的特殊性，为了保证特殊的普通合伙企业健康发展，必须对合伙人的责任形式予以特殊规定，否则以专业知识和专门技能为客户提供服务的专业服务机构难以存续。因此，对一个合伙人或者数个合伙人在执业活动中的故意或者重大过失行为与其他合伙人应当区别对待，对于负有重大责任的合伙人应当承担无限责任或者无限连带责任，其他合伙人只以其在合伙企业中的财产份额为限承担责任。这也符合公平、公正原则，如果不分清责任，简单地归责于无限连带责任或者有限责任，不但对其他合伙人不公平，而且债权人的利益也难以得到保障。

（2）无限连带责任。对合伙人在执业活动中非因故意或者重大过失造成的合伙企业债务以及合伙企业的其他债务，全体合伙人承担无限连带责任。这是在责任划分的基础上作出的合理规定，以最大限度地实现公平、正义和保障债权人的合法权益。这种责任形式的前提是，合伙人在执业过程中不存在重大过错，即既没有故意，也不存在重大过失。

2. 责任追偿

《合伙企业法》规定，合伙人执业活动中因故意或者重大过失造成的合伙企业债务，以合伙企业财产对外承担责任后，该合伙人应当按照合伙协议的约定对给合伙企业造成的损失承担赔偿责任。

3. 执业风险防范

特殊的普通合伙企业应当建立执业风险基金，办理职业保险。①执业风险基金，主要是指为了化解经营风险，特殊的普通合伙企业从其经营收益中提取相应比例的资金留存或者根据相关规定上缴至指定机构所形成的资金用于偿付合伙人执业活动造成的债务，应单独立户管理。②职业保险，又称职业责任保险，是指承保各种专业技术人员因工作上的过失或者疏忽大意所造成的合同一方或者他人的人身伤害或者财产损失的经济赔偿责任的保险。

典型案例 2-1　特殊普通合伙企业

第三节　有限合伙企业

一、有限合伙企业的概念及法律适用

（一）有限合伙企业的概念

有限合伙企业，是指由有限合伙人和普通合伙人共同组成，普通合伙人对合伙企业债务承担无限连带责任，有限合伙人以其认缴的出资额为限对合伙企业债务承担责任的合伙组织。有限合伙企业引入有限责任制度，有利于调动各方的投资热情，实现投资者与创业者的最佳结合。

有限合伙企业与普通合伙企业和有限责任公司相比较，具有以下显著特征：①在经营管理上，普通合伙企业的合伙人一般均可参与合伙企业的经营管理；有限责任公司的股东有权参与公司的经营管理（含直接参与和间接参与）；而在有限合伙企业中，有限合

伙人不执行合伙事务，而由普通合伙人从事具体的经营管理。②在风险承担上，普通合伙企业的合伙人之间对合伙债务承担无限连带责任；有限责任公司的股东对公司债务以其各自的出资额为限承担有限责任；而在有限合伙企业中，不同类型的合伙人所承担的责任则存在差异，其中有限合伙人以其各自的出资额为限承担有限责任，普通合伙人则承担无限连带责任。

（二）有限合伙企业的法律适用

《合伙企业法》规定了两种类型的企业，即普通合伙企业和有限合伙企业。有限合伙企业与普通合伙企业之间既有相同点，也有差异处，其中两者的差别主要表现在合伙企业的内部构造上。普通合伙企业的成员均为普通合伙人（特殊的普通合伙企业除外），而有限合伙企业的成员则被划分为两部分，即有限合伙人和普通合伙人。这两部分合伙人在主体资格、权利享有、义务承受与责任承担等方面存在着明显的差异。在法律适用中，凡是《合伙企业法》中对有限合伙企业有特殊规定的，应当适用有关特殊规定；无特殊规定的，适用有关普通合伙企业及其合伙人的一般规定。下面主要介绍有限合伙企业的有关特殊规定。

二、有限合伙企业的设立

（一）有限合伙企业的合伙人

由2个以上50个以下合伙人设立，但是，法律另有规定的除外。有限合伙企业至少应当有1个普通合伙人。有限合伙企业中必须包括有限合伙人与普通合伙人两部分。《合伙企业法》规定，有限合伙企业仅剩有限合伙人的，应当解散；有限合伙企业仅剩普通合伙人的，应当转为普通合伙企业。

《合伙企业法》规定，除合伙协议另有约定外，普通合伙人转变为有限合伙人或者有限合伙人转变为普通合伙人，应当经全体合伙人一致同意。有限合伙人转变为普通合伙人的，对其作为有限合伙人期间有限合伙企业发生的债务承担无限连带责任。普通合伙人转变为有限合伙人的，对其作为普通合伙人期间合伙企业发生的债务承担无限连带责任。

（二）有限合伙企业名称

按照《合伙企业法》及企业名称登记管理的有关规定，企业名称中应当含有企业的组织形式。为便于社会公众以及交易相对人了解有限合伙企业，有限合伙企业名称中应当标明"有限合伙"的字样，而不能标明"普通合伙""特殊普通合伙""有限公司""有限责任公司"等字样。

（三）有限合伙企业协议

有限合伙企业协议是有限合伙企业生产经营的重要法律文件。有限合伙企业协议除符合普通合伙企业合伙协议的规定外，还应当载明下列事项：①普通合伙人和有限合伙人的姓名或者名称、住所；②执行事务合伙人应具备的条件和选择程序；③执行事务合伙人的权限与违约处理办法；④执行事务合伙人的除名条件和更换程序；⑤有限合伙人入伙、退伙的条件、程序以及相关责任；⑥有限合伙人和普通合伙人相互转变程序。

（四）有限合伙人的出资

《合伙企业法》规定，有限合伙人可以用货币、实物、知识产权、土地使用权或者其他财产权利作价出资。有限合伙人不得以劳务出资。劳务出资的实质是用未来劳动创造的收入来投资，其难以通过市场变现，法律上执行困难。如果普通合伙人用劳务出资，有限合伙人也用劳务出资，将来该有限合伙企业将难以承担债务责任，这将不利于保护债权人的利益。

《合伙企业法》规定，有限合伙人应当按照合伙协议的约定按期足额缴纳出资；未按期足额缴纳的，应当承担补缴义务，并对其他合伙人承担违约责任。按期足额缴纳出资是有限合伙人必须履行的义务，因此，有限合伙人应当按照合伙协议的约定按期足额缴纳出资。合伙人未按照协议的约定履行缴纳出资义务的，首先应当承担补缴出资的义务，同时还应对其他合伙人承担违约责任。

（五）有限合伙企业登记事项

《合伙企业法》规定，有限合伙企业登记事项中应当载明有限合伙人的姓名或者名称及认缴的出资数额。

三、有限合伙企业的事务执行

（一）有限合伙企业事务执行人

《合伙企业法》规定，有限合伙企业由普通合伙人执行合伙事务。执行事务合伙人可以要求在合伙协议中确定执行事务的报酬及报酬提取方式。如合伙协议约定数个普通合伙人执行合伙事务，这些普通合伙人均为合伙事务执行人。如合伙协议无约定，全体普通合伙人是合伙事务的共同执行人。合伙事务执行人除享有一般合伙人相同的权利外，还有接受其他合伙人的监督和检查、谨慎执行合伙事务的义务，若因自己的过错造成合伙财产损失的，应向合伙企业或其他合伙人负赔偿责任。此外，由于执行事务合伙人较不执行事务合伙人对有限合伙企业要多付出劳动，因此，执行事务合伙人可以就执行事务的劳动付出要求企业支付报酬。对于报酬的支付方式及其数额，应由合伙协议规定或全体合伙人讨论决定。

《合伙企业法》规定，有限合伙人不执行合伙事务，不得对外代表有限合伙企业。有限合伙人的下列行为，不视为执行合伙事务：①参与决定普通合伙人入伙、退伙；②对企业的经营管理提出建议；③参与选择承办有限合伙企业审计业务的会计师事务所；④获取经审计的有限合伙企业财务会计报告；⑤对涉及自身利益的情况，查阅有限合伙企业财务会计账簿等财务资料；⑥在有限合伙企业中的利益受到侵害时，向有责任的合伙人主张权利或者提起诉讼；⑦执行事务合伙人怠于行使权利时，督促其行使权利或者为了本企业的利益以自己的名义提起诉讼；⑧依法为本企业提供担保。

（二）有限合伙企业利润分配

《合伙企业法》规定，有限合伙企业不得将全部利润分配给部分合伙人；但是，合伙协议另有约定的除外。

（三）有限合伙人的权利与责任

1. 有限合伙人的权利

（1）有限合伙人可以同本企业进行交易。《合伙企业法》规定，有限合伙人可以同本有限合伙企业进行交易；但是，合伙协议另有约定的除外。因为有限合伙人并不参与有限合伙企业事务的执行，对有限合伙企业的对外交易行为，有限合伙人并无直接或者间接的控制权，有限合伙人与本有限合伙企业进行交易时，一般不会损害本有限合伙企业的利益。有限合伙协议可以对有限合伙人与有限合伙企业之间的交易进行限定，如果有限合伙协议另有约定的，则必须按照约定的要求进行。普通合伙人如果禁止有限合伙人同本有限合伙企业进行交易，应当在合伙协议中作出约定。

（2）有限合伙人可以经营与本企业相竞争的业务。《合伙企业法》规定，有限合伙人可以自营或者同他人合作经营与本有限合伙企业相竞争的业务；但是，合伙协议另有约定的除外。与普通合伙人不同，有限合伙人一般不承担竞业禁止义务。普通合伙人如果禁止有限合伙人自营或者同他人合作经营与本有限合伙企业相竞争的业务，当在合伙协议中作出约定。

2. 有限合伙人的责任

（1）第三人有理由相信有限合伙人为普通合伙人并与其交易的，该有限合伙人对该笔交易承担与普通合伙人同样的责任。

（2）有限合伙人未经授权以有限合伙企业名义与他人进行交易，给有限合伙企业或者其他合伙人造成损失的，该有限合伙人应当承担赔偿责任。

四、有限合伙人的财产份额

（一）有限合伙人财产份额的出质

《合伙企业法》规定，有限合伙人可以将其在有限合伙企业中的财产份额出质；但是，合伙协议另有约定的除外。所谓有限合伙人将其在有限合伙企业中的财产份额出质，是指有限合伙人以其在合伙企业中的财产份额对外进行权利质押。有限合伙人在有限合伙企业中的财产份额是有限合伙人的财产权益，在有限合伙企业存续期间，有限合伙人可以对该财产权利进行一定的处分。有限合伙人将其在有限合伙企业中的财产份额进行出质，产生的后果仅仅是有限合伙企业的有限合伙人存在变更的可能，这对有限合伙企业的财产基础并无根本的影响。因此，有限合伙人可以按照《民法典》等相关法律规定进行财产份额的出质。但是，有限合伙企业合伙协议可以对有限合伙人的财产份额出质作出约定，如有特殊约定，应按特殊约定进行。

（二）有限合伙人财产份额的转让

《合伙企业法》规定，有限合伙人可以按照合伙协议的约定向合伙人以外的人转让其在有限合伙企业中的财产份额，但应当提前30日通知其他合伙人。这是因为，有限合伙人向合伙人以外的其他人转让其在有限合伙企业中的财产份额，并不影响有限合伙企业债权人的利益。但是，有限合伙人对外转让其在有限合伙企业中的财产份额应当依法进行：一是要按照合伙协议的约定进行转让；二是应当提前30日通知其他合伙人。有限合伙人对外转让其在有限合伙企业的财产份额时，有限合伙企业的其他合伙人有优先购买权。

（三）有限合伙人财产份额的强制执行

《合伙企业法》规定，有限合伙人的自有财产不足清偿其与合伙企业无关的债务的，该合伙人可以以其从有限合伙企业中分取的收益用于清偿；债权人也可以依法请求人民法院强制执行该合伙人在有限合伙企业中的财产份额用于清偿。人民法院强制执行有限合伙人的财产份额时，应当通知全体合伙人。在同等条件下，其他合伙人有优先购买权。

五、有限合伙企业的入伙与退伙

（一）入伙

《合伙企业法》规定，新入伙的有限合伙人对入伙前有限合伙企业的债务，以其认缴的出资额为限承担责任。

（二）退伙

（1）有限合伙人当然退伙。《合伙企业法》规定，有限合伙人出现下列情形时当然退伙：①作为有限合伙人的自然人死亡或者被依法宣告死亡；②作为有限合伙人的法人或者其他组织依法被吊销营业执照、责令关闭、撤销或者被宣告破产；③法律规定或者合伙协议约定有限合伙人必须具有相关资格而丧失该资格；④有限合伙人在合伙企业中的全部财产份额被人民法院强制执行。

典型案例 2-2　有限合伙企业

（2）有限合伙人丧失民事行为能力的处理。《合伙企业法》规定，作为有限合伙人的自然人在有限合伙企业存续期间丧失民事行为能力的，其他合伙人不得因此要求其退伙。

（3）有限合伙人继承人的权利。《合伙企业法》规定，作为有限合伙人的自然人死亡，被依法宣告死亡或者作为有限合伙人的法人及其他组织终止时，其继承人或者权利承受人可以依法取得该有限合伙人在有限合伙企业中的资格。

（4）有限合伙人退伙后责任承担。《合伙企业法》规定，有限合伙人退伙后，对基于其退伙前原因发生的有限合伙企业债务，以其退伙时从有限合伙企业中取回的财产承担责任。

第四节　合伙企业的解散与清算

一、合伙企业的解散

合伙企业的解散，是指各合伙人解除合伙协议，合伙企业终止活动。根据《合伙企业法》的规定，合伙企业有下列情形之一时应当解散：①合伙协议约定的经营期限届满，合伙人决定不再继续经营的；②合伙协议约定的解散事由出现；③全体合伙人决定解散；④合伙人已不具备法定人数满 30 天；⑤合伙协议约定的合伙目的已经实现或者无法实现；⑥被依法吊销营业执照、责令关闭或者被撤销；⑦出现法律、行政法规规定的合伙企业解散的其他原因。

二、合伙企业的清算

合伙企业解散的，应当进行清算。《合伙企业法》对合伙企业清算作了以下几方面的规定：

（一）确定清算人

合伙企业解散，清算人由全体合伙人担任；经全体合伙人过半数同意，可以自合伙企业解散事由出现后 15 日内指定一名或者数名合伙人，或者委托第三人担任清算人。自合伙企业解散事由出现之日起 15 日内未确定清算人的，合伙人或者其他利害关系人可以申请人民法院指定清算人。

（二）清算人职责

清算人在清算期间执行下列事务：①清理合伙企业财产，分别编制资产负债表和财产清单；②处理与清算有关的合伙企业未了结的事务；③清缴所欠税款；④清理债权、债务；⑤处理合伙企业清偿债务后的剩余财产；⑥代表合伙企业参与民事诉讼活动。

（三）通知和公告债权人

清算人自被确定之日起 10 日内将合伙企业解散事项通知债权人，并于 60 日内在报纸上公告。债权人应当自接到通知书之日起 30 日内，未接到通知书的自公告之日起 45 日内，向清算人申报债权。债权人申报债权，应当说明债权的有关事项并提供证明材料。清算人应当对债权进行登记。清算期间，合伙企业存续，但不得开展与清算无关的经营活动。

（四）清偿

合伙企业清算时，其清偿顺序为：①支付清算费用。即支付清算过程中发生的管理合伙企业财产的费用、处分合伙企业财产的费用、清算过程中的其他费用等。②支付职工工资、社会保险费用、法定补偿金。③缴纳所欠税款。④清偿债务。

合伙企业不能清偿到期债务的，债权人可以依法向人民法院提出破产清算申请，也可以要求普通合伙人清偿。合伙企业依法被宣告破产的，普通合伙人对合伙企业债务仍应承担无限连带责任。

合伙企业财产按上述顺序清偿后仍有的剩余，按合伙协议约定的利润分配比例进行分配；合伙协议未约定利润分配比例的或者约定不明确的，由合伙人协商解决；协商不成的，由合伙人按照实缴出资比例分配；无法确定出资比例的，由合伙人平均分配。

（五）注销登记

清算结束后，清算人应当编制清算报告，经全体合伙人签名、盖章后，在15日内向市场主体登记机关报送清算报告，办理合伙企业注销登记。

第二章　即测即练题

本章思考题

1. 普通合伙企业的设立有什么规定？
2. 普通合伙企业事务的执行方式有哪些？
3. 普通合伙企业入伙和退伙有哪些规定？
4. 普通合伙人对合伙企业的债务如何承担？
5. 简述有限合伙企业的法律特征。
6. 普通合伙企业与有限合伙企业的区别是什么？

第三章

公司法律制度

本章学习目标

1. 了解：
(1) 公司法的概念和性质；
(2) 公司的概念、特征和分类；
(3) 公司的设立和解散的程序。
2. 掌握：
(1) 公司设立中的发起人责任与公司责任的区分；
(2) 股东出资义务、股东资格、股东权利的内容及司法救济手段；
(3) 公司的董事、监事、高级管理人员的任职资格和职责；
(4) 公司的变更、合并与分立的程序及对公司债权人的保护；
(5) 有限责任公司股东股权转让的特殊规则及其法律效果；
(6) 股份有限公司对股份回购的原则禁止与例外的允许事由；
(7) 有限责任公司和股份有限公司的清算义务人的区别及清算人责任。
3. 运用：
(1) 正确认定公司设立中的发起人责任与公司责任；
(2) 正确认定股东违反出资义务时的法律责任；
(3) 正确认定股东资格；
(4) 正确解决股利分配之诉、公司决议之诉、股东代表诉讼等；
(5) 正确运用有限责任公司股东股权转让的特殊规则；
(6) 正确处理公司合并与分立的事务。

第三章 引导案例

第一节 公司法律制度概述

一、公司法的概念和性质

（一）公司法的概念

扩展阅读3-1 《公司法》形式渊源（部分）

公司法的概念有广义、狭义之分。广义上的公司法，是指规定各种公司的设立、组织、活动、解散以及公司对内对外关系的法律规范的总称，包括涉及公司的所有法律、法规，如《中华人民共和国公司法》[①]（以下简称《公司法》）等，以及《中华人民共和国市场主体登记管理条例》（以下简称《市场主体登记管理条例》）等有关公司的规定。狭义上的公司法，专指以"公司法"命名的立法文件，在我国，即由立法机关颁布的《公司法》。

（二）公司法的性质

（1）公司法是私法。公司法是商事法律的重要内容之一，而商法与民法一样同属于私法的范畴，故公司法属于私法。我国现行《公司法》充分体现了公司法的私法属性，体现了放松管制、尊重公司自治的立法精神。例如，《公司法》取消了法定最低注册资本额的限制，公司注册资本由实缴制改为认缴制，实收资本不再是公司登记的记载事项。

（2）公司法是兼具程序法内容的实体法。我国公司法着重规定了有限责任公司和股份有限公司的权利、义务的实质内容和范围，这属于实体法规定。同时，公司法为确保这些实体权利的实现和义务的履行，还规定了取得、行使实体权利，履行实体义务必须遵守的法定程序，如股东会或股东大会的召开程序、董事会的议事规则等。当然，公司法以实体法内容规定为主，程序法的内容是第二位的。

（3）公司法是含有商事行为法的商事组织法。一般而言，公司法首先是一种商事组织法，它通过对公司的法律地位，公司设立的条件和程序，公司意思机关和代表机关的确立，公司股东的权利和义务，公司合并、分立、解散的条件和程序等的规定，完善了公司的法人组织，使其具有独立于公司股东的人格，以便自主地进行经营活动。同时，公司法也规定了与公司组织具有直接关系的公司行为，如公司设立行为、募集资本行为、股份转让行为、对外交易行为等。所以公司法又具有行为法的特征，是组织法与行为法的结合。

[①] 《中华人民共和国公司法》于1993年12月29日第八届全国人民代表大会常务委员会第五次会议通过，根据1999年12月25日第九届全国人民代表大会常务委员会第十三次会议《关于修改〈中华人民共和国公司法〉的决定》第一次修正，根据2004年8月28日第十届全国人民代表大会常务委员会第十一次会议《关于修改〈中华人民共和国公司法〉的决定》第二次修正，2005年10月27日第十届全国人民代表大会常务委员会第十八次会议修订，根据2013年12月28日第十二届全国人民代表大会常务委员会第六次会议《关于修改〈中华人民共和国海洋环境保护法〉等七部法律的决定》第三次修正，根据2018年10月26日第十三届全国人民代表大会常务委员会第六次会议《关于修改〈中华人民共和国公司法〉的决定》第四次修正。

二、公司的概念和特征

（一）公司的概念

公司，是一种企业组织形态，是依照法定的条件与程序设立的、有独立的法人财产、享有独立的法人财产权、以营利为目的的商事组织。

（二）公司的基本特征

1. 法人性

《民法典》将民事主体分为自然人、法人、非法人组织，公司属于法人。《民法典》第五十七条规定："法人是具有民事权利能力和民事行为能力，依法独立享有民事权利和承担民事义务的组织。"《公司法》第三条规定："公司是企业法人，有独立的法人财产，享有法人财产权。公司以其全部财产对公司的债务承担责任。"

2. 社团性

社团性，是指公司通常由2个或2个以上股东出资组成。但是一人有限责任公司和国有独资公司例外。一人有限责任公司和国有独资公司虽然都只有一个股东，但它们仍然是组织体，不能因为只有一个出资人而否定其社团性。

3. 营利性

营利性，是指公司的宗旨是获取利润，谋求经济利益。根据《民法典》第七十六条的规定："以取得利润并分配给股东等出资人为目的成立的法人，为营利法人。营利法人包括有限责任公司、股份有限公司和其他企业法人等。"

三、公司的权利能力和行为能力

（一）公司的权利能力

公司的权利能力，是指公司依法享有民事权利和承担民事义务的资格。《民法典》第五十九条规定："法人的民事权利能力和民事行为能力，从法人成立时产生，到法人终止时消灭。"由此可知：①公司权利能力的取得时间，为营业执照签发之日。②公司权利能力丧失，为公司注销登记之日。③公司的权利能力受限于公司的经营范围，权利能力具有差异性。

（二）公司的行为能力

公司的行为能力，是指公司基于自己的意思表示，以自己的行为独立取得权利和承担义务的能力。①内部实现方式。公司行为能力必须通过公司的法人机关（股东会或股东大会、董事会）来形成决议。②外部实现方式。公司的行为由法定代表人来实施，其后果由公司承受。

四、公司的分类

依据不同的标准，可将公司作不同的分类。《公司法》只规定了两种类型的公司，即有限责任公司和股份有限公司。其中：①有限责任公司包括一般的有限责任公司、一人有限责任公司、国有独资公司。②股份有限责任公司包括上市的股份有限责任公司、非上市的股份有限责任公司。

五、公司的设立

公司设立是指公司设立人依照法定的条件和程序，为组建公司并取得法人资格而必须采取和完成的法律行为。公司设立不同于公司的设立登记，后者仅是公司设立行为的最后阶段。公司设立也不同于公司成立，后者不是一种法律行为，而是设立人取得公司法人资格的一种事实状态或设立人设立公司行为的法律后果。所以，公司设立的实质是一种法律行为，属于法律行为中的多方法律行为，但一人有限责任公司和国有独资公司的设立行为属于单方法律行为。

（一）公司设立方式

公司设立的方式基本为两种，即发起设立和募集设立。

（1）发起设立。发起设立又称同时设立、单纯设立，是指公司的全部股份或首期发行的股份由发起人自行认购而设立公司的方式。

（2）募集设立。募集设立又称渐次设立、复杂设立，是指发起人只认购公司股份或首期发行股份的一部分，其余部分对外募集而设立公司的方式。《公司法》第七十七条第三款规定："募集设立，是指由发起人认购公司应发行股份的一部分，其余股份向社会公开募集或者向特定对象募集而设立公司。"所以，募集设立既可以是通过向社会公开发行股票的方式设立，也可以是不发行股票而只向特定对象募集而设立。

有限责任公司只能采取发起设立的方式，由全体股东出资设立。股份有限公司可采取发起设立的方式，也可以采取募集设立的方式。

（二）公司设立登记

公司设立登记是指公司设立人按法定程序向公司登记机关申请，经公司登记机关审核并记录在案，依法领取《企业法人营业执照》的行为。公司只有完成设立登记手续后，才能取得企业法人资格，从事生产经营活动。

《市场主体登记管理条例》2022年3月1日起施行）第三条规定，市场主体应当依照本条例办理登记。未经登记，不得以市场主体名义从事经营活动。法律、行政法规规定无需办理登记的除外。

市场主体登记包括设立登记、变更登记和注销登记。

《市场主体登记管理条例》第十条一款规定，市场主体只能登记一个名称，经登记的市场主体名称受法律保护。第十条第二款规定，市场主体名称由申请人依法自主申报。第十五条规定，市场主体实行实名登记。申请人应当配合登记机关核验身份信息。

（三）发起人

1. 发起人的概念

发起人是指为设立公司而签署公司章程、向公司认购出资或者股份并履行公司设立职责的人。发起人是有限公司和股份公司设立的不可或缺的条件之一。

自然人、法人、非法人组织等民商事主体均可以作为公司设立时的发起人。国家也可以作为公司的发起人，具体由国有资产管理部门作为出资者代表而履行发起人职责。自然人作为发起人时，法律并无行为能力的要求。

2. 发起人责任与公司责任的区分

从公司设立开始到公司最终成立这一阶段，称为设立中公司。发起人在公司设立过程中的相互关系属于合伙性质的关系，其权利、义务、责任可以适用合伙的有关规定。

（1）发起人为设立公司而以自己的名义对外签订合同的，合同相对人有权请求该发起人承担合同责任。如果最终公司得以成立，且公司对发起人以自己的名义对外签订的合同予以确认的，或者公司已经实际享有合同权利或者履行合同义务的，合同相对人也可以请求公司承担合同责任。

（2）发起人如果是以公司的名义在设立公司过程中对外签订合同，则公司成立后由公司承担合同责任。但是，如果公司能够证明发起人利用设立中公司的名义为自己的利益与相对人订立合同，则公司可以抗辩，但此种抗辩不能对抗善意的第三人。

（3）公司设立失败时，发起人对设立公司产生的费用和债务承担连带清偿责任。换言之，按合伙的规定处理。

（4）在公司设立过程中，发起人因自己的过失使公司利益受到损害的，应当对公司承担赔偿责任。

（5）发起人因履行公司设立职责而给第三人造成损害的，公司成立后由公司承担对第三人的赔偿责任；若公司未成立，则由全体发起人对第三人承担连带赔偿责任。公司或者无过错的发起人在承担对外责任后可以向有过错的发起人追偿。

第二节　公司的股东、董事、监事和高级管理人员

一、公司股东的概念

（一）股东的概念

公司股东，简称股东，是指向公司出资、持有公司股份、享有股东权利和承担股东义务的人。股东亦称为出资人、投资人，股东是对公司法上的出资人的特别称谓。

股东可以是自然人、法人、非法人组织，还可以是国家。当国家作为股东时需明确代表国家行使股东权的具体组织，如国有资产监督管理机构。另外，法律对股东并无行为能力的要求，所以理论上股东可以是限制行为能力人或无行为能力人。当限制行为能力人或无行为能力人作为股东时，由其法定代理人代理其行使股东权利。

股东身份或者资格的法定证明文件是公司的股东名册。公司登记机关备置的相关文件并非股东资格的法定证明文件，更非唯一文件。但是，若未经公司登记机关的登记，股东资格不具有对抗第三人的效力。

（二）名义股东与实际股东

所谓名义股东，是指登记于股东名册及公司登记机关的登记文件，但事实上并没有真实向公司出资，并且也不会向公司出资的人。所谓实际股东，就是向公司履行了出资义务，并且实际享有股东权利但其姓名或者名称并未记载于公司股东名册及公司登记机关的登记文件的人。实际股东也被称为隐名股东，名义股东也被称为显名股东。

实践中，名义股东与实际股东往往签订协议，一般称为持股协议或者代持协议，对双方当事人的权利义务包括如何参加公司股东会会议、行使股东权等有明确约定。这种协议并不违反《公司法》的强制性规定，是有效的合同。最高人民法院《关于适用〈中华人民共和国公司法〉若干问题的规定（三）》（以下简称《公司法规定（三）》）第二十四条第一款规定，有限责任公司的实际出资人与名义出资人订立合同，约定由实际出资人出资并享有投资权益，以名义出资人为名义股东。实际出资人与名义股东对该合同效力发生争议的，如无法律规定的无效的情形，人民法院应当认定该合同有效。

如果实际出资人与名义股东因投资权益的归属发生争议，实际出资人以其实际履行了出资义务为由向名义股东主张权利的，人民法院应支持其请求。名义股东以公司股东名册记载、公司登记机关登记为由否认实际出资人权利的，则不予支持。这就是对于名义股东与实际股东事项采取的实际出资原则。

但是，就其法律上或者名义上而言，名义股东仍然是合法的股东。实际股东如果想要"浮出水面"，取代名义股东的法律地位，必须履行相关的股权转让手续。实际出资人能够提供证据证明有限责任公司过半数的其他股东知道其实际出资的事实，且对其实际行使股东权利未曾提出异议的，对实际出资人提出的登记为公司股东的请求，人民法院依法予以支持。实际出资人未经公司其他股东半数以上同意，请求公司变更股东、签发出资证明书、记载于股东名册、记载于公司章程并办理公司登记机关登记的，人民法院不予支持。换言之，必须履行相关的股权转让手续后，实际股东才能成为法律意义上的股东，做到"名实相符"。若涉及对善意第三人利益保护时，名义股东和实际股东均须承担相应的责任；若涉及名义股东与实际股东之间的利益时，以合同约定为准并兼顾实际出资的原则；若涉及股东资格的认定，则需符合《公司法》的相关规定。

如果名义股东将登记于其名下的股权进行了诸如转让、质押或者以其他方式处分，实际出资人以其对于股权享有实际权利、名义股东不享有实际权利为由，请求认定处分股权行为无效的，人民法院可以参照民事法律关于善意取得的规定处理。在受让人善意取得的情况下，如果名义股东处分股权造成实际出资人损失的，实际出资人可以请求名义股东承担赔偿责任。

就对外责任而言，如果公司债权人以登记于公司登记机关的名义股东未履行出资义务为由，请求其对公司债务不能清偿的部分在未出资本息范围内承担补充赔偿责任，股东以其仅为名义股东而非实际出资人为由进行抗辩的，该抗辩不能成立，名义股东应当承担出资不足或者出资不实的赔偿责任。名义股东承担上述赔偿责任后，有权向实际出资人追偿。

但是，冒用他人名义出资并将该他人作为股东在公司登记机关登记的，冒名登记行为人，也就是所谓的冒名股东，应当承担相应责任；公司、其他股东或者公司债权人以未履行出资义务为由。请求被冒名登记为股东的承担补足出资责任或者对公司债务不能清偿部分的赔偿责任的，人民法院不予支持。

二、公司股东的权利

（一）股东权利的内容

《公司法》第四条规定，公司股东依法享有资产收益、参与重大决策和选择管理者等权利。除该条之外，《公司法》在很多其他条文中都规定了股东的具体权利。

归纳起来，股东权利包括以下内容：①发给股票或其他股权证明请求权；②股份转让权；③股息红利分配请求权，即资产收益权；④股东会临时召集请求权或自行召集权；⑤出席股东会并行使表决权，即参与重大决策权和选择管理者的权利；⑥对公司财务的监督检查权和会计账簿的查阅权；⑦公司章程、股东会或股东大会会议记录、董事会会议决议、监事会会议决议的查阅权和复制权，但股份有限公司的股东没有复制权；⑧优先认购新股权；⑨公司剩余财产分配权；⑩权利损害救济权和股东代表诉讼权；⑪公司重整申请权；⑫对公司经营的建议与质询权。其中，第①②③⑧⑨项为股东权中的财产权，第④⑤⑥⑦⑩⑪⑫项为股东权中的管理参与权。

（二）股东权利的行使

1. 股东查阅权的行使

（1）股东查阅权的行使条件

根据《公司法》第三十三条的规定，股东有权查阅、复制公司章程、股东会会议记录、董事会会议决议、监事会会议决议和财务会计报告。股东查阅此类文件和材料，只要提出查阅请求（包括口头请求与书面请求），公司均应允许。

股东也可以要求查阅公司会计账簿，但是需要符合较为严格的条件要求。根据上述规定，股东要求查阅公司会计账簿的，应当向公司提出书面请求，说明目的。如果公司有合理根据认为股东查阅会计账簿有不正当目的，且可能损害公司合法利益的，可以拒绝提供查阅。公司拒绝提供查阅的，应当自股东提出书面请求之日起15日内书面答复股东并说明理由。

这里所称的"不正当目的"，应当有相关证据予以证明。根据最高人民法院《关于适用〈中华人民共和国公司法〉若干问题的规定（四）》（以下简称《公司法规定（四）》），第八条的规定，有证据证明股东存在下列情形之一的，可以认定股东有上述规定的"不正当目的"：①股东自营或者为他人经营与公司主营业务有实质性竞争关系业务的，但公司章程另有规定或者全体股东另有约定的除外；②股东为了向他人通报有关信息查阅公司会计账簿，可能损害公司合法利益的；③股东在向公司提出查阅请求之日前的3年内，曾通过查阅公司会计账簿，向他人通报有关信息损害公司合法利益的；④股东有不正当目的的其他情形。

（2）股东查阅权的司法救济

公司作出拒绝提供查阅决定的，股东可以请求人民法院要求公司提供查阅。根据《公司法规定（四）》的规定，股东依据《公司法》第三十三条、第九十七条或者公司章程的规定，起诉请求查阅或者复制公司特定文件材料的，人民法院应当依法予以受理。此处的特定文件材料，主要就是公司会计账簿。股东因行使特定文件材料查阅权被公司拒绝而提起诉讼的，其起诉时应当具备有效的股东资格。如果公司有证据证明原告在起诉时不具有公司股东资格的，人民法院应当驳回其起诉，但原告有初步证据证明在持股期间其合法权益受到损害，请求依法查阅或者复制其持股期间的公司特定文件材料的，人民法院应当受理起诉。

如果公司章程、股东之间的协议等实质性剥夺股东依据《公司法》第三十三条、第九十七条规定查阅或者复制公司文件材料的权利，此种规定或约定不具有约束力，股东仍然可以行使查阅权；若股东以此提起诉讼，而公司以存在上述公司章程、股东协议等为由拒绝股东查阅或者复制的，人民法院不予支持。

2. 股东红利分配请求权的行使

（1）红利分配请求权的司法救济与诉讼当事人

公司股东如果认为公司没有按照公司章程或者《公司法》的规定进行股息或者利润分配，可以通过诉讼途径行使自己的红利分配请求权。股东请求公司分配利润案件，应当列公司为被告，即使是股东（特别是小股东）认为公司拒绝进行利润分配是大股东控制的结果，也仍然只能以公司为被告提起此等诉讼。

法院受理关于股息与红利分配纠纷案件后，在一审法庭辩论终结前，其他股东基于同一分配方案请求分配利润并申请参加诉讼的，应当将其他股东列为共同原告。

（2）红利分配请求权纠纷的实体处理

在红利分配请求权纠纷案件中，如果公司曾经作出了进行利润分配的决议，嗣后却又拒绝按照该决议进行实际的利润分配，股东如果向法院提交了载明具体分配方案的股东会或者股东大会的有效决议，请求公司分配利润，而公司拒绝分配利润且其关于无法执行决议的抗辩理由不成立的，人民法院应当判决公司按照决议载明的具体分配方案向股东分配利润。

相反，如果股东未提交载明具体分配方案的股东会或者股东大会决议，请求公司分配利润的，人民法院应当驳回其诉讼请求。例外的情形是，如果股东能够证明公司违反法律规定滥用股东权利导致公司不分配利润，给其他股东造成损失的，则法院应当支持股东的诉讼请求。

至于利润分配的完成时限，分配方案中有规定的，以分配方案为准；分配方案中没有规定的，以公司章程为准；分配方案和公司章程中均没有规定，或者有规定但时限超过1年的，则应当在1年内分配完毕。

3. 股东表决权的行使

股东认缴的出资未届履行期限，对未缴纳部分的出资是否享有以及如何行使表决权等问题，应当根据公司章程来确定。公司章程没有规定的，应当按照认缴出资的比例确定。

如果股东（大）会作出不按认缴出资比例而按实际出资比例或者其他标准确定表决权的决议，股东请求确认决议无效的，人民法院应当审查该决议是否符合修改公司章程所要求的表决程序，即必须经代表 2/3 以上表决权的股东通过。符合的，人民法院不予支持；反之，则依法予以支持。

（三）股东会、董事会决议之诉

股东会、董事会决议之诉，从内容上区分，包括决议无效之诉、决议撤销之诉和决议不成立之诉三类。

（1）决议无效之诉。《公司法》第二十二条第一款规定："公司股东会或者股东大会、董事会的决议内容违反法律、行政法规的无效。"基于该规定，股东可以股东会、董事会决议内容违反法律、行政法规的规定为由，提起股东会决议无效之诉。

（2）决议撤销之诉。《公司法》第二十二条第二款规定："股东会或者股东大会、董事会的会议召集程序、表决方式违反法律、行政法规或者公司章程，或者决议内容违反公司章程的，股东可以自决议作出之日起六十日内，请求人民法院撤销。"请求撤销股东会或者股东大会、董事会决议的原告，应当在起诉时具有公司股东资格。

（3）决议不成立之诉。依据《公司法规定（四）》的规定，股东会或者股东大会、董事会决议存在下列情形之一，当事人主张决议不成立的，人民法院应当予以支持：①公司未召开会议的，但依据《公司法》第 37 条第 2 款或者公司章程规定可以不召开股东会或者股东大会而直接作出决定，并由全体股东在决定文件上签名、盖章的除外；②会议未对决议事项进行表决的；③出席会议的人数或者股东所持表决权不符合《公司法》或者公司章程规定的；④会议的表决结果未达到《公司法》或者公司章程规定的通过比例的；⑤导致决议不成立的其他情形。

（四）股东代表诉讼

1. 股东代表诉讼的概念

股东代表诉讼，又称派生诉讼、股东代位诉讼，是指当公司的合法权益受到不法侵害而公司却怠于起诉时，公司的股东即以自己的名义起诉，所获赔偿归于公司的一种诉讼。

2. 股东代表诉讼的条件

《公司法》第一百四十九条规定，董事、监事、高级管理人员执行公司职务时违反法律、行政法规或者公司章程的规定，给公司造成损失的，应当承担赔偿责任。在发生该条规定的情形时，依据《公司法》第一百五十一条第一款和第二款，董事、高级管理人员有本法第一百四十九条规定的情形的，有限责任公司的股东、股份有限公司连续 180 日以上单独或者合计持有公司 1%以上股份的股东，可以书面请求监事会或者不设监事会的有限责任公司的监事向人民法院提起诉讼；监事有本法第一百四十九条规定的情形的，前述股东可以书面请求董事会或者不设董事会的有限责任公司的执行董事向人民法院提起诉讼。监事会、不设监事会的有限责任公司的监事，或者董事会、执行董事收到前款规定的股东书面请求后拒绝提起诉讼，或者自收到请求之日起30日内未提起诉讼，或者情况紧急、不立即提起诉讼将会使公司利益受到难以弥补的损害的，前款规定的股东有权为了公司的利益以自己的名义直接向人民法院提起诉讼。除此之外，该条第三款还规定：他人侵犯公司合法权益，给公司造成损失的，上述股东可以依照前述规定向人民法院提起诉讼。

另外，即使公司权益未受损，在关联交易的情形下，最高人民法院《关于适用〈中华人民共和国公司法〉若干问题的规定（五）》（以下简称《公司法规定（五）》）第二条规定："关联交易合同存在无效、可撤销或者对公司不发生效力的情形，公司没有起诉合同相对方的，符合公司法第一百五十一条第一款规定条件的股东，可以依据公司法第一百五十一条第二款、第三款规定向人民法院提起诉讼。"

3. 股东代表诉讼的当事人

符合《公司法》第一百五十一条第一款规定条件的股东，依据《公司法》第一百五十一条第二、三款规定，直接对董事、监事、高级管理人员或者他人提起诉讼的，应当列公司为第三人参加诉讼。在一审法庭辩论终结前，符合《公司法》第一百五十一条第一款规定条件的其他股东，以相同的诉讼请求申请参加诉讼的，应当列为共同原告。

4. 诉讼利益的归属与诉讼费用的负担

股东依据《公司法》规定提起股东代表诉讼的案件，胜诉利益归属于公司。股东请求被告直接向其承担民事责任的，人民法院不予支持。

股东依据《公司法》第一百五十一条第二、三款规定提起股东代表诉讼的案件，其诉讼请求部分或者全部得到人民法院支持的，公司应当承担股东因参加诉讼支付的合理费用。

三、公司股东的义务

（一）全体股东的共同义务

作为公司股东，应当根据出资协议、公司章程和法律、行政法规的规定，履行相应的义务。这些义务主要包括：

1. 出资义务

这是股东最主要的义务。股东应当根据出资协议和公司章程的规定，履行向公司出资的义务。股东逾期缴纳出资的，应当向已履行出资义务的股东承担违约责任。对于已缴纳给公司的出资财产，股东不能抽回。

出资人以房屋、土地使用权或者需要办理权属登记的知识产权等财产出资，已经交付公司使用但未办理权属变更手续，公司、其他股东或者公司债权人主张认定出资人未履行出资义务的，可以责令当事人在指定的合理期间内办理权属变更手续；在前述期间内办理了权属变更手续的，应当认定其已经履行了出资义务，自其实际交付财产给公司使用时享有相应股东权利。相反，若出资人以上述财产出资，已经办理权属变更手续但未实际交付给公司使用，其在实际交付之前不享有相应的股东权利。

在注册资本认缴制下，债权人以公司不能清偿到期债务为由，请求未届出资期限的股东在未出资范围内对公司不能清偿的债务承担补充赔偿责任的，人民法院不予支持。但是，下列情形除外：①公司作为被执行人的案件，人民法院穷尽执行措施无财产可供执行，已具备破产原因，但不申请破产的；②在公司债务产生后，公司股东（大）会决议或以其他方式延长股东出资期限的。

公司成立后，股东不得抽逃出资。所谓抽逃出资，是指向公司出资后又以各种名义或者手段将出资从公司转移。包括下列情形：①制作虚假财务会计报表虚增利润进行分配；②通过虚构债权债务关系将其出资转出；③利用关联交易将出资转出；④其他未经法定程序将出资抽回的行为。

股东未履行或者未全面履行出资义务或者抽逃出资的，公司根据公司章程或者通过股东会决议，可以对其利润分配请求权、新股优先认购权、剩余财产分配请求权等股东权利作出相应的合理限制，使其不能实际享有或者行使上述权利。

有限责任公司的股东未履行出资义务或者抽逃全部出资，经公司催告缴纳或者返还，其在合理期间内仍未缴纳或者返还出资，公司可以股东会决议解除该股东的股东资格，此称为股东资格之革除。但此种情形仅适用于有限责任公司，不适用于股份有限公司。

2. 其他义务

其他义务是指出资义务之外的所有义务。主要包括：

（1）参加股东会会议的义务。参加股东会会议既是股东的权利，同时也是股东的一项义务。股东应当按照公司机构通知的时间、地点参加股东会会议，不能亲自参加时可以委托其他股东出席股东会会议并行使表决权。

（2）不干涉公司正常经营的义务。股东依《公司法》和章程行使权利，应当尊重公司董事会和监事会依据《公司法》和公司章程各自履行自己的职责，不得干涉董事会、经理的正常经营管理活动，不得干涉监事会的正常工作。

（3）特定情形下的表决权禁行义务。《公司法》第十六条第二、三款规定，公司为公司股东或者实际控制人提供担保的，必须经股东会或者股东大会决议，被提供担保的股东或者受被提供担保的实际控制人支配的股东，不得参加关于该事项的股东会或者股东大会决议的表决。这称为利害关系股东表决权的排除。

（4）不得滥用股东权利的义务。

（二）控股股东的特别义务

根据《公司法》第二百一十六条的规定，控股股东有两种情形：一是持股比例在50%以上股东；二是虽然持股比例未达到50%，但其享有的在股东会或股东大会的表决权足以实际影响股东会会议的决议的股东。控股股东的特别义务主要体现在以下方面：

（1）不得滥用控股股东的地位，损害公司和其他股东的利益。实践中滥用股东权利的行为主要是控股股东实施的。除控股股东外，还有公司的实际控制人，实际控制人是指虽不是公司的股东，但通过投资关系、协议或者其他安排，能够实际支配公司行为的人。

（2）不得利用其关联关系损害公司利益。所谓关联关系，是指公司控股股东、实际控制人、董事、监事、高级管理人员与其直接或者间接控制的企业之间的关系，以及可能导致公司利益转移的其他关系。但是，国家控股的企业之间不仅仅因为同受国家控股而具有关联关系。

（3）滥用股东权利的赔偿义务。控股股东或实际控制人滥用股东权利或者利用关联关系损害公司或其他股东利益的，应当承担赔偿责任。

四、公司董事、监事、高级管理人员的任职资格

公司董事是指有限责任公司、股份有限公司董事会的全体董事。公司监事是指有限责任公司的监事会的全体监事或者不设监事会的有限责任公司的监事，以及股份有限公司监事会的全体监事。公司的高级管理人员是指公司的经理、副经理、财务负责人，上市公司董事会秘书和公司章程规定的其他人员。

由于董事、监事和高级管理人员对于公司的经营管理和业绩效益负有重要的责任，《公司法》对他们的任职资格有较为严格的限制性条件。根据《公司法》的规定，有下列情形之一的，不得担任公司的董事、监事、高级管理人员：①无民事行为能力或者限制民事行为能力；②因犯有贪污、贿赂、侵占财产、挪用财产罪或者破坏社会主义市场经济秩序罪，被判处刑罚，执行期满未逾5年，或者因犯罪被剥夺政治权利，执行期满未逾5年；③担任破产清算的公司、企业的董事或者厂长、经理，并对该公司、企业的破产负有个人责任的，自该公司、企业破产清算完结之日起未逾3年；④担任因违法被吊销营业执照、责令关闭的公司、企业的法定代表人，并负有个人责任的，自该公司、企业被吊销营业执照之日起未逾3年；⑤个人所负数额较大的债务到期未清偿。

上述各项规定，适用于有限责任公司和股份有限公司的董事、监事和高级管理人员。董事、监事、高级管理人员如果在任职期间出现上述情形的，公司应当解除其职务。

股东向公司委派董事，公司股东会或者股东大会选举董事和监事，公司董事会聘任高级管理人员，均应遵守上述规定的条件。如果公司未按上述条件委派、选举董事、监事或者聘任高级管理人员，则该委派行为、选举行为和聘任行为无效。

五、公司董事、监事、高级管理人员的义务

（一）董事、监事、高级管理人员的共同义务

董事、监事、高级管理人员的共同性义务包括：①遵守法律、行政法规，遵守公司章程。②忠诚义务。忠诚义务强调董事、监事、高级管理人员应当忠诚于公司，不得为有损公司利益的行为。③勤勉义务。勤勉义务强调董事、监事、高级管理人员应当积极履行职责，依法谋求公司利益和股东利益的最大化。④不得利用职权收受贿赂或者其他非法收入。⑤不得侵占公司的财产。⑥不得泄露公司秘密。

另外，股东会或者股东大会要求董事、监事、高级管理人员列席会议的，董事、监事、高级管理人员应当列席，并接受股东的质询。

（二）董事、高级管理人员的特定义务

董事和高级管理人员负责公司的经营决策和日常管理，其行为直接关乎公司和股东

的利益，故法律对他们有更多、更为具体的规则要求，其中特别体现在对他们的禁止性规定方面。董事和高级管理人员不得有下列行为：①挪用公司资金；②将公司资金以其个人名义或者以其他个人名义开立账户存储；③违反公司章程的规定，未经股东会、股东大会或者董事会同意，将公司资金借贷给他人或者以公司资产为他人提供担保；④违反公司章程的规定或者未经股东会、股东大会同意，与本公司订立合同或者进行交易；⑤未经股东会或者股东大会同意，利用职务之便利为自己或者他人谋取属于公司的商业机会，自营或者为他人经营与所任职公司同类的业务；⑥接受他人与公司交易的佣金归为己有；⑦擅自披露公司秘密；⑧违反对公司忠诚义务的其他行为。

典型案例3-1　公司治理

董事、高级管理人员违反上述规定所得的收入归公司所有。

第三节　公司的财务会计制度

《公司法》第一百六十三条规定："公司应当依照法律、行政法规和国务院财政部门的规定建立本公司的财务、会计制度。"公司财务会计制度主要包括两个内容：一是财务会计报告制度，即公司应当依法编制财务会计报表和制作财务会计报告。二是收益分配制度，即公司的年度分配，应当依照法律规定及股东会的决议，将公司利润用于缴纳税款、提取公积金和公益金以及进行红利分配。

一、公司的财务会计报告制度

公司的财务会计报告是指公司业务执行机构在每一会计年度终了时制作的反映公司财务会计状况和经营效果的书面文件。公司应当在每一会计年度终了时编制财务会计报告，并依法经会计师事务所审计。公司应当聘用会计师事务承办公司的审计业务。会计师事务所的聘用和解聘应由公司的股东会、股东大会或者董事会决定。公司股东会、股东大会或者董事会就解聘会计师事务所进行表决时，应当允许会计师事务所陈述意见。

（一）公司财务会计报告的内容

（1）资产负债表。这是反映公司在某一特定日期财务状况的报表。它是根据"资产=负债+所有者权益"这一会计公式，按照资产、负债和所有者权益分项列示并编制而成的。资产负债表为人们提供公司一定时期的静态的财务状况，可以使人们了解公司在某一特定时点上的资本构成、公司的负债以及投资者拥有的权益。由此可以评价公司的变现能力和偿债能力，考核公司资本的保值增值情况，预测公司未来的财务状况变动趋势。

（2）损益表。损益表又称利润表，是反映公司一定期间的经营成果及其分配情况的报表。损益表向人们提供一定期间内动态的公司营业盈亏的实际情况，人们可以利用该表分析公司利润增减变化的原因，评价公司的经营成果和投资的价值，判断公司的盈利能力和未来一定时期内的盈利趋势。

（3）财务状况变动表。财务状况变动表是综合反映公司一定会计期间内营运资金来源、运用及其增减变动情况的报表。财务状况变动表向人们提供公司在一定会计期间内财务状况变动的全貌，说明资金变化的原因。人们通过分析财务状况变动表，了解公司流动资金流转情况，判断公司经营管理水平高低。

（4）财务情况说明书。财务情况说明书是对财务会计报表所反映的公司财务状况作进一步说明和补充的文书。它主要说明公司的营业情况、利润实现和分配情况、资金增减和周转情况、税金缴纳情况、各项财产物资变动情况、对本期或者下期财务状况发生重大影响的事项以及需要说明的其他事项。

（5）利润分配表。利润分配表是反映公司利润分配和年末未分配利润情况的报表。它是损益表的附属明细表。利润分配表通常按税后利润、可供分配利润、未分配利润分项列示。

（二）公司财务会计报告的提供

公司财务会计报告制作的主要目的，是向有关人员和部门提供财务会计信息，满足有关各方了解公司财务状况和经营成果的需要。因此，公司的财务会计报告应及时报送有关人员和部门。有限责任公司应当按照公司章程规定的期限将财务会计报告送交各股东。股份有限公司的财务会计报告应当在召开股东大会年会的20日以前置备于本公司，供股东查阅。公开发行股票的股份有限公司必须公告其财务会计报告。依照有关法律的规定，公司财务会计报告要报送国家有关行政部门，以接受其管理和监督，如报送财政部门或其他有关部门。

二、公司的收益分配制度

（一）公司收益分配顺序

依照《公司法》的相关规定，公司当年税后利润分配规定的法定顺序是：①弥补亏损，即在公司已有的法定公积金不足以弥补上一年度公司亏损时，先用当年利润弥补亏损。②提取法定公积金，即应当提取税后利润的10%列入公司法定公积金；公司法定公积金累计额为公司注册资本的50%以上的，可以不再提取。③提取任意公积金，即经股东会或股东大会决议，提取任意公积金，任意公积金的提取比例由股东会或者股东大会决定。任意公积金不是法定必须提取的，是否提取以及提取比例由股东会或股东大会决议。④支付股利，即在公司弥补亏损和提取公积金后，所余利润应分配给股东，即向股东支付股息。

（二）公积金

公积金又称储备金，包括法定公积金和任意公积金，是指公司为增强自身财产能力，扩大生产经营和预防意外亏损，依法从公司利润中提取的一种款项。公积金主要用于：①弥补公司的亏损；②扩大公司生产经营；③转增公司资本。但公积金中的资本公积金不得用于弥补公司亏损。当法定公积金转增为资本时，所留存的法定公积金不得少于转增前注册资本的25%。法定公积金的提取比例属于公司法的强行性规范，公司必须遵守，即公司分配当年税后利润时，应当提取利润的10%列入公司法定公积金。当公司法定公积金累计额达到公司注册资本的50%以上时，可以不再提取。当然，公司经股东会或股东大会决议也可以继续提取。

（三）股东利润的分配

分配利润是公司股东最重要的权利，也是股东投资公司的目的所在。股东从公司所分配的利润称为红利、股利或股息。

公司在弥补亏损和提取法定公积金后，才能将所余利润分配于股东。这表明，公司向股东分配股利，必须以有这种盈余为条件。

有限责任公司股东分配红利的原则是按照实缴的出资比例。但如果全体股东通过出资协议、公司章程或者其他方式约定不按出资比例分配红利的，该约定具有法律效力，依照该约定分配红利，而不依各股东的出资比例。《公司法》第三十四条规定："股东按照实缴的出资比例分取红利；公司新增资本时，股东有权优先按照实缴的出资比例认缴出资。但是，全体股东约定不按照出资比例分取红利或者不按照出资比例优先认缴出资的除外。"

股份有限公司的股东原则上依其所持有的股份比例分配红利。但股东可以通过公司章程规定不按持股比例分配红利。如果股份有限公司的公司章程规定了红利分配方法，依其规定分配。

公司如果在弥补亏损和提取法定公积金之前即向股东分配红利的，属于违反《公司法》的行为，股东应当将其分配的利润退还给公司。

公司向股东支付红利的方式一般有两种，即现金支付和股份分派（也称分配红股），由股东会或者股东大会决定具体采用哪种方式。现金支付和分配红股可以同时使用，即股东的红利一部分以现金方式支付给股东，另一部分分配红股。

公司持有的本公司股份不得分配利润。

第四节 公司的变更、合并、分立、解散与清算

一、公司的变更

公司的变更是指公司设立登记事项中某一项或某几项的改变。公司变更的内容，主要包括公司名称、住所、法定代表人、注册资本、公司组织形式、经营范围、营业期限、有限责任公司股东或者股份有限公司发起人的姓名或名称的变更。

公司变更设立登记事项，应当向原公司登记机关即公司设立登记机关申请变更登记。但公司变更住所跨公司登记机关辖区的，应当在迁入新住所前向迁入地公司登记机关申请变更登记；迁入地公司登记机关受理的，由原公司登记机关将公司登记档案移送迁入地公司登记机关。未经核准变更登记，公司不得擅自改变登记事项。

公司申请变更登记，应当向公司登记机关提交下列文件：①公司法定代表人签署的变更登记申请书；②依照《公司法》作出的变更决议或者决定；③国家市场监督管理总局规定要求提交的其他文件。公司变更登记事项涉及修改公司章程的，应当提交由公司法

定代表人签署的修改后的公司章程或者公司章程修正案。变更登记事项依照法律、行政法规或者国务院决定规定在登记前须经批准的,还应当向公司登记机关提交有关批准文件。

二、公司的合并与分立

(一)公司的合并

公司合并,是指两个或两个以上的公司,订立合并协议,依照公司法的规定,不经过清算程序,直接结合为一个公司的法律行为。公司合并有两种形式:一是吸收合并,是指一个公司吸收其他公司后存续,被吸收的公司解散;二是新设合并,是指两个或两个以上的公司合并设立一个新的公司,合并各方解散。

依照《公司法》的有关规定,公司合并的程序为:①作出决定或决议。有限责任公司由股东会就公司合并作出决议,作出合并的决议须经代表 2/3 以上表决权的股东通过。股份有限公司由股东大会就公司合并作出决议。②签订合并协议。合并协议由合并各方共同签订。合并协议应当包括下列主要内容:合并各方的名称、住所;合并后存续公司或新设公司的名称、住所;合并各方的资产状况及其处理办法;合并各方的债权债务处理办法(应当由合并存续的公司或者新设的公司承继)。③编制资产负债表和财产清单。④通知债权人。公司应当自作出合并决议之日起 10 日内通知债权人,并于 30 日内在报纸上公告。债权人自接到通知书之日起 30 日内,未接到通知书的自公告之日起 45 日内,可以要求公司清偿债务或者提供相应的担保。⑤办理合并登记手续。公司合并,应当自公告之日起 45 日后申请登记。

《公司法》第一百七十四条规定:"公司合并时,合并各方的债权、债务,应当由合并后存续的公司或者新设的公司承继。"

(二)公司的分立

公司分立,是指一个公司通过依法签订分立协议,不经过清算程序,分为两个或两个以上公司的法律行为。公司分立有两种形式:①派生分立,是指公司以其部分资产另设一个或数个新的公司,原公司存续。②是新设分立,是指公司全部资产分别划归两个或两个以上的新公司,原公司解散。

公司分立的程序与公司合并的程序基本相同。根据《公司法》的规定,公司分立时应当对其财产进行分割。公司分立时,应当编制资产负债表及财产清单。公司应当自作出分立决议之日起 10 日内通知债权人,并于 30 日内在报纸上公告。

公司分立前的债务由分立后的公司承担连带责任。但是,公司在分立前与债权人就债务清偿达成的书面协议另有约定的除外。

三、公司的解散与清算

(一)公司的解散

公司的解散是指已成立的公司基于一定的合法事由而使公司消灭的法律行为。公司解散可以分为一般解散、强制解散、股东请求解散三大类。

1. 一般解散

一般解散是指只要出现了解散公司的事由公司即可解散。《公司法》规定的一般解散的原因有：①公司章程规定的营业期限届满或者公司章程规定的其他解散事由出现时。但在此种情形下，可以通过修改公司章程而使公司继续存在，并不意味着公司必须解散。如果有限责任公司经持有 2/3 以上表决权的股东通过或者股份有限公司经出席股东大会会议的股东所持表决权的 2/3 以上通过修改公司章程的决议，公司可以继续存在。②股东会或者股东大会决议解散。③因公司合并或者分立需要解散。

2. 强制解散

强制解散是指由于某种情况的出现，主管机关或人民法院命令公司解散。公司法规定强制解散公司的原因主要有：①主管机关决定。国有独资公司由国家授权投资的机构或者国家授权的部门作出解散的决定，该国有独资公司应即解散。②责令关闭。公司违反法律、行政法规被主管机关依法责令关闭的，应当解散。③公司依法被吊销营业执照。

3. 股东请求解散

股东请求解散是指当公司经营管理发生严重困难，继续存在会使股东利益受到重大损失，通过其他途径不能解决的，持有公司全部股东表决权 10%以上的股东可以请求人民法院解散公司。其理由有：①公司持续两年以上无法召开股东会或者股东大会，公司经营管理发生严重困难的；②股东表决时无法达到法定或者公司章程规定的比例，持续两年以上不能作出有效的股东会或者股东大会决议，公司经营管理发生严重困难的；③公司董事长期冲突，且无法通过股东会或者股东大会解决，公司经营管理发生严重困难的；④经营管理发生其他严重困难，公司继续存续会使股东利益受到重大损失的情形。

但是要特别注意的是，股东知情权、利润分配请求权等权益受到损害，或者公司亏损、财产不足以偿还全部债务，以及公司被吊销企业法人营业执照未进行清算等，均不构成请求法院解散公司的理由。

（二）公司解散时的清算

清算是终结已解散公司的一切法律关系，处理公司剩余财产的程序。依照《公司法》的规定，公司除因合并或分立解散无须清算，以及因破产而解散的公司依照有关企业破产的法律实施破产清算外，其他解散的公司，都应当按《公司法》的规定进行清算。公司解散时的清算程序包括以下环节。

1. 成立清算组

解散的公司，应当自解散事由出现之日起 15 日内成立清算组。有限责任公司的清算组由股东组成，股份有限公司的清算组由股东大会确定的人员组成。解散的公司超过 15 日不成立清算组的，债权人可以申请人民法院指定有关人员组成清算组，人民法院应当受理该申请，并及时指定人员组成清算组。

按照《公司法》第一百八十四条的规定，清算组在清算期间行使下列职权：①清理公司财产，分别编制资产负债表和财产清单；②通知或者公告债权人；③处理与清算有关的公司未了的业务；④清缴所欠税款以及清算过程中产生的税款；⑤清理债权、债务；⑥处理公司清偿债务后的剩余财产；⑦代表公司参与民事诉讼活动。

清算组成员应当忠于职守，依法履行清算义务，不得利用职权收受贿赂或者其他非法收入，不得侵占公司财产。清算组成员因故意或者重大过失给公司或者债权人造成损失的，应当承担赔偿责任。

2. 通知或者公告债权人申报债权

清算组应当自成立之日起 10 日内通知债权人，并于 60 日内在报纸上公告。债权人应当自接到通知书之日起 30 日内，未接到通知书的自公告之日起 45 日内，向清算组申报其债权。债权人申报其债权，应当说明债权的有关事项，并提供证明材料。清算组应当对债权进行登记。在申报债权期间，清算组不得对债权人进行清偿。

3. 清理财产

清算组对公司资产、债权、债务进行清理。在清算期间，公司不得开展新的经营活动。任何人未经清算组批准，不得处分公司财产。清算组在清理公司财产、编制资产负债表和财产清单后，应当制定清算方案，并报股东会、股东大会或者人民法院确认。

清算组在清理公司财产、编制资产负债表和财产清单后，发现公司财产不足清偿债务的，应当立即向人民法院申请宣告破产。公司经人民法院裁定宣告破产后，清算组应当将清算事务移交给人民法院。

4. 清偿债务与分配剩余财产

公司财产能够清偿公司债务的，清算组应先拨付清算费用，然后按照下列顺序清偿：①职工工资、社会保险费用和法定补偿金；②所欠税款；③公司债务。

在按照上述顺序进行清偿后，财产有剩余的，清算组应将剩余的公司财产分配给股东。有限责任公司按照股东的出资比例进行分配；股份有限公司按照股东持有的股份比例进行分配。公司财产在未清偿公司债务前，不得分配给股东。

5. 清算终结

公司清算结束后，清算组应当制作清算报告，报股东会、股东大会或者人民法院确认；并报公司登记机关，申请注销登记，同时提交下列文件：①公司清算组负责人签署的注销登记申请书；②公司依照《公司法》作出的决议或者决定，或行政机关责令关闭的文件；③股东会、股东大会或者人民法院确认的清算报告；④企业法人营业执照；⑤法律、行政法规规定应当提交的其他文件。

注销登记申请经公司登记机关核准，公司终止。

第五节　有限责任公司

一、有限责任公司的概念和特征

（一）有限责任公司的概念

有限责任公司，是指股东以其认缴的出资额为限对公司承担责任，公司以其全部资产对公司债务承担责任的企业法人。

（二）有限责任公司的特征

（1）股东人数有最高数额限制。《公司法》第二十四条规定，有限责任公司由50个以下股东出资设立。我国现行《公司法》允许设立一人有限责任公司。

（2）股东以出资额为限对公司承担责任。股东以出资额为限对公司承担责任，这是有限责任公司区别于无限责任公司、两合公司的本质特征，也是有限责任公司兼有资合性的表现。需要注意的是，有限责任是仅对股东而言的，不是指公司对外承担有限责任，公司是以其全部财产对公司债务承担责任的。

（3）设立手续和公司机关简易化。有限责任公司的设立手续与股份有限公司的设立手续相比，较为简单。一般由全体设立人制定公司章程，各自认缴出资额，即可在公司登记机关登记设立。有限责任公司的公司机关也较为简单，不一定都要设置董事会和监事会。如《公司法》第五十、五十一条就规定，股东人数较少和规模较小的有限责任公司可以不设董事会或监事会。一人有限责任公司和国有独资公司则不需要设立股东会。

（4）股东对外转让出资受到较为严格的限制。由于有限责任公司是人合兼资合性质的公司，股东之间的相互信任关系非常重要，因此，法律对股东转让出资往往作出较严格的限制。《公司法》第七十一条规定，有限责任公司股东向股东以外的人转让出资时，应当经全体股东过半数同意；不同意转让的股东应当购买该股东的出资，如果不购买该转让的出资，则视为同意转让；经股东同意转让的出资，在同等条件下，其他股东对该出资有优先购买权。

（5）公司的封闭性。有限责任公司一般属于中小规模的公司，与股份有限公司相比，其在组织与经营上具有封闭性或非公开性。除严格限制股东对外转让出资这一点体现了公司的封闭性外，还体现在以下两点：①设立程序不公开；②公司的经营状况不向社会公开。

二、有限责任公司的设立条件

（一）股东的人数和资格

《公司法》第二十四条规定："有限责任公司由五十个以下股东出资设立。"这表明，在我国设立有限责任公司，股东最多不能超过50个；最少为1个，此种情形下为一人有限责任公司。

除国有独资公司外，有限责任公司的股东可以是自然人，也可以是法人。

（二）公司的资本

1. 注册资本

依据《公司法》第二十六条的规定，有限责任公司的注册资本为在公司登记机关登记的全体股东认缴的出资额。法律、行政法规以及国务院决定对有限责任公司注册资本实缴、注册资本最低限额另有规定的，从其规定。

2. 出资方式

依据《公司法》第二十七条第一款的规定，股东的出资方式有：①货币；②实物；

③知识产权;④土地使用权。

股东以货币出资的,应当将货币足额存入有限责任公司在银行开设的账户。股东以非货币财产出资的,应当评估作价,核实财产,不得高估或者低估作价。评估确定的价额显著低于公司章程所定价额的,应当认定出资人未依法全面履行出资义务。缴资时应当依法办理财产权的转移手续。

股东可以其他公司的股权出资。出资人以其他公司股权出资,符合下列条件的,可以认定出资人已履行出资义务:①出资的股权由出资人合法持有并依法可以转让;②出资的股权无权利瑕疵或者权利负担;③出资人已履行关于股权转让的法定手续;④出资的股权已依法进行了价值评估。股权出资不符合上述规定的,公司、其他股东或者公司债权人可以请求在合理期间内采取补正措施,逾期未补正的,视为未全面履行出资义务。

3. 出资期限等

有限责任公司股东认缴的出资,可以在公司成立时一次缴清,也可以在公司成立后分次缴清。股东应当按期缴纳公司章程中规定的各自所认缴的出资额。

股东不按公司章程规定缴纳所认缴的出资,除应当向公司足额缴纳外,还应当向已足额缴纳出资的股东承担违约责任。

公司成立后,发现作为设立公司出资的非货币财产的实际价额显著低于公司章程所定价额的,应当由交付该出资的股东补足其差额;公司设立时的其他股东承担连带责任。但出资人以符合法定条件的非货币财产出资后,因市场变化或者其他客观因素导致出资财产贬值,不得认定为未依法全面履行出资义务。

(三)公司章程

公司章程是指公司所必备的,规定其名称、宗旨、资本、组织机构等对内对外事务的基本法律文件。

(四)公司设立的其他条件

设立有限责任公司除需要具备上述三项条件外,还应当具备下列条件:①有公司名称;②有公司的组织机构;③有必要的生产经营条件。

三、有限责任公司的组织机构

《公司法》对有限责任公司组织机构的设置作了多元制的规定:一般的有限责任公司,其组织机构为股东会、董事会和监事会;股东人数较少和规模较小的有限责任公司,其组织机构为股东会、执行董事和监事;一人有限责任公司不设股东会;国有独资有限责任公司,其组织机构为唯一股东、董事会和监事会。

(一)股东会

1. 股东会的性质和组成

股东会是有限责任公司的权力机关。除《公司法》有特别规定的以外,有限责任公司必须设立股东会。但股东会是非常设机关,只有在召开股东会会议时,股东会才作为公司机关存在。股东会由全体股东组成。股东是按其所认缴出资额向有限责任公司缴纳出资的人。

2. 股东会的职权

依据《公司法》第三十七条，股东会行使下列职权：①决定公司的经营方针和投资计划；②选举和更换非由职工代表担任的董事、监事，决定有关董事、监事的报酬事项；③审议批准董事会的报告；④审议批准监事会或者监事的报告；⑤审议批准公司的年度财务预算方案、决算方案；⑥审议批准公司的利润分配方案和弥补亏损方案；⑦对公司增加或者减少注册资本作出决议；⑧对发行公司债券作出决议；⑨对公司合并、分立、解散、清算或变更公司形式作出决议；⑩修改公司章程；⑪公司章程规定的其他职权。

3. 股东会的召开

股东会分为定期会议和临时会议两种。定期会议的召开时间由公司章程规定，一般每年召开一次。临时会议可经代表 1/10 以上表决权的股东或 1/3 以上的董事或监事会或不设监事会的公司监事提议而召开。

股东会的首次会议由出资最多的股东召集和主持。以后的股东会，凡设立董事会的，股东会会议由董事会召集，董事长主持。

董事长不能履行职务或者不履行职务的，由副董事长主持；副董事长不能履行职务或者不履行职务的，由半数以上董事共同推举一名董事主持。有限责任公司不设董事会的，股东会会议由执行董事召集和主持。董事会或者执行董事不能履行或者不履行召集股东会会议职责的，由监事会或者不设监事会的公司的监事召集和主持；监事会或者监事不召集和主持的，代表 1/10 以上表决权的股东可以自行召集和主持。

召开股东会会议，应当于会议召开前 15 日以通知全体股东。该通知应写明股东会会议召开的日期、时间、地点和目的，以使股东对拟召开的股东会有最基本的了解。

4. 股东会决议

有限责任公司股东会可依职权对所议事项作出决议。一般情况下，股东会会议作出决议时，采取"资本多数决"原则。股东会的议事方式和表决程序，除《公司法》有规定的以外，由公司章程规定。但下列事项必须经代表 2/3 以上表决权的股东通过：①修改公司章程；②公司增加或者减少注册资本；③公司分立、合并、解散或者变更公司形式。

全体股东对股东会决议事项以书面形式一致表示同意的，可以不召开股东会会议，而可以直接作出决定，并由全体股东在决定文件上签名、盖章。

（二）董事会

1. 董事会的性质及其组成

董事会是有限责任公司的业务执行机关，享有业务执行权和日常经营的决策权。它是一般有限责任公司的必设机关和常设机关，股东人数较少或公司规模较小的有限责任公司可以设一名执行董事，不设董事会。至于"股东人数较少"或"规模较小"的判断标准，《公司法》并未规定，故实践中有较大的意思自治的余地，由股东协商决定是否设立董事会，并记载于公司章程中。董事会对股东会负责。

董事会由董事组成，其成员为3~13人。董事的任期由公司章程规定，各个公司可有所不同，但每届任期不得超过3年。换言之，公司章程可以规定董事的任期少于3年，但不得超过3年。董事任期届满时，连选可以连任，并无任职届数的限制。公司可以随时解除董事职务，无论任期是否届满。董事也可以随时辞职，除另有约定外。但为防止公司无故任意解除董事职务，公司解除董事职务应合理补偿。

2. 董事会的职权

依据《公司法》第四十六条，有限责任公司的董事会行使下列职权：①召集股东会会议，并向股东会报告工作；②执行股东会的决议；③决定公司的经营计划和投资方案；④制订公司的年度财务预算方案、决算方案；⑤制订公司的利润分配方案和弥补亏损方案；⑥制订公司增加或者减少注册资本以及发行公司债券的方案；⑦制订公司合并、分立、变更公司形式、解散的方案；⑧决定公司内部管理机构的设置；⑨决定聘任或者解聘公司经理及其报酬事项，并根据经理的提名，决定聘任或者解聘公司副经理、财务负责人及其报酬事项；⑩制定公司的基本管理制度；⑪公司章程规定的其他职权。

3. 董事会的召开

董事会会议由董事长召集和主持。董事长不能履行职务或者不履行职务的，由副董事长召集和主持；副董事长不能履行职务或者不履行职务的，由半数以上董事共同推举一名董事召集和主持。

董事会决议的表决，实行一人一票制。董事会应当将所议事项的决定作成会议记录，出席会议的董事应当在会议记录上签名。

4. 董事长和执行董事

有限责任公司董事会设董事长一人，可以设副董事长。董事长、副董事长的产生办法由公司章程规定。《公司法》未规定董事长的职权，一般而言，董事长的职权有：①主持股东会会议，召集和主持董事会会议；②检查董事会决议的实施情况；③对外代表公司；④设立分公司时，向公司登记机关申请登记，领取营业执照；⑤公司章程规定的其他职权。董事长可以是公司的法定代表人。

根据《公司法》的规定，股东人数较少和规模较小的有限责任公司，可以设一名执行董事，不设董事会。执行董事兼具了相当于一般有限责任公司董事会、董事长的身份，可以是公司的法定代表人。

（三）经理

1. 经理的性质

有限责任公司的经理是负责公司日常经营管理工作的高级管理人员。《公司法》规定，有限责任公司可以设经理，由董事会聘任或者解聘，经理对董事会负责。经理可以作为公司的法定代表人。

2. 经理的职权

有限责任公司经理负责公司的日常经营管理工作，行使下列职权：①主持公司的生产经营管理工作，组织实施董事会决议；②组织实施公司年度经营计划和投资方案；③拟订公司内部管理机构设置方案；④拟订公司的基本管理制度；⑤制定公司的具体规章；⑥提请聘任或者解聘公司副经理、财务负责人；⑦决定聘任或者解聘除应由董事会决定聘任或者解聘以外的负责管理人员；⑧董事会授予的其他职权。公司章程对经理职权另有规定的，从其规定。

（四）监事会

1. 监事会的性质及其组成

监事会为经营规模较大的有限责任公司的常设监督机关，专司监督职能。监事会对股东会负责，并向其报告工作。监事会由监事组成，其成员不得少于 3 人。监事会应当包括股东代表和适当比例的公司职工代表，其中职工代表的比例不得低于 1/3，具体比例由公司章程规定。监事会中的股东代表由股东会选举产生；监事会中的职工代表由职工民主选举产生；监事会应在其组成人员中推选一名召集人。监事的任期是法定的，每届为 3 年。监事任期届满，连选可以连任。

股东人数较少和规模较小的有限责任公司，可以设 1～2 名监事，不设立监事会，行使监事会的职权。同时，公司董事、高级管理人员不得兼任监事。

2. 监事会的职权

依据《公司法》第五十三条，监事会行使下列职权：①检查公司财务；②对董事、高级管理人员执行公司职务时的行为进行监督，对违反法律、法规、公司章程或者股东会决议的董事、高级管理人员提出罢免的建议；③当董事和高级管理人员的行为损害公司的利益时，要求董事和高级管理人员予以纠正；④提议召开临时股东会会议，在董事会不履行《公司法》规定的召集和主持股东会会议职责时召集和主持股东会会议；⑤向股东会会议提出提案；⑥依照《公司法》第一百五十一条的规定，对董事、高级管理人员提起诉讼；⑦公司章程规定的其他职权。

监事会、不设监事会的公司的监事行使职权所必需的费用由公司承担。为便于对董事的监督，《公司法》还规定，监事有权列席董事会会议，并对董事会决议事项提出质询或者建议。监事会或者监事发现公司经营情况异常，可以进行调查，必要时可以聘请会计师事务所等协助其工作，费用由公司承担。

四、有限责任公司的股权转让

（一）对内转让

有限责任公司的股东相互之间可以自由转让股权。可以是转让部分股权，也可以是转让全部股权。在转让部分股权的情况下，转让方仍保留股东身份，只是转让方与受让方各自的股权比例发生变化而已。在全部转让的情况下，转让方退出公司。

（二）对外转让

有限责任公司的股东可以将其持有的公司股权转让给股东以外的第三人，但须符合《公司法》规定的相关条件。

1. 其他股东的同意权

股东向股东以外的第三人转让股权，应当经其他股东过半数的同意。此项同意以股东人数计算，而非以股东持有的有表决权的股数计算。程序上，欲对外转让股权的股东应当就股权转让事项以书面形式通知其他股东，征求其他股东的同意。如果其他股东在接到转让方的书面通知之日起 30 日未予答复的，则视为其同意转让方对外转让股权。其他股东半数以上不同意转让的，不同意的股东应当购买该转让的股权；不购买的，视为同意转让。

若不同意对外转让的股东购买该转让的股权，股权转让价格应当由购买方与转让方通过协商确定。不能协商确定的，可以聘请第三人对股权价格进行评估，按评估的价格转让。

2. 其他股东的优先购买权

股东对外转让股权，取得了其他股东的同意，则在同等条件下，其他股东享有优先购买权。对"同等条件"的理解，应当考虑转让股权的数量、价格、支付方式及期限等因素。

如果其他股东中有两个或两个以上的股东都愿意受让该转让的股权，应当通过协商确定各自受让的比例，若协商不成，则按照转让时各自的出资比例行使优先购买权。

同等条件下的优先购买权并非强制性规定。如果公司章程中对股东对外转让股权有不同的或相反的规定，则从其约定。

股东主张优先购买转让股权的，应当在收到通知后，在公司章程规定的行使期间内提出购买请求。公司章程没有规定行使期间或者规定不明确的，以通知确定的期间为准，通知确定的期间短于 30 日或者未明确行使期间的，行使期间为 30 日。

3. 转让股东的反悔权

有限责任公司的转让股东，在其他股东主张优先购买后又不同意转让股权的，法院不予支持其他股东的优先购买主张，但公司章程另有规定或者全体股东另有约定的除外。

需要注意的是，尽管法律保护转让股东的反悔权，但是如果因为转让股东的反悔而给其他股东造成损失的，其他股东有权主张损失赔偿。

4. 侵犯股东优先购买权的后果

有限责任公司的股东向股东以外的人转让股权，未就其股权转让事项征求其他股东意见，或者以欺诈、恶意串通等手段，损害其他股东优先购买权，其他股东主张按照同等条件购买该转让股权的，人民法院应当予以支持，但其他股东自知道或者应当知道行使优先购买权的同等条件之日起 30 日内没有主张，或者自股权变更登记之日起超过 1 年的除外。

但是，如果上述规定的其他股东仅提出确认股权转让合同及股权变动效力等请求，未同时主张按照同等条件购买转让股权的，则人民法院不予支持，但其他股东非因自身原因导致无法行使优先购买权，请求损害赔偿的除外。

股东以外的股权受让人，因股东行使优先购买权而不能实现合同目的的，可以依法请求转让股东承担相应民事责任。

（三）强制执行程序中的股权转让

在股权质押担保等情形而导致人民法院依法采取强制执行措施而转让有限责任公司的股东在公司中的股权的情形下，人民法院应当将此强制执行措施的有关情况通知股东所在的公司和全体股东，包括被强制执行股权的股东和其他股东。其他股东在同等条件下享有优先购买权，但该优先购买权应当自接到人民法院的通知之日起20日行使，逾期不行使的，视为放弃优先购买权，第三人可以通过强制执行措施受让该股权。对于该非通过协商而是通过强制执行程序购买股权的新股东，公司和其他股东不得否认其效力。公司应当注销原股东的出资证明书，并向新股东签发出资证明书，修改公司章程和股东名册中有关股东及其出资额的记载，此项对于公司章程的修改不需再由股东会表决而直接发生效力。

（四）异议股东的股权收购请求权

依据《公司法》第七十四条，有下列情形之一的，对股东会该项决议投反对票的股东可以请求公司按照合理的价格收购其股权：①公司连续5年不向股东分配利润，而该公司5年连续盈利，并且符合《公司法》规定的分配利润条件的；②公司合并、分立、转让主要财产的；③公司章程规定的营业期限届满或者公司章程规定的其他解散事由出现，股东会会议通过决议修改公司章程使公司存续的。

在上述任何一种情形下，对公司股东会会议通过上述决议不赞成，并且投的是反对票的股东，有权自股东会会议决议通过之日起60日内提出请求，请求公司收购其持有的公司股权。如果该股东与公司不能就股权收购事宜达成一致，该股东可以自股东会会议决议作出之日起90日内向人民法院提起诉讼，通过诉讼途径解决该争议。

（五）自然人股东资格的继承

有限责任公司的自然人股东如果死亡或者被宣告死亡，该股东有符合法律规定的合法继承人，该合法继承人可以继承股东资格。但是，如果公司章程对此种情形另有规定，则从其规定。

如果公司章程没有相关规定，则当自然人股东死亡时，其合法继承人愿意取得股东资格的，其他股东应当允许。如果继承人不愿意取得股东资格，则应通过协商或者评估确定该股东的股权价格，由其他股东受让该股权或由公司收购该股权，继承人取得股权转让款。如果该股东有数个合法继承人，且都愿意继承股东资格，则由该数个继承人通过协商确定各自继承股权的份额。

五、一人有限责任公司

（一）一人有限责任公司的概念和特征

一人有限责任公司，是指由一名股东（自然人或法人）持有公司的全部出资的有限责任公司。其特征为：①股东为一人，可以是自然人也可以是法人。②公司形式只能是有限责任公司。③股东对公司债务承担有限责任。④只有一个股东，故一人有限责任公司不具有"人合性"。

（二）一人有限责任公司的特别规定

1. 再投资的限制

《公司法》关于一人有限责任公司再投资的特别规定包括：①一个自然人只能投资设立一个一人有限责任公司。②该一人有限责任公司不能投资设立新的一人有限责任公司。需要注意的是，上述对一人有限责任公司再投资的限制，仅适用于自然人。对法人股东再投资没有限制。

2. 组织机构的简化

《公司法》关于一人有限责任公司组织机构的特别规定包括：①不设股东会。②董事会、监事会不是法定必设机构。③可由一人股东自任董事、经理，也可聘用他人担任董事、经理。

（三）一人有限责任公司的人格混同

一人有限责任公司的性质为有限责任公司，股东以其出资为限对公司的债务承担清偿责任。但是，一人有限责任公司的股东不能证明公司财产独立于股东自己财产的，应当对公司债务承担连带责任。前提是"公司财产与股东个人财产混同"，即公司人格与股东个人人格的混同。此时，一人有限责任公司的债权人可以将公司和股东作为共同债务人进行追索。

如果仅是股东出资瑕疵，尚未出现混同情形，由该出资瑕疵的股东在未出资本息范围内对公司债务不能清偿的部分承担补充赔偿责任。

六、国有独资公司

（一）国有独资公司的概念和特征

国有独资公司，是指国家单独出资、由国务院或者地方人民政府授权本级人民政府国有资产监督管理机构履行出资人职责的有限责任公司。其特征为：①它是有限责任公司。国家在出资范围内承担限责任。在国有独资公司中没有特殊规定的，适用有限责任公司的规定。②股东唯一。由国家单独出资设立，国有资产监督管理机构以股东的身份行使股东会的职权。

（二）国有独资公司的组织机构

1. 股东会职权由国有资产监督管理机构行使

国有独资公司不设股东会，由国有资产监督管理机构行使股东会职权。国有资产监督管理机构可以授权董事会行使股东会的部分职权，决定公司的重大事项。但公司的合并、分立、解散、增加或减少注册资本和发行公司债券，必须由国有资产监督管理机构决定。重要的国有独资公司合并、分立、解散、申请破产的，应当由国有资产监督管理机构审核后,报本级人民政府批准。重要的国有独资公司范围,按照国务院的规定确定。

2. 董事会

董事会是国有独资公司的执行机关,也是法定必设机关。

董事每届任期不得超过三年。董事会成员中应当有公司职工代表。董事会成员由国有资产监督管理机构委派;但是,董事会成员中的职工代表由公司职工代表大会选举产生。

董事会设董事长一人,可以设副董事长。董事长、副董事长由国有资产监督管理机构从董事会成员中指定。经国有资产监督管理机构同意,董事会成员可以兼任经理。董事长、副董事长、董事、高级管理人员,未经国有资产监督管理机构同意,不得在其他经济组织兼职。

3. 监事会

国有独资公司监事会成员不得少于五人,其中职工代表的比例不得低于三分之一,具体比例由公司章程规定。

监事会成员由国有资产监督管理机构委派;但是,监事会成员中的职工代表由公司职工代表大会选举产生。监事会主席由国有资产监督管理机构从监事会成员中指定。

国有独资公司与一般有限责任公司组织机构的区别如表3-1所示。

表3-1 国有独资公司与一般有限责任公司组织机构的比较

	国有独资公司	一般有限责任公司
股东会	无	有
董事会	(1)必设 (2)兼任要经过国资委同意	(1)人数较少规模较小的公司可不设 (2)董事兼任经理,不需股东会同意
监事会	(1)必设 (2)不少于五人(国有资产监督管理机构委派+职工代表) (3)主席指定	(1)人数较少规模较小的公司可不设 (2)不少于三人(股东代表+职工代表) (3)主席由全体监事过半数选举产生

第六节 股份有限公司

一、股份有限公司的概念和特征

(一)股份有限公司的概念

股份有限公司,简称股份公司,是指其全部资本分为等额股份,股东以其所持股份为限对公司承担责任,公司以其全部资产对公司的债务承担责任的企业法人。

(二)股份有限公司的特征

(1)公司的全部资本分为等额股份。股份有限公司全部资本分为等额股份,是指公司资本划分为股份，每股金额相等，由发起人或股东认购并持有。

（2）股东负有限责任。股份有限公司股东对公司的责任仅以其所持股份为限，公司则以其全部资产对外承担责任。

（3）社会性与开放性。股份有限公司可以通过对外公开发行股票，向社会募集资金。任何投资者都可以通过购买股票而成为股份有限公司的股东，从而使股份有限公司具有了最广泛的社会性。股东可以自由转让其持有的公司股份。并且，为了便于投资者的决策及有利于对公司的法律监管，法律规定了股份有限公司的信息披露制度。所以，股份有限公司也被称为开放性公司。

二、股份有限公司的设立

（一）设立条件

按照《公司法》的规定，设立股份有限公司应当具备下列条件：

（1）发起人符合法定人数。《公司法》第七十八条规定，设立股份有限公司，应当有 2 人以上 200 人以下为发起人，其中须有半数以上的发起人在中国境内有住所。发起人可以是自然人，也可以是法人或其他经济组织。

（2）有符合公司章程规定的全体发起人认购的股本总额或者募集的实收股本总额。股份有限公司采取发起设立方式设立的，注册资本为在公司登记机关登记的全体发起人认购的股本总额。股份有限公司采取募集方式设立的，注册资本为在公司登记机关登记的实收股本总额。法律、行政法规以及国务院决定对股份有限公司注册资本实缴、注册资本最低限额另有规定的，从其规定。

（3）股份发行、筹办事项符合法律规定。

（4）发起人制定公司章程。

（5）有公司名称，建立符合股份有限公司要求的组织机构。

（6）有公司住所。

（二）设立方式

股份有限公司的设立方式有两种：一是发起设立，二是募集设立。

1. 发起设立

发起设立，是指由发起人认购公司应发行的全部股份，不向发起人之外的任何人募集而设立公司。发起设立的程序如下：

（1）发起人认购股份。发起人应书面认足公司章程规定其认购的股份。认购采用书面形式，载明认股人的姓名或名称、住所、认股数、应交股款金额、出资方式，由认股人填写、签章。认购书一经填妥并签署，即具有法律上的约束力。

（2）发起人缴清股款。发起人在认购股份后，如规定其一次缴纳的，应即缴纳全部出资；分期缴纳的，应即缴纳首期出资。发起人以实物、知识产权、非专利技术或者土地使用权出资的，应当依法估价，并办理财产权转移手续。

（3）选举董事会和监事会。发起人缴纳首期出资后，应当选举董事会和监事会。

（4）申请设立登记。董事会应向公司登记机关申请设立登记，申请时应当报送公司章程以及法律、行政法规规定的其他文件。公司登记机关对符合法律规定条件的，依法予以登记，签发营业执照。公司以营业执照签发日期为公司成立日期。公司成立后，应当进行公告。

2. 募集设立

募集设立，是指由发起人认购公司应发行股份的一部分，其余部分向社会公开募集而设立公司。募集设立的程序如下：

（1）发起人认购股份。以募集方式设立股份有限公司的，发起人认购的股份不得少于公司应发行股份总数的35%。法律、行政法规对此另有规定的，从其规定。

（2）公告招股说明书，制作认股书。招股说明书应当附有发起人制定的公司章程，并载明下列事项：发起人认购的股份数；每股的票面金额和发行价格；无记名股票的发行总数；募集资金的用途；认股人的权利和义务；本次募股的起止期限及逾期未募足时认股人可撤回所认股份的说明。

（3）签订承销协议和代收股款协议。发起人就股份承销的方式、数量、起止日期、承销费用的计算与支付等具体事项，与证券公司签订承销协议；发起人就代收和保存股款的具体事宜，与银行签订代收股款协议。

（4）召开创立大会。创立大会通常被认为是股份有限公司募集设立过程中的决议机构。发起人应当在发行股份的股款缴足后30日内主持召开创立大会。创立大会由发起人、认股人组成。创立大会的职权包括：①审议发起人关于公司筹办情况的报告；②通过公司章程；③选举董事会成员；④选举监事会成员；⑤对公司的设立费用进行审核；⑥对发起人用于抵作股款的财产的作价进行审核；⑦发生不可抗力或者经营条件发生重大变化直接影响公司设立的，可以作出不设立公司的决议。创立大会对上述所列事项作出决议，必须经出席会议的认股人所持表决权过半数通过。

（5）设立登记。以募集方式设立的公司在创立大会结束后30日内，由董事会向公司登记机关即市场监管局申请设立登记，按照《市场主体登记管理条例》第十五条规定：市场主体实行实名登记。申请人应当配合登记机关核验身份信息。并按该条例第十六条的规定，提交下列材料：①申请书；②申请人资格文件、自然人身份证明；③住所或者主要经营场所相关文件；④公司章程；⑤法律、行政法规和国务院市场监督管理部门规定提交的其他材料。⑥具体的登记材料清单和文书格式样本，由国务院市场监督管理部门制定，并通过政府网站、登记机关服务窗口等向社会公开。登记机关能够通过政务信息共享平台获取的市场主体登记相关信息，不得要求申请人重复提供。

三、股份有限公司的组织机构

股份有限公司的组织机构包括股东大会、董事会、监事会。

（一）股东大会

1. 股东大会的性质及其组成

股东大会为股份有限公司必须设立的机关，是股份有限公司的最高权力机关。股东大会由全体股东组成。

2. 股东大会的职权

股东大会的职权主要有两类：①审议批准事项。②决定、决议事项。《公司法》第九十九条规定，本法第三十七条第一款关于有限责任公司股东会职权的规定，适用于股份有限公司的股东大会。

3. 股东大会的召开

股东大会分为年会和临时会议两种。年会应当每年召开一次，通常在每个会计年度终了后6个月内召开。临时股东大会则应在有下列情况之一时2个月内召开：①董事人数不足《公司法》规定的人数或者公司章程规定的人数的2/3时；②公司未弥补的亏损达到实收股本总数的1/3时；③单独或合计持有公司股份10%以上的股东请求时；④董事会认为必要时；⑤监事会提议召开时。

股东大会会议由董事会负责召集，董事长主持会议，董事长不能履行职务或者不履行职务时，由副董事长履行职务；副董事长不能履行职务或者不履行职务时，由半数以上董事共同推举一名董事主持。

董事会不能履行或者不履行召集股东大会会议职责的，监事会应当及时召集和主持；监事会不召集和主持的，连续九十日以上单独或者合计持有公司百分之十以上股份的股东可以自行召集和主持。

召开股东大会，应在会议召开的20日前通知各股票的股东。通知中应写明股东大会会议将审议的事项、股东大会会议召开的日期和地点等。临时股东大会不得对通知中未列明的事项作出决议。股份有限公司发行无记名股票的，应于股东大会会议召开的30日前进行公告。无记名股票的股东要出席股东大会的，必须于会议召开5日以前至股东大会闭会时将股票交存于公司，否则，不得出席会议。

4. 股东大会的决议

股东出席股东大会会议，所持每一股份有一表决权。但是公司持有的本公司的股份没有表决权。

股东大会的决议实行股份多数决定的原则。所谓股份多数决定原则，是指股东大会依持有多数股份的股东的意志作出决议。股东大会决议实行股份多数表决原则，必须具备两个条件：一是要有代表股份多数的股东出席；二是要有出席会议的股东所持表决权的多数通过。股东大会作出决议，必须经出席会议的股东所持表决权过半数通过，但是股东大会作出修改公司章程、增加或者减少注册资本的决议以及公司合并、分立、解散或者变更公司形式的决议，必须经出席会议的股东所持表决权的2/3通过。公司转让、受让重大资产或者对外提供担保等事项必须经股东大会作出决议的，董事会应当及时召集股东大会会议，由股东大会就上述事项进行表决。

股东大会对所议事项的决定应当作成会议记录，主持人、出席会议的董事应当在会议记录上签名。会议记录应当与出席股东的签名册及代理出席的委托书一并保存，供股东查阅。

股东大会必须按照法定的召集方法召集，并依照法定的决议方法通过内容不违法的决议。具备该条件的决议，才具有法律效力。如果股东大会的决议违法，股东有权通过诉讼途径请求法院宣告决议无效或撤销决议。

5. 累积投票权

股东大会选举董事、监事，可以依照公司章程的规定或者股东大会的决议，实行累积投票制，即股东大会选举董事、监事时，每一股份拥有与应选董事或者监事人数相同的表决权，股东拥有的表决权可以集中使用。

需要注意的是，《公司法》规定的累积投票权是任意性的，而非强制性的，即公司可以采用累积投票权制度，也可以不采用该制度，是否采用由公司章程作出规定或由股东大会作出决议。

（二）董事会

1. 董事会的性质及其组成

董事会是股份有限公司必设的业务执行和经营意思决定机构，对股东大会负责。董事会由全体董事组成。董事会成员为 5~19 人。董事的产生有两种情况：①在公司设立时，采取发起方式设立的公司，董事由发起人选举产生；采取募集方式设立的公司，董事由创立大会选举产生。②在公司成立后，董事由股东大会选举产生。

董事会设董事长 1 人，可以设副董事长。董事长和副董事长由董事会以全体董事的过半数选举产生。董事长可以为公司的法定代表人。董事长主持股份有限公司股东大会会议和董事会会议，为其会议主席。

董事的任期由公司章程规定，但每届任期不得超过 3 年。董事任期届满，连选可以连任。董事在任期届满前，股东大会不得无故解除其职务。

2. 董事会的职权

股份有限公司董事会的职权适用《公司法》关于有限责任公司董事会的职权的规定。依据《公司法》第一百零八条，本法第四十六条关于有限责任公司董事会职权的规定，适用于股份有限公司董事会。

3. 董事会会议的召开

股份有限公司的董事会会议分为定期会议和临时会议两种。董事会定期会议，每年度至少召开两次会议，每次应于会议召开前 10 日通知全体董事和监事；董事会召开临时会议，其会议通知方式和通知时限，可由公司章程作出规定。董事会会议由董事长负责召集。董事长不能履行职务或者不履行职务的，由副董事长履行职务；副董事长不能履行职务或者不履行职务的，由半数以上董事共同推举一名董事履行职务。

股份有限公司董事会会议应有过半数的董事出席方可举行。董事会作出决议，必须经全体董事过半数通过。董事会会议的结果表现于董事会决议之中。董事会应当对会议所议事项的决定作成会议记录，由出席会议的董事和记录员在会议记录上签名。董事应当对董事会的决议承担责任。董事会的决议违反法律、行政法规或者公司章程，致使公司遭受严重损失的，参与决议的董事对公司负赔偿责任。但经证明在表决时曾表明异议并记载于会议记录的，该董事可以免除责任。

（三）经理

经理是对股份有限公司日常经营管理负有全责的高级管理人员，由董事会聘任或解聘，对董事会负责。《公司法》第四十九条关于有限责任公司经理职权的规定适用于股份有限公司的经理。

（四）监事会

1. 监事会的性质及其组成

监事会是股份有限公司必设的监察机构，对公司的财务及业务执行情况进行监督。

监事会由监事组成，其人数不得少于3人。监事由股东代表和公司职工代表构成，其中职工代表的比例不得低于1/3。股东代表由股东大会选举产生；职工代表由公司职工民主选举产生。监事会设主席1人，可以设副主席。监事会主席、副主席由全体监事过半数选举产生。监事的任期每届为3年，监事任期届满，可以连选连任。

2. 监事会的职权

《公司法》第五十三、五十四条关于有限责任公司监事会职权的规定，适用于股份有限公司监事会。

四、股份有限公司的股份发行与转让

（一）股份与股票

1. 股份的概念与特征

股份是股份有限公司特有的概念，它是股份有限公司资本最基本的构成单位。股份具有以下特征：①股份所代表的金额相等；②股份表示股东享有权益的范围；③股份通过股票这种证券形式表现出来。

2. 股票的概念与特征

股票是股份有限公司股份证券化的形式，是股份有限公司签发的证明股东所持股份的凭证。股份有限公司的股份采取股票的形式。股票具有以下特征：

第一，股票是一种要式证券，它的制作和记载事项必须按照法定的方式进行。《公司法》规定，股票必须载明下列主要事项：①公司名称；②公司登记成立的日期；③股票种类、票面金额及代表的股份数；④股票的编号。股票由法定代表人签名，公司盖章；发起人的股票，应当标明"发起人股票"字样。

第二，股票是一种非设权证券，即它仅是一种彰显股东权的证券，而非创设股东权的证券。换言之，股票仅仅是把已经存在的股东权表现为证券形式，而不是创设股东权。股东遗失股票，并不因此丧失股东权和股东资格。

第三，股票是一种有价证券，它以证券的持有为权利存在的条件。股票作为一种有价证券，所表示的是股东的财产权。由此，股票持有者可享有分配股息的权利；公司终止清算时，有取得公司剩余财产的权利等。同时，股东权的存在要以股票的持有为条件。也就是说，股票的合法持有者就是股东权的享有者。

（二）股份发行

（1）股份发行的原则。《公司法》第一百二十六条第一款规定，股份的发行，实行公平、公正的原则。具体而言，股份有限公司发行股份时应当做到：①当公司向社会公开募集股份时，应就有关股份发行的信息依法公开披露。其中，包括公告招股说明书、财务会计报告等。②同次发行的股份，每股的发行条件和价格应当相同。任何单位或者个人所认购的股份，每股应当支付相同价额。③发行的同种股份，股东所享有的权利和利益应当是相同的。

（2）股票的发行价格。《公司法》第一百二十七条规定，股票发行价格可以按票面金额，也可以超过票面金额即股票溢价发行，但不得低于票面金额发行股票。以超过票面金额发行股票所得溢价款，应列入公司资本公积金。

（三）股份转让

股份转让实行自由转让的原则。每个股东都有权依《公司法》的规定，转让自己的股份。但是，为了保护公司、股东及债权人的利益，《公司法》对股份转让作了必要的限制。主要有：

1. 对股份转让场所的限制

《公司法》第一百三十八条规定，股东转让其股份，应当在依法设立的证券交易场所进行或者在国务院规定的其他场所进行。

2. 对发起人持有本公司股份转让的限制

发起人持有的本公司股份，自公司成立之日起 1 年内不得转让；公司公开发行股份前已发行的股份，自公司股票在证券交易所上市交易之日起 1 年内不得转让。

3. 对董事、监事、高级管理人员持有本公司股份转让的限制

公司董事、监事、高级管理人员应当向公司申报所持有的本公司的股份及其变动的情况，在任职期间每年转让的股份不得超过其所持有本公司股份总数的 25%；所持本公司股份自公司股票上市交易之日起 1 年内不得转让。上述人员离职后半年内，不得转让其所持有的本公司股份。

具有下列情形之一的，上市公司董事、监事、高级管理人员不得减持股份：①董事、监事、高级管理人员因涉嫌证券期货违法犯罪，在被中国证监会立案调查或者被司法机关立案侦查期间，以及在行政处罚决定、刑事判决作出之后未满 6 个月的。②董事、监事、高级管理人员因违反证券交易所规则，被证券交易所公开谴责未满 3 个月的。③中国证监会规定的其他情形。并且，若计划通过证券交易所集中竞价交易减持股份，应当在首次卖出的 15 个交易日前向证券交易所报告并预先披露减持计划，由证券交易所予以备案。

4. 对大股东减持股份的限制

这是指对上市公司控股股东和持股 5% 以上股东（以下简称大股东）减持其非通过证券交易所集中竞价交易买入的上市公司股份的限制。具有下列情形之一的，上市公司大股东不得减持股份：①上市公司或者大股东因涉嫌证券期货违法犯罪，在被中国证监会立案调查或者被司法机关立案侦查期间，以及在行政处罚决定、刑事判决作出之后未满 6

个月的。②大股东因违反证券交易所规则,被证券交易所公开谴责未满3个月的。③中国证监会规定的其他情形。此外,若计划通过证券交易所集中竞价交易减持股份,应当在首次卖出的15个交易日前向证券交易所报告并预先披露减持计划,由证券交易所予以备案,且在3个月内通过证券交易所集中竞价交易减持股份的总数,不得超过公司股份总数的1%,通过协议转让方式减持股份并导致股份出让方不再具有上市公司大股东身份的,股份出让方、受让方应当在减持后6个月内继续遵守上述规定。

5. 对股东减持股份的限制

这是指对股东减持其持有的公司首次公开发行前发行的股份、上市公司非公开发行的股份的限制。股东通过证券交易所集中竞价交易减持其持有的公司首次公开发行前发行的股份、上市公司非公开发行的股份,不得超过公司股份总数的1%,股东通过协议转让方式减持其持有的公司首次公开发行前发行的股份、上市公司非公开发行的股份,股份出让方、受让方应当在减持后6个月内继续遵守上述规定。此外,股东持有上市公司非公开发行的股份,在股份限售期届满后12个月内通过集中竞价交易减持的数量,还应当符合证券交易所规定的比例限制。

典型案例3-2 公司股份对外转让

(四)股份回购

1. 股份回购的法定情形

依据《公司法》第一百四十二条第一款,公司原则上不得收购本公司的股份,但有下列情形之一的除外:①减少公司注册资本。②与持有本公司股份的其他公司合并。③将股份用于员工持股计划或者股权激励。④股东因对股东大会作出的公司合并、分立决议持异议,要求公司收购其股份。⑤将股份用于转换上市公司发行的可转换为股票的公司债券。⑥上市公司为维护公司价值及股东权益所必需。

2. 股份回购后的程序与处理

公司因上述第一百四十二条第一款第1、2项规定的情形收购本公司股份的,应当经股东大会决议;公司因第3、5、6项规定的情形收购本公司股份的,可以依照公司章程的规定或者股东大会的授权,经2/3以上董事出席的董事会会议决议。

公司依照上述规定收购本公司股份后,属于第1项情形的,应当自收购之日起10日内注销公司股份;属于第2、4项情形的,应当在6个月内转让或者注销公司股份;属于第3、5、6项情形的,公司合计持有的本公司股份数不得超过本公司已发行股份总额的10%,并应当在3年内转让或者注销。

3. 特别规定

(1)上市公司的股份回购。上市公司收购本公司股份的,除需要符合《公司法》的上述规定,还应当依照《中华人民共和国证券法》的规定履行信息披露义务。上市公司因上述第一百四十二条第一款第3、5、6项规定的情形收购本公司股份的,应当通过公开的集中交易方式进行,而不能通过协议收购的方式进行。

(2)公司接受本公司股票质押的禁止规定。公司不得接受本公司的股票作为质押权的标的。

五、上市公司

（一）上市公司的概念

上市公司，是指所发行的股票经国务院或者国务院授权的证券管理部门批准在证券交易所上市交易的股份有限公司。上市公司的股票依照法律、行政法规及证券交易所的交易规则上市交易。

（二）上市公司组织机构的特别规定

《公司法》对上市公司的组织机构方面进行了若干特别的规定，内容如下：①上市公司在一年内购买、出售重大资产或者担保金额超过公司资产总额30%的，应当由股东大会作出决议,并经出席会议的股东所持表决权的2/3以上通过。②上市公司设董事会秘书，负责公司股东大会和董事会会议的筹备、文件保管以及公司股东资料的管理，办理信息披露事务等事宜。③上市公司董事与董事会会议决议事项所涉及的企业有关联关系的，不得对该项决议行使表决权，也不得代理其他董事行使表决权。该董事会会议由过半数的无关联关系董事出席即可举行，董事会会议所作决议须经无关联关系董事过半数通过。出席董事会的无关联关系董事人数不足3人的,应将该事项提交上市公司股东大会审议。④上市公司设立独立董事制度。

（三）上市公司的独立董事制度

1. 独立董事的概念

上市公司独立董事，是指不在公司担任除董事外的其他职务，并与其所受聘的上市公司及其主要股东不存在可能妨碍其进行独立客观判断的关系的董事。独立董事对上市公司及全体股东负有诚信与勤勉义务。独立董事应当按照相关法律法规、本指导意见和公司章程的要求，认真履行职责，维护公司整体利益，尤其要关注中小股东的合法权益不受损害。独立董事独立履行职责，不受上市公司主要股东、实际控制人或者其他与上市公司存在利害关系的单位或个人的影响。独立董事原则上最多在5家上市公司兼任独立董事，并确保有足够的时间和精力有效地履行独立董事的职责。上市公司董事会成员中应当至少包括1/3的独立董事，其中至少包括一名会计专业人士（会计专业人士是指具有高级职称或注册会计师资格的人士）。

2. 独立董事的任职条件

独立董事应当具备与其行使职权相适应的任职条件。担任独立董事应当符合下列基本条件：①根据法律、行政法规及其他有关规定，具备担任上市公司董事的资格；②具有《独立董事指导意见》所要求的独立性；③具备上市公司运作的基本知识，熟悉相关法律、行政法规、规章及规则；④具有5年以上法律、经济或者其他履行独立董事职责所必需的工作经验；⑤公司章程规定的其他条件。

下列人员不得担任独立董事：①在上市公司或者其附属企业任职的人员及其直系亲

属、主要社会关系（直系亲属是指配偶、父母、子女等；主要社会关系是指兄弟姐妹、岳父母、儿媳女婿、兄弟姐妹的配偶、配偶的兄弟姐妹等）。②直接或间接持有上市公司已发行股份1%以上或者是上市公司前10名股东中的自然人股东及其直系亲属。③在直接或间接持有上市公司已发行股份5%以上的股东单位或者在上市公司前5名股东单位任职的人员及其直系亲属。④最近一年内曾经具有前三项所列举情形的人员。⑤为上市公司或者其附属企业提供财务、法律、咨询等服务的人员。⑥公司章程规定的其他人员。⑦中国证监会认定的其他人员。

3. 独立董事的任期

独立董事每届任期与该上市公司其他董事任期相同，任期届满，可以连选连任，但是连任时间不得超过6年。独立董事连续3次未亲自出席董事会会议的，由董事会提请股东大会予以撤换。

4. 独立董事的特别职权

独立董事除行使公司董事的一般职权外，还被赋予以下特别职权：①重大关联交易（上市公司拟与关联人达成的总额高于300万元或高于上市公司最近经审计净资产值的5%的关联交易）应由独立董事认可后，提交董事会讨论；独立董事作出判断前，可以聘请中介机构出具独立财务顾问报告，作为其判断的依据。②向董事会提议聘用或解聘会计师事务所。③向董事会提请召开临时股东大会。④提议召开董事会。⑤独立聘请外部审计机构和咨询机构。⑥可以在股东大会召开前公开向股东征集投票权。

独立董事除履行上述职责外，还应当对以下事项向董事会或股东大会发表独立意见：①提名、任免董事。②聘任或解聘高级管理人员。③公司董事、高级管理人员的薪酬。④上市公司的股东、实际控制人及其关联企业对上市公司现有或新发生的总额高于300万元或高于上市公司最近经审计净资产值的5%的借款或其他资金往来，以及公司是否采取有效措施回收欠款。⑤独立董事认为可能损害中小股东权益的事项。⑥公司章程规定的其他事项。独立董事应当就上述事项发表以下几类意见之一：同意、保留意见及其理由、反对意见及其理由、无法发表意见及其障碍。如有关事项属于需要披露的事项，上市公司应当将独立董事的意见予以公告，独立董事出现意见分歧无法达成一致时，董事会应将各独立董事的意见分别披露。

第三章 即测即练题

本章思考题

1. 公司的设立、公司的成立和公司的登记有哪些联系与区别？
2. 公司设立中的发起人责任与公司责任如何区分？

3. 简述股东出资义务、股东资格、股东权利的内容及司法救济手段。
4. 股东代表诉讼的特征和功能有哪些?
5. 公司的董事、监事、高级管理人员的任职资格和职责有哪些?
6. 股份有限公司对股份回购的原则禁止与例外的允许事由有哪些?
7. 公司的变更、合并与分立的程序及对公司债权人的保护有哪些?
8. 有限责任公司和股份有限公司的清算义务人的区别及清算人责任有哪些?

第四章 合同法律制度

本章学习目标

1. 了解：
(1)《中华人民共和国民法典合同编》的基本原则；
(2) 合同订立的主要条款；
(3) 合同的权利义务终止。
2. 掌握：
(1) 合同的概念；
(2) 合同的特征；
(3) 合同的分类；
(4) 合同中的格式条款；
(5) 违约责任承担的方式。
3. 运用：
(1) 合同订立的方式；
(2) 合同的保全措施；
(3) 合同的担保；
(4) 合同的抗辩；
(5) 合同权利终止的具体情况。

第四章 引导案例

第一节 合同法律制度概述

一、合同的概念和分类

（一）合同的概念

我国现行的合同法律制度主要规定在《中华人民共和国民法典合同编》（以下简称《合同编》）中。依据《民法典》第四百六十四条的规定，合同是民事主体之间设立、变更、终止民事法律关系的协议。合同具有以下法律特征：

（1）合同是平等主体之间的法律行为。合同当事人的法律地位平等，一方不得凭借行政权力、经济实力等将自己的意志强加给对方。

（2）合同是多方当事人的法律行为。合同的主体必须是两个以上平等主体的当事人，合同的成立是各方当事人意思表示一致的结果。

（3）合同是从法律上明确当事人之间权利和义务关系的协议。合同在当事人之间设立、变更、终止某种权利义务关系，以实现当事人的特定经济目的。

（4）合同是具有相应法律效力的协议。合同依法成立、发生法律效力之后，当事人各方都必须全面正确履行合同中规定的义务，不得擅自变更或者解除。当事人不履行合同义务的，要依法承担违约责任。

（二）合同的分类

按照不同的标准可将合同划分为不同的类型，合同主要有以下分类：

1. 双务合同和单务合同

根据合同当事人是否互负给付义务，可将合同分为双务合同和单务合同。①双务合同是指当事人双方互负对待给付义务的合同，即一方当事人愿意负担履行义务，旨在使他方当事人因此负有对待给付的义务。或者说，一方当事人所享有的权利，即为他方当事人所负有的义务，例如买卖、互易、租赁合同等均为双务合同。②单务合同是指合同当事人仅有一方负担给付义务的合同，例如赠与合同。

2. 有偿合同与无偿合同

根据当事人是否可以从合同中获取某种利益，可以将合同分为有偿合同和无偿合同。①有偿合同，是指一方通过履行合同规定的义务而给对方某种利益，对方要得到该利益必须为此支付相应代价的合同。有偿合同是商品交换最典型的法律形式。在实践中，绝大多数反映交易关系的合同都是有偿的。②无偿合同，是指一方给付某种利益，对方取得该利益时并不支付任何报酬的合同。无偿合同并不是反映交易关系的典型形式，但由于一方无偿地为另一方履行某种义务，或者另一方取得某种财产利益都是根据双方的合意而产生的，因此，无偿合同也是一种合同类型，并应受到合同法调整。

3. 有名合同与无名合同

根据法律上是否规定了一定合同的名称，可以将合同分为有名合同与无名合同。①有名合同，又称为典型合同，是指法律上已经确定了一定的名称及规则的合同。例如《合同编》所规定的19类合同，都属于有名合同。②无名合同，又称非典型合同，是指法律上尚未确定一定的名称与规则的合同。

对于有名合同应当直接适用《合同编》的规定，但在确定无名合同的适用法律时，合同编第四百六十七条第一款规定："本法或者其他法律没有明文规定的合同，适用本编通则的规定，并可以参照适用本编或者其他法律最相类似合同的规定。"

4. 诺成合同与实践合同

根据合同成立要件的不同，合同可以分为诺成合同与实践合同。①诺成合同是指当事人一方的意思表示一旦经对方同意即能产生法律效果的合同,即"一诺即成"的合同。此种合同的特点在于当事人双方意思表示一致,合同即告成立。②实践合同是指除当事人双方意思表示一致以外尚须交付标的物才能成立的合同。在这种合同中,仅凭双方当事人的意思表示一致,还不能产生一定的权利义务关系,还必须有一方实际交付标的物的行为,才能产生法律效果。绝大多数合同都是诺成合同,实践合同是特殊合同。

诺成合同与实践合同的区别,并不在于一方是否应交付标的物,而在于二者成立与生效的时间不同。诺成合同自双方当事人意思表示一致(即达成合意)时起即告成立;而实践合同则在当事人达成合意之后,还必须由当事人交付标的物以后,合同才能成立。

5. 要式合同与不要式合同

根据合同是否应采取一定的形式,可将合同分为要式合同与不要式合同。①要式合同是指根据法律规定应当采取特定方式订立的合同。对于一些重要的交易,法律常要求当事人应当采取特定的方式订立合同。例如,中外合资经营企业合同,属于应当由国家批准的合同。②不要式合同是指当事人订立的合同依法并不需要采取特定的形式,当事人可以采取口头形式,也可以采取书面形式。

6. 主合同与从合同

根据合同相互间的主从关系,可以将合同分为主合同与从合同。①主合同是指不需要其他合同的存在即可独立存在的合同。例如,对于保证合同而言,设立主债务的合同就是主合同。②从合同是指以其他合同的存在而为存在前提的合同,例如,保证合同相对于主债务合同而言为从合同。由于从合同要依赖主合同的存在而存在,所以从合同又被称为"附属合同"。

从合同的主要特点在于其附属性,即它不能独立存在,必须以主合同的存在并生效为前提。主合同不能成立,从合同就不能有效成立;主合同转让,从合同也不能单独存在;主合同被宣告无效或被撤销,从合同也将失去效力;主合同终止,从合同亦随之终止。主、从合同是相对而言的,没有主合同就没有从合同,没有从合同也就无所谓主合同。尽管主合同的存在并生效将直接影响到从合同的成立及效力,但从合同不成立或失效一般并不影响到主合同的效力。

二、《合同编》的调整范围

《合同编》主要调整作为平等主体的自然人、法人、非法人组织之间的经济合同关系,如买卖、租赁、借贷、赠与、融资租赁等合同关系。在政府机关参与的合同中,政府机关作为平等主体与对方签订合同时,适用《合同编》的规定。《合同编》及其他法律没有明文规定的合同,适用《合同编》通则的规定;其他法律对合同另有规定的,依照其规定。

婚姻、收养、监护等有关身份关系的协议,适用有关该身份

扩展阅读 4-1 《合同法》形式渊源(部分)

关系的法律规定；没有规定的，可以根据其性质参照适用《合同编》的规定。

我国境内的企业、个体经济组织、民办非企业单位等组织（以下称"用人单位"）与劳动者之间，国家机关、事业单位、社会团体和与其建立劳动关系的劳动者之间，依法订立、履行、变更、解除或者终止劳动合同的，适用《中华人民共和国劳动合同法》。

三、《合同编》的基本原则

《合同编》的基本原则是合同当事人在合同活动中应当遵守的基本准则，也是人民法院、仲裁机构在审理、仲裁合同纠纷时应当遵循的原则。我国《合同编》基本原则包括平等原则、自愿原则、公平原则、诚实信用原则、不违反法律或公序良俗原则。

（一）平等原则

合同当事人法律地位一律平等，一方不得将自己的意志强加给另一方，各方应在权利义务对等的基础上订立合同。

（二）自愿原则

自愿原则是贯彻合同活动整个过程的基本原则，在不违反强制性法律规范和社会公共利益的基础上，当事人依法享有自愿订立合同的权利，任何单位和个人不得非法干预。

（三）公平原则

它要求当事人应当遵循公平原则确定各方的权利义务，任何当事人不得滥用权利，不得在合同中规定显失公平的内容，要根据公平原则确定风险与违约责任的承担。

（四）诚实信用原则

当事人行使权利、履行义务应当遵循诚实信用原则。当事人应当诚实守信善意地行使权利、履行义务，不得有欺诈等恶意行为。

（五）不违反法律或公序良俗原则

它要求当事人订立、履行合同，应当遵守法律、行政法规，不违反公共秩序和善良风俗。

第二节 合同的订立

一、合同订立的概念

合同的订立是指两个或者两个以上的当事人，依法就合同的主要条款经过协商一致，达成协议的法律行为。

合同当事人可以是自然人，也可以是法人或者其他组织。订立合同当事人都应当具有相应的民事权利能力和民事行为能力。

二、合同订立的形式

（一）书面形式

书面形式是合同书、信件、电报、电传、传真等可以有形地表现所载内容的形式。

以电子数据交换、电子邮件等方式能够有形地表现所载内容，并可以随时调取查用的数据电文，视为书面形式。法律、行政法规或者当事人约定采用书面形式的，应当采用书面形式。

（二）口头形式

口头形式是指当事人双方就合同内容面对面或以通信设备交谈达成的协议。

（三）其他形式

除了书面形式和口头形式，合同还可以通过其他形式订立。法律没有列举具体的"其他形式"。例如，交易实践中，可以根据当事人的行为或者特定情形推定合同的成立。这种形式的合同可以称为默示合同，指当事人未用语言或文字明确表示意见，而是根据当事人的行为表明其已经接受合同内容或在特定的情形下推定成立的合同。

三、合同订立的主要条款

（一）当事人的名称或者姓名和住所

这是每一个合同必须具备的条款，合同中如果不写明当事人，谁与谁做交易都搞不清楚，就无法确定权利的享受和义务的承担，发生纠纷也难以解决，特别是在合同涉及多方当事人的时候更是如此。合同中不仅要把应当规定的当事人都规定到合同中去，而且要把各方当事人的名称或者姓名和住所都规定准确、清楚。

（二）标的

即合同当事人双方权利和义务所共同指向的对象，是合同成立的必要条件，是一切合同的必备条款。包括有形财产、无形财产、劳务和工作成果等。

（三）数量

在大多数的合同中，数量是必备条款，没有数量，合同是不能成立的。许多合同，只要有了标的和数量，即使对其他内容没有规定，也不妨碍合同的成立与生效。因此，数量是合同的重要条款。对于有形财产，数量是对单位个数、体积、面积、长度、容积、重量等的计量；对于无形财产，数量是个数、件数、字数以及使用范围等多种量度方法；对于劳务，数量为劳动量；对于工作成果，数量是工作量及成果数量。一般而言，合同的数量要准确，应选择使用双方当事人共同接受的计量单位、计量方法和计量工具。

（四）质量

质量是标的的内在素质和外观形态的综合，一般以品种、型号、规格、等级等体现出来。对有形财产来说，质量是物理、化学、机械、生物等性质；对于无形财产、服务、工作成果来说，也有质量高低的问题，并有衡量的特定方法。质量条款的重要性是毋庸赘言的，许许多多的合同纠纷由此引起。合同中应当对质量问题尽可能地规定细致、准确和清楚。国家有强制性标准规定的，必须按照规定的标准执行。如有其他质量标准的，应尽可能约定其适用的标准。当事人可以约定质量检验的方法、质量责任的期限和条件、对质量提出异议的条件与期限等。

（五）价款或者报酬

价款或者报酬，是一方当事人向对方当事人所付代价的货币支付。价款一般指对提供财产的当事人支付的货币，如在买卖合同的货款、租赁合同的租金、借款合同中借款人向贷款人支付的本金和利息等。报酬一般是指对提供劳务或者工作成果的当事人支付的货币，如运输合同中的运费、保管合同与仓储合同中的保管费以及建设工程合同中的勘察费、设计费和工程款等。如果有政府定价和政府指导价的，要按照规定执行。价格应当在合同中规定清楚或者明确规定计算价款或者报酬的方法。有些合同比较复杂，货款、运费、保险费、保管费、装卸费、报关费以及一切其他可能支出的费用，由谁支付都要规定清楚。

（六）履行期限、地点和方式

履行期限是指合同中规定的当事人履行自己的义务如交付标的物、价款或者报酬，履行劳务、完成工作的时间界限。履行期限直接关系到合同义务完成的时间，涉及当事人的期限利益，也是确定合同是否按时履行或者迟延履行的客观依据。

履行地点是指当事人履行合同义务和对方当事人接受履行的地点。不同的合同，履行地点有不同的特点。如：买卖合同中，买方提货的，在提货地履行；卖方送货的，在买方收货地履行。在工程建设合同中，在建设项目所在地履行。履行地点有时是确定运费由谁负担、风险由谁承担以及所有权是否转移、何时转移的依据。履行地点也是在发生纠纷后确定由哪一地法院管辖的依据。因此，履行地点在合同中应当规定得明确、具体。

履行方式是指当事人履行合同义务的具体做法。不同的合同，决定了履行方式的差异。买卖合同是交付标的物，而承揽合同是交付工作成果。履行方式与当事人的利益密切相关，应当从方便、快捷和防止欺诈等方面考虑采取最为适当的履行方式，并且在合同中应当明确规定。

（七）违约责任

违约责任是指当事人一方或者双方不履行合同或者不适当履行合同，依照法律的规定或者按照当事人的约定应当承担的法律责任。违约责任是促使当事人履行合同义务，使对方免受或少受损失的法律措施，也是保证合同履行的主要条款。因此，当事人为了保证合同严格按照约定履行，为了更加及时地解决合同纠纷，可以在合同中约定违约责任，如约定定金、违约金、赔偿金额以及赔偿金的计算方法等。

（八）解决争议的方法

解决争议的方法指合同争议的解决途径，对合同条款发生争议时的解释以及法律适用等。解决争议的途径主要有：一是双方通过协商和解，二是由第三人进行调解，三是通过仲裁解决,四是通过诉讼解决。

四、格式条款

(一)格式条款的概念

格式条款是当事人为了重复使用而预先拟定,并在订立合同时未与对方协商的条款。

由于格式条款为一方当事人所拟定,有可能损害另一方当事人的利益,《合同编》对格式条款作了很多限制。

(二)对于格式条款的限制

1. 提供格式条款一方的义务

提供格式条款的一方应当遵循公平原则确定当事人之间的权利和义务,并采取合理的方式提请对方注意免除或者限制其责任的条款,按照对方的要求,对该条款予以说明。

提供格式条款的一方对格式条款中免除或者限制其责任的内容,在合同订立时应说明。采用足以引起对方注意的文字、符号、字体等特别标识,并按照对方的要求对该格式条款予以说明。提供格式条款一方对已尽合理提示及说明义务承担举证责任。提供格式条款的一方未履行提示或者说明义务,致使对方没有注意或者理解与其有重大利害关系的条款的,对方可以主张该条款不成为合同的内容。

2. 某些格式条款无效

《民法典》第四百九十七条规定,有下列情形之一的,该格式条款无效:①提供格式条款的一方不合理地免除或减轻其责任,加重对方责任,限制对方主要权利。②提供格式条款的一方排除对方主要权利。③格式条款具有《民法典》总则编第六章规定的无效情形,包括行为人与相对人以虚假的意思表示实施,恶意串通,损害他人合法权益,违反法律、行政法规的强制性规定或违背公序良俗等。④格式条款具有《民法典》第五百零六条规定的无效情形,包括造成对方人身损害的免责条款,因故意或重大过失造成对方财产损失的免责条款。

3. 格式条款的解释

对格式条款的理解发生争议的,应当采取按照通常理解予以解释。对格式条款有两种以上解释的,应当做出不利于提供格式条款方的解释;格式条款和非格式条款不一致的,应当采用非格式条款。

五、合同订立的方式

根据《合同编》规定,当事人可以采取要约、承诺方式或者其他方式订立合同。

(一)要约

1. 要约的概念

要约是希望和他人订立合同的意思表示。当一方当事人向对方提出合同条件作出签订合同的意思表示时,称为"要约"。要约又称为发盘、出盘、发价、出价或报价。要约应具备以下条件：①要约须由要约人向特定相对人作出意思表示。要约必须经过相对人的承诺才能成立合同，因此要约必须是要约人向相对人发出的意思表示。相对人一般为特定的人，但在特殊情况下，对不特定的人作出但不妨碍要约所达目的时，相对人也可以是不特定的人。《民法典》第四百七十三条第二款规定："商业广告和宣传的内容符合要约条件的，构成要约。"②要约的内容必须具有足以使合同成立的条款，如标的、数量、质量、价款或者报酬、履行期限、地点和方式等，一经受要约人承诺，合同即可成立。③要约须表明经受要约人承诺，要约人即受该意思表示约束。要约人发出的要约的内容必须能够表明：如果对方接受要约，合同即告成立。

2. 要约邀请

要约邀请是希望他人向自己发出要约的表示。要约邀请与要约不同：要约是一经承诺就成立合同的意思表示；而要约邀请的目的则是邀请他人向自己发出要约，一旦他人发出要约，要约邀请人则处于一种可以选择是否接受对方要约的承诺人地位。要约邀请处于合同的准备阶段，没有法律约束力。依据《民法典》第四百七十三条，拍卖公告、招标公告、招股说明书、债券募集办法、基金招募说明书、商业广告和宣传、寄送的价目表等为要约邀请。

3. 要约生效的时间

以对话方式作出的要约，自相对人知道其内容时生效。

以非对话方式作出的要约，自到达受要约人时生效。要约到达受要约人，并不是指要约一定实际送达到受要约人或者其代理人手中，要约只要送达到受要约人通常的地址、住所或者其他能够控制的现实或虚拟空间（如信箱或邮箱等），即为送达。《民法典》第一百三十七条第二款规定："以非对话方式作出的采用数据电文形式的意思表示，相对人指定特定系统接收数据电文的，该数据电文进入该特定系统时生效；未指定特定系统的，相对人知道或者应当知道该数据电文进入其系统时生效。当事人对采用数据电文形式的意思表示的生效时间另有约定的，按照其约定。"

4. 要约的撤回

要约的撤回是指要约在发出后、生效前，要约人使要约不发生法律效力的意思表示。要约可以撤回，原因在于这时要约尚未生效，撤回要约不会对受要约人产生任何不利影响，也不会对交易秩序产生不良影响。撤回要约的通知应当在要约到达受要约人之前或者与要约同时到达受要约人。

5. 要约的撤销

要约的撤销是指要约人在要约生效后、受要约人承诺前，使要约丧失法律效力的意思表示。撤销要约的通知应当在受要约人发出承诺通知之前到达要约人。由于撤销要约可能会给受要约人带来不利影响，损害受要约人的利益，法律规定了两种不得撤销要约的情形：①要约人确定了承诺期限或者以其他形式明示要约不可撤销；②受要约人有理由认为要约是不可撤销的，并已经为履行合同作了准备工作。

6. 要约的失效

要约的失效是指要约丧失法律效力，即要约人与受要约人均不再受其约束，要约人不再承担接受承诺的义务,受要约人也不再享有通过承诺使合同得以成立的权利。要约失效情形有:①拒绝要约的通知到达要约人;②要约人依法撤销要约;③承诺期限届满,受要约人未作出承诺;④受要约人对要约的内容作出实质性变更。实质性变更是指对要约的实质性内容作出变更。要约的实质性内容是指合同标的、数量、质量、价款或报酬、履行期限、履行地点和方式、违约责任和解决争议的方法等。发生这种情况即为反要约,反要约就是对原要约的拒绝。

(二)承诺

1. 承诺的概念

承诺是受要约人同意要约的意思表示。承诺应当具备的条件:①承诺必须由受要约人作出。要约和承诺是相对人之间的行为,只有受要约人享有承诺的资格,所以承诺必须由受要约人作出。如由代理人作出承诺,则代理人须有合法的委托手续。②承诺必须向要约人作出。受要约人承诺的目的在于同要约人订立合同,所以承诺只有向要约人作出才有意义。③承诺的内容必须与要约的内容一致。承诺是受要约人愿意按照要约的内容与要约人订立合同的意思表示,所以要取得成立合同的法律效果,承诺就必须在内容上与要约的内容一致。承诺不得对要约的内容作出实质性变更。④承诺必须在承诺期限内作出并到达要约人。承诺期间,即为要约存续期间。要约在其存续期间内才有效力,包括一旦受要约人承诺便可成立合同的效力,所以承诺必须在此期间内作出并到达要约人。

2. 承诺的方式

承诺的方式是指受要约人将其承诺的意思表示传达给要约人所采用的方式。承诺应以通知的方式作出,通知可以采用口头形式,也可采用书面形式。

3. 承诺的期限

承诺应当在要约确定的期限内到达要约人。要约没有确定承诺期限的,承诺应当依照下列规定到达:①要约以对话方式作出的,应当即时做出承诺;②要约以非对话方式作出的,承诺应当在合理期限内到达。要约以信件或电报作出的,承诺期限自信件载明的日期或者电报交发之日开始起算。信件未载明日期的,自投寄该信件的邮戳日期开始计算。要约以电话、传真、电子邮件等快速通信方式作出的,承诺期限自要约到达受要约人时开始计算。

需要注意以下两种超期承诺的情形:①受要约人超过承诺期限发出承诺,或者在承诺期限内发出承诺,按照通常情形不能及时到达要约人的,除要约人及时通知受要约人该承诺有效的以外,为新要约。②受要约人在承诺期限内发出承诺,按照通常情形能够及时到达要约人,但因其他原因承诺到达要约人时超过承诺期限的,除要约人及时通知受要约人因承诺超过期限不接受该承诺的以外,该承诺有效。

4. 承诺的生效

承诺通知到达要约人时生效。承诺不需要通知的,根据交易习惯或者要约的要求作出承诺的行为时生效。采用数据电文形式订立合同的承诺到达的时间同上述要约到达时间的规定相同。

5. 承诺的撤回

承诺的撤回是指受要约人阻止承诺发生法律效力的意思表示。撤回承诺的通知应当在承诺通知到达要约人之前或者与承诺通知同时到达要约人。

6. 承诺对要约内容的变更

受要约人对要约的内容作出实质性变更的，为新要约。承诺对要约的内容作出非实质性变更，除要约人及时表示反对或者要约表明承诺不得对要约的内容作出任何变更的以外，该承诺有效，合同的内容以承诺的内容为准。

典型案例 4-1　合同订立

六、合同成立的时间和地点

（一）合同成立的时间

一般来说，合同谈判成立的过程，就是要约、新要约、更新的要约直到承诺的过程。一般情况下，承诺作出生效后合同即告成立，当事人于合同成立时开始享有合同权利、承担合同义务。但在一些特殊情况下，合同成立的具体时间依不同情况而定：

1. 当事人采用合同书形式订立合同的，自双方当事人签名、盖章或者按指印时合同成立。在签名、盖章或者按指印之前，当事人一方已经履行主要义务并且对方接受的，该合同成立。

2. 当事人采用信件、数据电文等形式订立合同的，可以在合同成立之前要求签订确认书，签订确认书时合同成立。

3. 当事人一方通过互联网等信息网络发布的商品或者服务信息符合要约条件的，对方选择该商品或者服务并提交订单成功时合同成立，但是当事人另有约定的除外。

4. 当事人以直接对话方式订立的合同，承诺人的承诺生效时合同成立；法律、行政法规规定或者当事人约定采用书面形式订立合同，当事人未采用书面形式但一方已经履行主要义务并且对方接受的，该合同成立。

5. 当事人签订要式合同的，以法律、法规规定的特殊形式要求完成的时间为成立时间。

（二）合同成立的地点

一般来说，承诺生效的地点为合同的成立地点，但在特殊情况下，合同可以有不同的成立地点：

1. 采用数据电文形式订立合同的，收件人的主营业地为合同成立的地点，没有主营业地的，其住所地为合同成立的地点。

2. 当事人采用合同书、确认书形式订立合同的，双方当事人签名、盖章或者按指印的地点为合同成立的地点。双方当事人签名、盖章或者按指印不在同一地点的，最后签名、盖章或者按指印的地点为合同成立地点。

3. 合同需要完成特殊的约定或法定形式才能成立的，以完成合同的约定形式或法定形式的地点为合同的成立地点。

4. 当事人对合同的成立地点另有约定的，按照其约定。采用书面形式订立合同，合同约定的成立地点与实际签字或者盖章地点不符的，应当认定约定的地点为合同成立地点。

七、缔约过失责任

缔约过失责任是指当事人在订立合同过程中，因故意或过失致使合同未成立、未生效、被撤销或无效，给他人造成损失应承担的损害赔偿责任。在订立合同过程中有下列情形之一，给对方造成损失，应当承担损害赔偿责任：①假借订立合同，恶意进行磋商。②故意隐瞒与订立合同有关的重要事实或者提供虚假情况。③当事人泄露或不正当地使用在订立合同过程中知悉的商业秘密或其他应当保密的信息。④有其他违背诚实信用原则的行为。

第三节 合同的效力

一、合同的生效

合同的生效是指合同具备一定的要件后，便产生法律上的效力。根据《民法典》规定，合同的生效时间应遵守以下的规定：①依法成立的合同，自成立时生效。法律、行政法规规定应当办理批准、登记等手续生效的，依照其规定。②当事人对合同的效力可以约定附条件。附生效条件的合同，自条件成就时生效。附解除条件的合同，自条件成就时失效。当事人为自己的利益不正当地阻止条件成就的，视为条件已成就；不正当地促成条件成就的，视为条件不成就。③当事人对合同的效力可以约定附期限。附生效期限的合同，自期限届至时生效。附终止期限的合同，自期限届满时失效。

二、有效合同

有效合同是法律承认其效力的合同。一般来说，有效合同应具备以下3个要件：①合同当事人具有相应的民事权利能力和民事行为能力，即主体合法。对于自然人而言，原则上须有完全民事行为能力，限制行为能力人和无民事行为能力人不得亲自签订合同，而应由其法定代理人代为签订。但是限制行为能力人可以独立签订与其年龄、智力、精神健康状况相适应的合同和纯获利益的合同。法人应具有相应的缔约能力，即必须在法律、行政法规及有关部门授予的权限范围内签订合同。②意思表示真实。即当事人的行为应当真实地反映其内心的想法。③不违反法律或者社会公共利益。即当事人签订的合同从目的到内容都不能违反我国现行的法律、行政法规中的强制性规定，不能违背社会公德、扰乱社会公共秩序、损害社会公共利益。

三、无效合同

无效合同是指不具有法律约束力和不发生履行效力的合同。无效合同自开始就没有法律约束力，国家不予承认和保护。根据《民法典》的规定，有下列情形之一的，合同无效：①恶意串通，损害他人合法权益；②无民事行为能力人、限制行为能力人独立订立的合同；③当事人通谋虚假表示实施的合同；④违反强制性规定或违背公序良俗的合同。

合同部分无效，不影响其他部分的，其他部分仍然有效。部分无效的合同，是指由于其部分条款违反法律规定或者损害他人利益，并不影响合同的本质成立的合同。下列合同属于部分无效合同：①约定了免除或限制当事人因故意或重大过失而应承担责任的条款的合同。②约定了免除或限制人身伤害责任条款的合同。③约定了违法的违约责任或者解决争议的方式。④约定了免除或限制法律禁止免除或限制的责任条款的合同。

四、可撤销合同

可撤销合同是指因合同当事人订立合同时意思表示不真实，经有撤销权的当事人行使撤销权，使已经生效的合同归于无效的合同。

可撤销合同一般具有如下特征：①可撤销合同被撤销自始没有法律约束力；②可撤销合同一般是意思表示不真实的合同；③可撤销合同的变更或撤销要由有撤销权的当事人通过行使撤销权来实现；④可撤销合同的变更或撤销由人民法院或仲裁机构做出。

《民法典》规定了以下可撤销的合同：①因重大误解订立的。②在订立合同时显失公平的。③一方以欺诈、胁迫的手段，使对方在违背真实意思的情况下订立的合同。④乘人之危，使对方在违背真实意思的情况下订立的合同。

撤销权的行使有时间限制。《民法典》第一百五十二条第一款规定："有下列情形之一的，撤销权消灭：（一）当事人自知道或者应当知道撤销事由之日起一年内、重大误解的当事人自知道或者应当知道撤销事由之日起九十日内没有行使撤销权；（二）当事人受胁迫，自胁迫行为终止之日起一年内没有行使撤销权；（三）当事人知道撤销事由后明确表示或者以自己的行为表明放弃撤销权。"第二款规定："当事人自民事法律行为发生之日起五年内没有行使撤销权的，撤销权消灭。"

可撤销合同被撤销前，合同是有效的。被撤销的合同，同无效合同一样，自始没有法律约束力，但不影响合同中独立存在的解决争议方法的条款的效力。因该合同取得的财产，应当予以返还；不能返还或者没有必要返还的，应当折价补偿。有过错的一方应当赔偿对方因此受到的损失；双方都有过错的，应当各自承担相应的责任。当事人恶意串通，损害国家利益、集体利益或者第三人利益的，因此取得的财产归国家所有或者返还国家、集体或者第三人。

五、效力待定合同

效力待定合同是指合同订立后尚未生效，须经同意权人追认才能生效的合同。追认的意思表示自到达相对人时生效，合同自订立时起生效。效力待定合同主要包括以下几种情形：

1. 限制民事行为能力人超出自己的行为能力范围与他人订立的合同，为效力待定合同。经法定代理人追认后，该合同有效。对于此类效力待定合同，相对人可以催告法定代理人在 30 日内予以追认。法定代理人未作表示的，视为拒绝追认。合同被追认之前，善意相对人有撤销的权利。撤销应当以通知的方式作出。但限制民事行为能力人订立的纯获利益的合同或者是与其年龄、智力、精神健康状况相适应的合同有效，不必经法定代理人追认。

2. 行为人没有代理权、超越代理权或者代理权终止后以被代理人名义订立的合同，为效力待定合同。未经被代理人追认，该合同对被代理人不发生效力，由行为人承担责任。相对人可以催告被代理人在 30 日内予以追认。被代理人未作表示的，视为拒绝追认。被代理人已经开始履行合同义务或者接受相对人履行的，视为对合同的追认。合同被追认之前，善意相对人有撤销的权利。撤销应当以通知的方式作出。

行为人实施的行为未被追认的，善意相对人有权请求行为人履行债务或者就其受到的损害请求行为人赔偿，但是赔偿的范围不得超过被代理人追认时相对人所能获得的利益。相对人知道或者应当知道行为人无权代理的，相对人和行为人按照各自的过错承担责任。

第四节　合同的履行

一、合同履行的概念

合同的履行是指合同生效后，双方当事人按照合同规定的各项条款，完成各自承担的义务和实现各自享受的权利，使双方当事人的合同目的得以实现的行为。

二、合同履行的规则

（一）当事人就有关合同内容约定不明确时的履行规则

合同生效后，当事人就质量、价款或者报酬、履行地点等没有约定或者约定不明确的，可以协议补充；不能达成协议的，按照合同有关条款或者交易习惯确定。仍不能确定的，适用下列规定：

（1）质量要求不明确的，按照强制性国家标准履行；没有强制性国家标准的，按照推荐性国家标准履行；没有推荐性国家标准的，按照行业标准履行；没有行业标准的，按照通常标准或者符合合同目的的特定标准履行。

（2）价款或者报酬不明确的，按照订立合同时履行地的市场价格履行；依法应当执行政府定价或者政府指导价的，依照规定履行。

（3）履行地点不明确，给付货币的，在接受货币一方所在地履行；交付不动产的，在不动产所在地履行；其他标的，在履行义务一方所在地履行。

（4）履行期限不明确的，债务人可以随时履行，债权人也可以随时请求履行，但是应当给对方必要的准备时间。

（5）履行方式不明确的，按照有利于实现合同目的的方式履行。

（6）履行费用的负担不明确的，由履行义务一方负担；因债权人原因增加的履行费用，由债权人负担。

（二）涉及第三人的合同履行

1. 向第三人履行的合同

向第三人履行的合同又称利他合同，是指双方当事人约定由债务人向第三人履行债的合同。

债务人向第三人履行的合同的法律效力为：①法律规定或者当事人约定第三人可以直接请求债务人向其履行债务，第三人表示接受该权利或未在合理期限内明确拒绝，债务人未向第三人履行债务或者履行债务不符合约定的，第三人可以请求债务人承担违约责任。②法律规定或者当事人约定第三人可以直接请求债务人向其履行债务，第三人未在合理期限内明确拒绝，债务人未向第三人履行债务或者履行债务不符合约定的，第三人可以请求债务人承担违约责任；债务人对债权人的抗辩，可以向第三人主张。③因向第三人履行债务增加的费用，除双方当事人另有约定外，由债权人承担。

2. 由第三人履行的合同

由第三人履行的合同又称第三人负担的合同，指双方当事人约定债务由第三人履行的合同，该债务履行的约定必须征得第三人同意。该合同以债权人、债务人为合同双方当事人，第三人不是合同的当事人。

由第三人履行的合同的法律效力为：①第三人不履行债务或履行债务不符合约定的，债务人应当向债权人承担违约责任。②第三人向债权人履行债务所增加的费用，除合同另有约定外，一般由债务人承担。

3. 第三人代替履行的合同

债务人不履行债务，第三人对履行该债务具有合法利益的，第三人有权向债权人代为履行；但是，根据债务性质、按照当事人约定或者依照法律规定只能由债务人履行的除外。

债权人接受第三人履行后，其对债务人的债权转让给第三人，但是债务人和第三人另有约定的除外。

三、合同履行抗辩权

合同履行抗辩权是指在双务合同中，一方当事人在对方不履行或者履行不符合约定时，依法对抗对方要求或者否认对方权利主张的权利。我国《民法典》规定了三种合同履行抗辩权，即同时履行抗辩权，后履行抗辩权和不安抗辩权。

（一）同时履行抗辩权

同时履行抗辩权是指在双务合同中应当同时履行的一方当事人，有证据证明另一方当事人在同时履行的时间不能履行或不能适当履行，到履行期时其享有不履行或者部分履行的权利。《民法典》规定：当事人互负债权债务，没有先后履行顺序的，应当同时履行。一方在对方履行之前有权拒绝其履行要求。一方在对方履行债务不符合约定的，后履行一方有权拒绝其相应的履行要求。

1. 同时履行抗辩权行使的条件

同时履行抗辩权的行使，需具备以下五个条件：①需基于同一双务合同。②根据合同约定或合同性质要求当事人同时履行合同义务。③双方债务已届清偿期。④一方当事人有证据证明应同时履行义务的对方当事人未履行或未适当履行合同。⑤对方有履行的可能性。

2. 同时履行抗辩权的适用

同时履行抗辩权的适用情形：①当一方不能履行或者拒绝履行时，另一方享有也不履行的权利。②当一方部分履行或履行不符合约定时，对方有权仅就未履行部分提出抗辩或有权拒绝其相应的履行要求。

3. 同时履行抗辩权的效力

同时履行抗辩权只是暂时阻止对方当事人请求权的行使，而不是永久地终止合同。当对方当事人完全履行了合同义务，同时履行抗辩权即告消灭，主张抗辩权的当事人就应当履行自己的义务。当事人行使同时履行抗辩权致使合同迟延履行的，迟延履行责任由对方当事人承担。

（二）后履行抗辩权

后履行抗辩权是指合同当事人互负债务，有先后履行顺序，先履行一方未履行的，后履行一方有权拒绝其履行要求。先履行一方履行债务不符合约定的，后履行一方有权拒绝其相应的履行要求。

1. 后履行抗辩权行使的条件

后履行抗辩权的行使有以下条件：①当事人基于同一双务合同，互负债务。②当事人的履行有先后顺序。③应当先履行的当事人不履行合同或者不适当履行合同。④后履行抗辩权的行使人是履行义务顺序在后的一方当事人。

2. 后履行抗辩权的适用

出现以下情形之一的，可适用后履行抗辩权：①当应当先履行的一方当事人不履行到期债务时。先履行的一方当事人如果不履行已到期债务，那么后履行的当事人有权不履行义务。②当应当先履行的一方当事人履行债务不符合约定时。如果先履行当事人履行有瑕疵或部分履行的，后履行的一方当事人有权不履行相应的合同义务。

3. 后履行抗辩权的效力

后履行抗辩权不是永久性的，它的行使只是暂时阻止了当事人请求权的行使。先履行一方的当事人如果完全履行了合同义务，则后履行抗辩权消灭，后履行当事人就应当按照合同约定履行自己的义务。

（三）不安抗辩权

不安抗辩权是指当事人互负债务，有先后履行顺序，先履行的一方有确切证据证明另一方丧失履行债务能力时，在对方没有履行或者没有提供担保之前，有权中止合同履行的权利。

1. 不安抗辩权行使的条件

①当事人基于同一双务合同;②当事人的履行有先后顺序;③不安抗辩权应由履行义务顺序在先的一方当事人行使;④后履行合同的一方当事人有丧失或者可能丧失履行债务能力的情形;⑤后履行合同的一方当事人未履行或提供担保。

2. 不安抗辩权的适用情行

《民法典》规定,应当先履行债务的当事人,有确切证据证明对方有下列情形之一的,可以中止履行:①经营状况严重恶化;②转移财产、抽逃资金,以逃避债务;③丧失商业信誉;④有丧失或者可能丧失履行债务能力的其他情形。

3. 不安抗辩权的效力

①中止履行合同,即先履行合同的当事人停止履行或延期履行合同。先履行合同的当事人行使中止权时,应当及时通知对方,以免给对方造成损害,也便于对方在接到通知后,提供相应的担保,使合同得以履行。②解除合同,即中止履行合同后,如果对方在合理期限内未恢复履行能力并且未提供适当担保的,中止履行合同的一方可以解除合同。

典型案例 4-2 合同履行抗辩权

四、合同的保全

合同保全是指为防止因债务人的财产不当减少而给债权人的债权带来危害,法律允许债权人采取相应的法律措施以保全其债权的实现。合同保全包括代位权和撤销权两种。

(一)代位权

1. 代位权的概念

代位权,是指债务人怠于行使其对第三人(次债务人)享有的到期债权或者与该债权相关的从权利,危及债权人债权的实现时,债权人为了保障自己的债权,可以自己的名义代位行使债务人对次债务人的权利,但该债权专属于债务人自身的除外。

2. 代位权的构成要件

(1)债务人对第三人享有合法债权或者与该债权有关的从权利。

(2)债务人怠于行使其债权。如果债务人已经行使了权利,即使不尽如人意,债权人也不能行使代位权。

(3)因债务人怠于行使权利已害及债权人的债权,即债务人不履行其对债权人的到期债务,又不以诉讼方式或仲裁方式向其债务人主张其享有的到期债权,致使债权人的到期债权未能实现。

(4)债务人的债务已到期,债务人已陷于迟延履行。如果债务人的债务未到履行期或履行期间未届满的,债权人不能行使代位权。

债权人的债权到期前,债务人的债权或者与该债权有关的从权利存在诉讼时效期间即将届满或者未及时申报破产债权等情形,影响债权人的债权实现的,债权人可以代位向债务人的相对人请求其向债务人履行、向破产管理人申报或者作出其他必要的行为。

（5）债务人的债权不是专属于债务人自身的债权。专属于债务人自身的债权是指，基于扶养关系、抚养关系、赡养关系、继承关系产生的给付请求权和劳动报酬、退休金、养老金、抚恤金、安置费、人寿保险、人身伤害赔偿请求权等权利。

3. 代位权的行使

①债权人必须以自己的名义通过诉讼形式行使代位权。债权人以次债务人为被告向人民法院提起代位权诉讼，未将债务人列为第三人的，人民法院可以追加债务人为第三人。②代位权的行使范围以债权人的到期债权为限。债权人行使代位权的请求数额不能超过债务人所负债务的数额，否则对超出部分人民法院不予支持。③债权人行使代位权的必要费用，由债务人负担。④次债务人对债务人的抗辩，可以向债权人主张。

4. 代位权行使的效力

债权人向次债务人（即债务人的债务人）提起的代位权诉讼，经人民法院审理后认定代位权成立的，由次债务人向债权人履行清偿义务。债权人接受履行后，债权人与债务人、债务人与次债务人之间相应的权利义务关系即予消灭。债务人对相对人的债权或者与该债权有关的从权利被采取保全、执行措施，或者债务人破产的，依照相关法律的规定处理。在代位权诉讼中，债权人胜诉的，诉讼费由次债务人负担，从实现的债权中优先支付。

（二）撤销权

1. 撤销权的概念

撤销权，是指债务人实施了减少财产或增加财产负担的行为并危及债权人债权实现时，债权人为了保障自己的债权，请求人民法院撤销债务人行为的权利。

2. 撤销权的构成要件

（1）债权人对债务人享有有效的债权。

（2）债务人实施了处分其财产的行为。这些行为包括：①放弃到期债权。②无偿转让财产。③以明显不合理的低价转让财产或以明显不合理的高价受让他人财产。所谓"明显不合理的低价"，人民法院应当以交易当地一般经营者的判断，并参考交易当时交易地的物价部门指导价或者市场交易价，结合其他相关因素综合考虑予以确认。转让价格达不到交易时交易地的指导价或者市场交易价70%的，一般可以视为明显不合理的低价。债务人以明显不合理的高价收购他人财产，人民法院可以根据债权人的申请，予以撤销。对转让价格高于当地指导价或者市场交易价30%的，一般可以视为明显不合理的高价。④债务人放弃其未到期的债权或者放弃债权担保，或者恶意延长到期债权的履行期或者为他人的债务提供担保。

（3）债务人处分其财产的行为有害于债权人债权的实现。若债务人实施减少其财产或增加其财产负担的处分行为，但不影响其清偿债务，则债权人不能行使撤销权。

（4）对于债务人有偿转让、受让财产，或者为他人债务提供担保的行为，债权人行使撤销权须以第三人的恶意为要件；若第三人无恶意，则不能撤销其取得财产的行为。《民法典》第五百三十九条规定："债务人以明显不合理的低价转让财产、以明显不合理的高价受让他人财产或者为他人的债务提供担保,影响债权人的债权实现,债务人的相对人知道或者应当知道该情形的,债权人可以请求人民法院撤销债务人的行为。"相反,债权人放弃到期债权、无偿转让财产等无偿行为,不论第三人善意或恶意,债权人均得以请求撤销。

3. 撤销权的行使

①债权人行使撤销权应以自己的名义,向被告住所地人民法院提起诉讼,请求法院撤销债务人因处分财产而危害债权的行为。②撤销权自债权人知道或者应当知道撤销事由之日起1年内行使。自债务人的行为发生之日起5年内没有行使撤销权的,该撤销权消灭。③撤销权的行使范围以债权人的债权为限。④债权人行使撤销权的必要费用,由债务人承担。

4. 撤销权行使的效力

债务人、第三人的行为被撤销的,其行为自始无效。第三人应向债务人返还财产或折价补偿。

第三人返还或折价补偿的财产构成债务人全部财产的一部分,债权人对于撤销行使的结果并无优先受偿的权利。

第五节 合同的担保

一、合同担保概述

(一)合同担保的概念及方式

合同担保是指依照法律规定,或由当事人双方经过协商一致而约定的,为保障合同债权实现的法律措施。

根据《民法典》物权编和合同编的规定,合同担保的方式包括保证、抵押、质押、留置和定金五种方式。其中,保证属于人的担保,定金属于金钱担保,其余为物的担保。第三人为债务人向债权人提供担保的,可以要求提供反担保。反担保人可以是债务人,也可以是债务人之外的其他人。反担保方式可以是债务人提供的抵押或者质押,也可以是其他人提供的保证、抵押或者质押。

(二)担保合同的性质

担保合同是主债权债务合同的从合同,主债权债务合同有效,担保合同有效;主债权债务合同无效,担保合同无效,但法律另有规定的除外。

(三)担保合同的无效

有下列情形之一的,担保合同无效:①国家机关和以公益为目的的事业单位、社会团体违反法律规定提供担保的,担保合同无效。②以法律、法规禁止流通的财产或者不可转让的财产设定担保的,担保合同无效。

二、保证

（一）保证合同的概念与订立

1. 保证合同的概念

根据《民法典》第六百八十一条规定，保证合同是为保障债权的实现，保证人和债权人约定，当债务人不履行到期债务或者发生当事人约定的情形时，保证人履行债务或者承担责任的合同。

2. 保证合同的订立

保证人与债权人应当以书面形式订立保证合同，保证的内容在保证合同中加以确定。保证人与债权人可以就单个主合同分别订立保证合同，也可以协议在最高债权额限度内就一定期间连续发生的借款合同或者某项商品交易合同订立一个保证合同。

保证合同可以是单独订立的书面合同，也可以是主债权债务合同中的保证条款。第三人单方以书面形式向债权人作出保证，债权人接收且未提出异议的，保证合同成立。

保证合同应当包括以下内容：被保证的主债权（即主合同债权，下同）种类、数额；债务人履行债务的期限；保证的方式、范围、期间；双方认为需要约定的其他事项。保证合同不完全具备上述规定内容的，可以补正。

（二）保证人

1. 保证人资格的一般规定

保证人可以是具有完全民事行为能力的自然人及法人、非法人组织。

不具有完全代偿能力的法人、其他组织或者自然人，以保证人身份订立保证合同后，又以自己没有代偿能力要求免除保证责任的，人民法院不予支持。

2. 保证人资格的限制

根据《民法典》第六百八十三条规定，机关法人不得为保证人，但是经国务院批准为使用外国政府或者国际经济组织贷款进行转贷的除外。根据最高人民法院《关于适用〈中华人民共和国民法典〉有关担保制度的解释》第五条规定，机关法人提供担保的，人民法院应当认定担保合同无效，但是经国务院批准为使用外国政府或者国际经济组织贷款进行转贷的除外。

居民委员会、村民委员会提供担保的，人民法院应当认定担保合同无效，但是依法代行村集体经济组织职能的村民委员会，依照村民委员会组织法规定的讨论决定程序对外提供担保的除外。

根据最高人民法院《关于适用〈中华人民共和国民法典〉有关担保制度的解释》第六条规定，以公益为目的的非营利性学校、幼儿园、医疗机构、养老机构等提供担保的，人民法院应当认定担保合同无效，但是有下列情形之一的除外：①在购入或者以融资租赁方式承租教育设施、医疗卫生设施、养老服务设施和其他公益设施时，出卖人、出租人为担保价款或者租金实现而在该公益设施上保留所有权。②以教育设施、医疗卫生设施、养老服务设施和其他公益设施以外的不动产、动产或者财产权利设立担保物权。登记为营利法人的学校、幼儿园、医疗机构、养老机构等提供担保,当事人以其不具有担保资格为由主张担保合同无效的,人民法院不予支持。

(三)保证方式

保证的方式有一般保证和连带责任保证两种。

1. 一般保证

当事人在保证合同中约定,在债务人不能履行债务时,由保证人承担保证责任的,为一般保证。

一般保证的保证人享有先诉抗辩权。所谓先诉抗辩权,是指在主合同纠纷未经审判或者仲裁,并就债务人财产依法强制执行仍不能履行债务前,保证人对债权人可拒绝承担保证责任。

有下列情形之一的,保证人不得行使先诉抗辩权:①债务人下落不明,且无财产可供执行;②人民法院受理债务人破产案件;③债权人有证据证明债务人的财产不足以履行全部债务或者丧失履行债务能力的;④保证人以书面形式放弃先诉抗辩权的。

2. 连带责任保证

当事人在保证合同中约定保证人与债务人对债务承担连带责任的,为连带责任保证。

连带责任保证的债务人不履行到期债务或者发生当事人约定的情形时,债权人可以要求债务人履行债务,也可以要求保证人在其保证范围内承担保证责任。

根据《民法典》第六百八十六条规定,当事人在保证合同中对保证方式没有约定或者约定不明确的,按照一般保证承担保证责任。根据最高人民法院《关于适用〈中华人民共和国民法典〉有关担保制度的解释》第二十五条规定,当事人在保证合同中约定了保证人在债务人不能履行债务或者无力偿还债务时才承担保证责任等类似内容,具有债务人应当先承担责任的意思表示的,人民法院应当将其认定为一般保证。

同一债务有两个以上保证人的,保证人应当按照保证合同约定的保证份额,各自承担保证责任;保证人与债权人没有约定保证份额的,债权人可以请求任何一个保证人在保证范围内承担保证责任。

(四)保证责任

1. 保证责任的范围

保证的范围包括主债权及利息、违约金、损害赔偿金和实现债权的费用。当事人另有约定的,按照其约定确定范围。

2. 主合同变更与保证责任承担

(1)债权人和债务人未经保证人书面同意,协商变更主债权债务合同内容,减轻债务的,保证人仍对变更后的债务承担保证责任;加重债务的,保证人对加重的部分不承担保证责任。

(2)债权人和债务人变更主债权债务合同的履行期限,未经保证人书面同意的,保证期间不受影响。

(3)债权人转让全部或者部分债权,未通知保证人的,该转让对保证人不发生效力。

（4）保证人与债权人约定禁止债权转让，债权人未经保证人书面同意转让债权的，保证人对受让人不再承担保证责任。

（5）债权人未经保证人书面同意，允许债务人转移全部或者部分债务，保证人对未经其同意转移的债务不再承担保证责任，但是债权人和保证人另有约定的除外。

（6）第三人加入债务的，保证人的保证责任不受影响。

（7）一般保证的保证人在主债务履行期限届满后，向债权人提供债务人可供执行财产的真实情况，债权人放弃或者怠于行使权利致使该财产不能被执行的，保证人在其提供可供执行财产的价值范围内不再承担保证责任。

3. 保证人的追偿权

保证人承担保证责任后，除当事人另有约定外，有权在其承担保证责任的范围内向债权人追偿，享有债权人对债务人的权利，但是不得损害债权人利益。

同一债务有两个以上第三人提供担保，担保人之间约定相互追偿及分担份额，承担了担保责任的担保人请求其他担保人按照约定分担份额的，人民法院应予支持；担保人之间约定承担连带共同担保，或者约定相互追偿但是未约定分担份额的，各担保人按照比例分担向债务人不能追偿的部分。

同一债务有两个以上第三人提供担保，担保人之间未对相互追偿作出约定且未约定承担连带共同担保，但是各担保人在同一份合同书上签字、盖章或者按指印，承担了担保责任的担保人请求其他担保人按照比例分担向债务人不能追偿部分的，人民法院应予支持。

除上述两款规定的情形外，承担了担保责任的担保人请求其他担保人分担向债务人不能追偿部分的，人民法院不予支持。

4. 保证人的抗辩权

保证人可以主张债务人对债权人的抗辩。债务人放弃抗辩的，保证人仍有权向债权人主张抗辩。

（五）保证期间

保证期间，是指当事人约定或者法律规定的保证人承担保证责任的时间期限。保证人在与债权人约定的保证期间或者法律规定的保证期间内承担保证责任。保证期间是确定保证人承担保证责任的期间，不发生中止、中断和延长。

保证人与债权人可以约定保证期间，但是约定的保证期间早于主债务履行期限或者与主债务履行期限同时届满的，视为没有约定；没有约定或者约定不明确的，保证期间为主债务履行期届满之日起 6 个月。

债权人与债务人对主债务履行期限没有约定或者约定不明确的，保证期间自债权人请求债务人履行债务的宽限期届满之日起计算。

根据《民法典》第六百九十三条规定，一般保证的债权人未在保证期间对债务人提起诉讼或者申请仲裁的，保证人不再承担保证责任。连带责任保证的债权人未在保证期间请求保证人承担保证责任的，保证人不再承担保证责任。

根据最高人民法院《关于适用〈中华人民共和国民法典〉有关担保制度的解释》第二十七条规定，一般保证的债权人取得对债务人赋予强制执行效力的公证债权文书后，在保证期间内向人民法院申请强制执行，保证人以债权人未在保证期间内对债务人提起诉讼或者申请仲裁为由主张不承担保证责任的，人民法院不予支持。

（六）保证债务的诉讼时效

根据《民法典》第六百九十四条规定，一般保证的债权人在保证期间届满前对债务人提起诉讼或者申请仲裁的，从保证人拒绝承担保证责任的权利消灭之日起，开始计算保证债务的诉讼时效。

连带责任保证的债权人在保证期间届满前请求保证人承担保证责任的，从债权人请求保证人承担保证责任之日起，开始计算保证债务的诉讼时效。

根据最高人民法院《关于适用〈中华人民共和国民法典〉有关担保制度的解释》第二十八条规定，一般保证中债权人依据生效法律文书对债务人的财产依法申请强制执行，保证债务诉讼时效的起算时间按照下列规则确定：

1. 人民法院作出终结本次执行程序裁定，或者依照民事诉讼法第二百五十七条第三项、第五项的规定作出终结执行裁定的，自裁定送达债权人之日起开始计算；

2. 人民法院自收到申请执行书之日起一年内未作出前项裁定的，自人民法院收到申请执行书满一年之日起开始计算，但是证人有证据证明债务人仍有财产可供执行的除外。

一般保证的债权人在保证期间届满前对债务人提起诉讼或者申请仲裁，债权人举证证明存在《民法典》第六百八十七条第二款的规定情形的，保证债务的诉讼时效自债权人知道或者应当知道该情形之日起开始计算。

三、抵押

抵押是指为担保债务的履行，债务人或者第三人不转移财产的占有，将该财产作为债权的担保，债务人不履行到期债务或者发生当事人约定的实现抵押权的情形，债权人有权就该财产优先受偿。

提供财产担保的债务人或者第三人为抵押人，债权人为抵押权人，提供担保的财产为抵押财产。

（一）抵押合同

设立抵押权，当事人应当采取书面形式订立抵押合同。抵押合同一般包括下列条款：①被担保债权的种类和数额；②债务人履行债务的期限；③抵押财产的名称、数量等情况；④担保的范围；⑤当事人认为需要约定的其他事项。

抵押合同对被担保的主债权种类、抵押财产没有约定或者约定不明，根据主合同和抵押合同不能补正或者无法推定的，抵押不成立。

抵押权人在债务履行期届满前，不得与抵押人约定债务人不履行到期债务时抵押财产归债权人所有。这种条款称为"流押条款"。如果当事人在抵押合同中约定了流押条款，该条款无效。该条款的无效不影响抵押合同其他部分内容的效力。

（二）抵押财产

1. 可以设立抵押权的财产

债务人或者第三人有权处分的下列财产可以抵押：①建筑物和其他土地附着物；②建设用地使用权；③海域使用权；④生产设备、原材料、半成品、产品；⑤正在建造的建筑物、船舶、航空器；⑥交通运输工具；⑦法律、行政法规未禁止抵押的其他财产。抵押人可以将上述所列财产一并抵押。

2. 不得设立抵押权的财产

下列财产不得设立抵押权：①土地所有权；②宅基地、自留地、自留山等集体所有的土地使用权，但法律规定可以抵押的除外；③学校、幼儿园、医院等为公益目的成立的非营利法人的教育设施、医疗卫生设施和其他公益设施；④所有权、使用权不明或者有争议的财产；⑤依法被查封、扣押、监管的财产，但是，已经设定抵押的财产被采取查封、扣押等财产保全或执行措施的，不影响抵押权的效力；⑥法律、行政法规规定不得抵押的其他财产，例如，以经法定程序确认为违法、违章的建筑物抵押的，抵押无效。

3. 关于抵押财产的其他规定

（1）以建筑物抵押的，该建筑物占用范围内的建设用地使用权一并抵押。以建设用地使用权抵押的，该土地上的建筑物一并抵押。抵押人未将前述财产一并抵押的，未抵押的财产视为一并抵押。

（2）建设用地使用权抵押后，该土地上新增的建筑物不属于抵押财产。该建设用地使用权实现抵押权时，应当将该土地上新增的建筑物与建设用地使用权一并处分，但新增建筑物所得的价款，抵押权人无权优先受偿。

（3）乡镇、村企业的建设用地使用权不得单独抵押。以乡镇、村企业的厂房等建筑物抵押的，其占用范围内的建设用地使用权一并抵押。实现抵押权后，未经法定程序，不得改变土地所有权的性质和土地用途。

（4）以集体所有土地的使用权依法抵押的，实现抵押权后，未经法定程序，不得改变土地所有权的性质和土地用途。

（三）抵押登记

1. 以登记为生效要件的抵押

以建筑物和其他土地附着物、建设用地使用权、海域使用权、正在建造的建筑物设定抵押的，应当办理抵押登记，抵押权自登记时起设立。

抵押登记记载的内容与抵押合同约定的内容不一致的，以登记记载的内容为准。以尚未办理权属证书的财产抵押的，只要当事人在一审法庭辩论终结前能够提供权利证书或者补办登记手续的，法院可以认定抵押有效。

2. 以登记为对抗要件的抵押

当事人以生产设备、原材料、半成品、产品、交通运输工具和正在建造的船舶、航空器抵押或其他动产设定抵押，抵押权自抵押合同生效时设立；抵押权未经登记，不得对抗善意第三人。

（四）抵押的效力

抵押担保的范围包括主债权及利息、违约金、损害赔偿金和实现抵押权的费用。抵押合同另有约定的，按照约定。

1. 抵押权对抵押物所生孳息的效力

债务人不履行到期债务或者发生当事人约定的实现抵押权的情形，致使抵押财产被人民法院依法扣押的，自扣押之日起抵押权人有权收取该抵押财产的天然孳息或者法定孳息，但抵押权人未通知应当清偿法定孳息的义务人的除外。孳息的清偿顺序为：①充抵收取孳息的费用；②主债权的利息；③主债权。

2. 抵押权对于抵押物上租赁权的效力

抵押权设立前，抵押财产已经出租并转移占有的，原租赁关系不受该抵押权的影响。

抵押人将已抵押的财产出租时，如果抵押人未书面告知承租人该财产已抵押的，抵押人对出租抵押物造成承租人的损失承担赔偿责任；如果抵押人已书面告知承租人该财产已抵押的，抵押权实现造成承租人的损失，由承租人自己承担。

抵押权设立后抵押财产出租的，该租赁关系不得对抗已登记的抵押权，即因租赁关系的存在致使抵押权实现时无人购买抵押物，或出价降低导致不足以清偿抵押债权等情况下，抵押权人有权主张租赁终止。

（五）抵押权的实现

债务人不履行到期债务或者发生当事人约定的实现抵押权的情形，抵押权人可以与抵押人协议以抵押财产折价或者以拍卖、变卖该抵押财产所得的价款优先受偿。协议损害其他债权人利益的，其他债权人可以请求人民法院撤销该协议。

抵押权人与抵押人未就抵押权实现方式达成协议的，抵押权人可以请求人民法院拍卖、变卖抵押财产。抵押财产折价或者变卖的，应当参照市场价格。抵押财产折价或者拍卖、变卖后，其价款超过债权数额的部分归抵押人所有，不足部分由债务人清偿。

抵押物折价或者拍卖、变卖所得的价款，当事人没有约定的，按下列顺序清偿：①实现抵押权的费用；②主债权的利息；③主债权。

四、质押

质押分为动产质押和权利质押。

（一）动产质押

1. 动产质押的概念

动产质押是以动产作为标的物的质押，指为担保债务的履行，债务人或者第三人将其动产出质给债权人占有，债务人不履行到期债务或者发生当事人约定的实现质权的情形，债权人有权就该动产优先受偿。

该债务人或者第三人为出质人，债权人为质权人，交付的动产为质押财产。

2. 质押合同

为设立质权,当事人应当采取书面形式订立质押合同。质押合同一般包括以下条款:①被担保债权的种类和数额;②债务人履行债务的期限;③质押财产的名称、数量等情况;④担保的范围;⑤质押财产交付的时间、方式。其中:质押担保的范围由当事人约定;当事人未约定的,质押担保范围为主债权及利息、违约金、损害赔偿金、质物保管费用和实现质权的费用。

3. 动产质押的生效

(1) 质押合同自成立时生效,但质权自出质人交付质押财产时设立,即动产质权的设立以质物的交付为生效要件。

(2) 债务人或者第三人未按质押合同约定的时间移交质物的,因此给质权人造成损失的,出质人应当根据其过错承担赔偿责任。

(3) 出质人代质权人占有质物的,质权不设立;质权人将质物返还于出质人后,以其质权对抗第三人的,人民法院不予支持。

(4) 出质人以间接占有的财产出质的,质物自书面通知送达占有人时视为移交。占有人收到出质通知后,仍接受出质人的指示处分出质财产的,该行为无效。

(5) 质押合同中对质押的财产约定不明,或者约定的出质财产与实际移交的财产不一致的,以实际交付占有的财产为准。

(6) 债务人以自己的财产出质,质权人放弃该质权的,其他担保人在质权人丧失优先受偿权益的范围内免除担保责任,但其他担保人承诺仍然提供担保的除外。

4. 质权的实现

债务人履行债务或者出质人提前清偿所担保的债权的,质权人应当返还质押财产。

债务人不履行到期债务或者发生当事人约定的实现质权的情形,质权人可以与出质人协议以质押财产折价,也可以就拍卖、变卖质押财产所得的价款优先受偿。

(二) 权利质押

权利质押是指债务人或者第三人以其财产权利作为债权的担保,当债务人不履行到期债务或者发生当事人约定的实现质权的情形,债权人有权依照法律规定,以该财产权利折价或者以拍卖、变卖该财产权利的价款优先受偿。

债务人或者第三人有权处分的下列权利可以出质:①汇票、支票、本票;②债券、存款单;③仓单、提单;④可以转让的基金份额、股权;⑤可以转让的注册商标专用权、专利权、著作权等知识产权中的财产权;⑥现有的以及将有的应收账款;⑦法律、行政法规规定可以出质的其他财产权利。

以汇票、本票、支票、债券、存款单、仓单、提单出质的,质权自权利凭证交付质权人时设立;没有权利凭证的,质权自办理出质登记时设立。以基金份额、股权出质的,质权自办理出质登记时设立。基金份额、股权出质后,不得转让,但是出质人与质权人协商同意的除外。以注册商标专用权、专利权、著作权等知识产权中的财产权出质的,质权自办理出质登记时设立。以应收账款出质的,质权自办理出质登记时设立。

《民法典》对于权利质押未作特别规定的,应适用有关动产质押的规定。

五、留置

（一）留置权的概念

留置权是指债务人不履行到期债务，债权人可以留置已经合法占有的债务人的动产，并有权就该动产优先受偿。其中债权人为留置权人，占有的动产为留置财产，即留置物。留置权属于法定担保物权。留置担保的范围为主债权及利息、违约金、损害赔偿金、留置物保管费用和实现留置权的费用。

（二）留置权的成立要件

（1）债权人占有债务人的动产。原则上动产应属于债务人所有。留置财产为可分物的，留置财产的价值应当相当于债务的金额。当事人可以在合同中约定不得留置的物。法律规定或者当事人约定不得留置的动产，不得留置。

（2）占有的动产应与债权属于同一法律关系，但企业之间留置的除外。留置权的适用范围不限于保管合同、运输合同、承揽合同等特定的合同关系，其他债权债务关系，只要法律规定不禁止留置，债务人不履行债务的，债权人均可以留置已经合法占有的动产。

（3）债权已届清偿期且债务人未按规定的期限履行义务。

（三）留置权的实现

留置权人与债务人应当约定留置财产后的债务履行期间；没有约定或者约定不明确的，留置权人应当给债务人60日以上履行债务的期间，但鲜活易腐等不易保管的动产除外。债务人逾期未履行的，留置权人可以与债务人协议以留置财产折价，也可以就拍卖、变卖留置财产所得的价款优先受偿。留置财产折价或者变卖的，应当参照市场价格。

六、定金

（一）定金的概念与种类

定金是指合同当事人约定一方向对方给付一定数额的货币作为债权的担保。定金根据当事人的约定，有以下种类：

1. 违约定金

违约定金指定金设立的目的在于保障合同的履行。当事人约定以交付定金作为主合同债务履行担保的，给付定金的一方未履行主合同债务的，无权要求返还定金；收受定金的一方未履行主合同债务的，应当双倍返还定金。

2. 成约定金

当事人约定以交付定金作为主合同成立或者生效要件的，给付定金的一方未支付定金，但主合同已经履行或者已经履行主要部分的，不影响主合同的成立或者生效。

3. 解约定金

定金交付后，交付定金的一方可以按照合同的约定以丧失定金为代价而解除主合同，收受定金的一方可以双倍返还定金为代价而解除主合同。

（二）定金的生效

定金合同是实践性合同，从实际交付定金时成立。

定金的数额由当事人约定，但不得超过主合同标的额的 20%。超过部分不产生定金的效力。

实际交付的定金数额多于或者少于约定数额，视为变更约定的定金数额。收受定金一方提出异议并拒绝接受定金的，定金合同不成立。

（三）定金的效力

债务人履行债务的，定金应当抵作价款或者收回。给付定金的一方不履行债务或者履行债务不符合约定，致使不能实现合同目的的，无权请求返还定金；收受定金的一方不履行债务或者履行债务不符合约定，致使不能实现合同目的的，应当双倍返还定金。该规则称为定金罚则。

因不可抗力、意外事件致使主合同不能履行的，不适用定金罚则。因合同关系以外第三人的过错，致使主合同不能履行的，适用定金罚则。受定金处罚的一方当事人，可以依法向第三人追偿。

第六节　合同的变更和转让

一、合同的变更

（一）合同变更的概念

合同的变更仅指合同内容的变更，是指合同成立后，当事人双方根据客观情况的变化，依照法律规定的条件和程序，经协商一致，对原合同内容进行修改、补充或者完善。合同的变更是在合同的主体不改变的前提下对合同内容的变更，合同性质并不改变。

（二）合同变更的条件

合同的变更必须具备以下条件：①当事人之间已存在合同关系。合同变更是在原合同基础上进行的变更，无原合同也就不存在合同变更的问题。②合同的变更是指合同内容发生了变化。如标的物数量的变化，履行地点的变化等。③合同的变更必须遵守法律的规定和当事人的约定。合同的变更可以依据法律的规定产生，当法律规定的情形出现时，合同内容可能发生变化，如遇有不可抗力导致债务不能履行时，合同可以延期履行。当事人约定变更合同有两种情形：一是由合同当事人达成变更合同的协议；二是当事人可以在订立合同时即约定，当某种特定情况出现时，当事人有权变更合同。

（三）合同变更的形式和程序

合同变更除法律规定的变更和人民法院依法变更外，主要是当事人协议变更。

合同约定变更适用合同编关于要约、承诺的规定，双方经协商取得一致，并采用书面形式。如原合同是经过公证、鉴证的，变更后的合同应报原公证、鉴证机关备案，必要时应对变更的事实予以公证、鉴证；如原合同按照法律、行政法规的规定是经过有关部门批准、登记的，变更后仍应报原批准机关批准、登记。

合同变更后，变更后的内容就取代了原合同的内容，当事人就应当按照变更后的内容履行合同，合同各方当事人均应受变更后的合同的约束。为了减少在合同变更时可能发生的纠纷，当事人对合同变更的内容约定不明确的，推定为未变更。合同变更的效力原则上仅对未履行的部分有效，对已履行的部分没有溯及力，但法律另有规定或当事人另有约定的除外。

二、合同的转让

合同的转让是指合同当事人一方将其合同的权利和义务全部或部分转让给第三人的行为。合同的转让仅指合同主体的变更，不改变合同约定的权利义务。

（一）合同权利转让

1. 合同权利转让的概念

合同权利转让，是指债权人将合同的权利全部或部分转让给第三人。其中，转让权利的债权人称为让与人，接受权利的第三人称为受让人。

2. 合同权利转让的条件

债权人转让权利无须经债务人同意，但应当通知债务人。未经通知，该转让对债务人不发生效力。债务人接到债权转让通知后，债权让与行为对债务人就生效，债务人应对受让人履行义务。

3. 合同权利转让的限制

（1）根据合同性质不得转让。①根据当事人之间信任关系而发生的债权。如委托合同中，受托人基于对委托人的信任，愿意接受委托，债权人不得任意将请求实施委托事务的权利转让给他人。②因债权目的的达成须对特定债权人为给付之债权，如扶养请求权、慰抚金请求权等。③合同内容中包括了针对特定当事人的不作为义务。如合同约定了一方承担竞业禁止义务，另一方不得将请求承担该不作为义务的权利转让给他人。

（2）根据当事人约定不得转让。当事人在订立合同时，可以对权利的转让作出特别约定，禁止债权人将权利转让给第三人。当事人约定非金钱债权不得转让的，不得对抗善意第三人，如果一方当事人违反约定，将合同权利转让给善意第三人，则善意第三人可以取得该项权利。当事人约定金钱债权不得转让的，不得对抗第三人。

（3）依照法律规定不得转让。

4. 合同权利转让的效力

合同权利全部转让的，原合同关系消灭，受让人取代原债权人的地位，成为新的债权人，原债权人脱离合同关系。合同权利部分转让的，受让人作为第三人加入合同关系中，与原债权人共同享有债权。

债权人转让主权利时，附属于主权利的从权利也一并转让，受让人在取得债权时，也取得与债权有关的从权利，但该从权利专属于债权人自身的除外。受让人取得从权利不因该从权利未办理转移登记手续或者未转移占有而受到影响。

债务人接到债权转让通知后，债务人对让与人的抗辩，可以向受让人主张，如权利无效、权利已过诉讼时效期间等抗辩。

有下列情形之一的，债务人可以向受让人主张抵销：①债务人接到债权转让通知时，债务人对让与人享有债权，且债务人的债权先于转让的债权到期或者同时到期；②债务人的债权与转让的债权是基于同一合同产生。因债权转让增加的履行费用，由让与人负担。

（二）合同义务转移

债务人将合同的义务全部或者部分转移给第三人，应当经债权人同意，否则债务人转移合同义务的行为对债权人不发生效力，债权人有权拒绝第三人向其履行，同时有权要求债务人履行义务并承担不履行或迟延履行义务的法律责任。

债务人或者第三人可以催告债权人在合理期限内予以同意，债权人未作表示的，视为不同意。

第三人与债务人约定加入债务并通知债权人，或者第三人向债权人表示愿意加入债务，债权人未在合理期限内明确拒绝的，债权人可以请求第三人在其愿意承担的债务范围内和债务人承担连带债务。

合同义务转移的法律后果：①新债务人成为合同一方当事人，如不履行或不适当履行合同义务，债权人可以向其请求履行债务或承担违约责任。②债务人转移义务的，新债务人可以主张原债务人对债权人的抗辩。但原债务人对债权人享有债权的，新债务人不得向债权人主张抵销。③从属于主债务的从债务，随主债务的转移而转移，但该从债务专属于原债务人自身的除外。④第三人向债权人提供的担保，若担保人未明确表示继续承担担保责任，则担保责任因债务转移而消灭。

（三）合同权利义务的一并转让

合同关系的一方当事人将权利和义务一并转让时，除了应当征得另一方当事人的同意外，还应当遵守有关转让权利和义务的规定。

（四）法人或其他组织合并或分立后债权债务关系的处理

当事人订立合同后合并的，由合并后的法人或者其他组织行使合同权利，履行合同义务。当事人订立合同后分立的，除债权人和债务人另有约定的以外，由分立的法人或者其他组织对合同的权利和义务享有连带债权，承担连带债务。

第七节　合同权利义务的终止

一、合同权利义务终止的概念

合同权利义务的概念是指依法生效的合同，因具备法定情形和当事人约定的情形，合同债权、债务归于消灭，债权人不再享有合同权利，债务人也不必再履行合同义务，合同当事人双方终止合同关系，合同确立的权利、义务关系随之消灭。

二、合同权利义务终止的具体情形

（一）债务已经按照约定履行

债务人按照约定的标的、质量、数量、价款或者报酬、履行期限、履行地点和方式全面履行债务。

（二）合同解除

合同解除是指合同有效成立后，因主客观情况发生变化，合同的履行成为不必要或不可能，根据双方当事人达成的协议或一方当事人的意思表示提前终止合同效力。合同解除有约定解除和法定解除两种情况。

1. 约定解除

当事人约定解除合同包括两种情况：①协商解除，指合同生效后，未履行或未完全履行之前，当事人以解除合同为目的，经协商一致，订立一个解除原来合同的协议，使合同效力消灭的行为。②约定解除权。解除权可以在订立合同时约定，也可以在履行合同的过程中约定，可以约定一方解除合同的权利，也可以约定双方解除合同的权利。

2. 法定解除

有下列情形之一的，当事人可以解除合同：①因不可抗力致使不能实现合同目的。只有不可抗力致使合同目的不能实现时，当事人才可以解除合同。②因预期违约解除合同。即在履行期限届满之前，当事人一方明确表示或者以自己的行为表明不履行主要债务的，对方当事人可以解除合同。③当事人一方迟延履行主要债务，经催告后在合理期限内仍未履行。④当事人一方迟延履行债务或者有其他违约行为致使不能实现合同目的。这种情形中的迟延履行因致使合同目的不能实现，债权人可不经催告直接解除合同。⑤法律规定的其他情形。

以持续履行的债务为内容的不定期合同，当事人可以随时解除，但是应当在合理期限之前通知对方。

合同成立后，合同的基础条件发生了当事人在订立合同时无法预见的、不属于商业风险的重大变化，继续履行合同对于当事人一方明显不公平的，受不利影响的当事人可以与对方重新协商；在合理期限内协商不成的，当事人可以请求人民法院或者仲裁机构变更或者解除合同。人民法院或者仲裁机构应当结合案件的实际情况，根据公平原则变更或者解除合同。

3. 解除权的行使及其效力

（1）解除权的行使

法律规定或者当事人约定解除权行使期限，期限届满当事人不行使的，该权利消灭。法律没有规定或者当事人没有约定解除权行使期限，自解除权人知道或者应当知道解除事由之日起一年内不行使，或者经对方催告后在合理期限内不行使的，该权利消灭。

当事人一方依法主张解除合同的，应当通知对方。合同自通知到达对方时解除。通知载明债务人在一定期限内不履行债务则合同自动解除，债务人在该期限内未履行债务的，合同自通知载明的期限届满时解除。对方对解除合同有异议的，任何一方当事人均可以请求人民法院或者仲裁机构确认解除行为的效力。

当事人一方未通知对方，直接以提起诉讼或者申请仲裁的方式依法主张解除合同，人民法院或者仲裁机构确认该主张的，合同自起诉状副本或者仲裁申请书副本送达对方时解除。

（2）解除权行使的效力

合同解除后尚未履行的，终止履行；已经履行的，根据履行情况和合同性质，当事人可以要求恢复原状、采取其他补救措施，并有权要求赔偿损失。合同的权利义务终止，不影响合同中结算和清理条款的效力。

合同因违约解除的，解除权人可以请求违约方承担违约责任，但是当事人另有约定的除外。

主合同解除后，担保人对债务人应当承担的民事责任仍应当承担担保责任，但是担保合同另有约定的除外。

（三）抵销

抵销是指双方当事人互负债务时，一方通知对方以其债权充当债务的清偿或者双方协商以债权充当债务的清偿，使得双方的债务在对等额度内消灭的行为。抵销包括法定抵销和约定抵销。抵销具有简化交易程序、降低交易成本以及确保债权实现的作用。

1. 法定抵销

当事人互负债务，该债务的标的物种类、品质相同的，任何一方可以将自己的债务与对方的到期债务抵销，但根据债务性质、按照当事人约定或依照法律规定不得抵销的除外。

当事人主张抵销的，应当通知对方。通知自到达对方时生效。抵销不得附条件或者附期限。

下列债务不得抵销：①按债务性质不能抵销。不作为债务、提供劳务的债务、与人身不可分离的债务，如抚恤金、退休金、人身损害赔偿债务等，均不得抵销。②按照约定应当向第三人给付的债务。如果双方当事人在订立合同时已约定债务应向第三人履行义务，则债务人不得以对合同对方当事人享有债权而主张抵销该义务，否则将损害第三人的利益。③因故意实施侵权行为产生的债务。这种债务是对被害人的赔偿，如可以抵销，则意味着可以用金钱补偿对债务人的人身和财产权利的任意侵犯，是有悖社会正义的。④法律规定不得抵销的其他情形。如被人民法院查封、扣押、冻结的财产，当事人已无处分权，不能用来抵销债务。⑤当事人约定不得抵销的债务。

2. 约定抵销

当事人互负债务，标的物种类、品质不相同的，经双方协商一致，也可以抵销。此种抵销即属于经双方协商一致发生的约定抵销。

（四）提存

提存是指由于债权人的原因，债务人无法向其交付合同标的物而将该标的物交给提存机关，从而消灭合同的制度。

有下列情形之一，难以履行债务的，债务人可以将标的物提存：①债权人无正当理由拒绝受领；②债权人下落不明；③债权人死亡未确定继承人或者丧失民事行为能力未确定监护人；④法律规定的其他情形。标的物不适合提存或者提存费用过高的，债务人可以拍卖或者变卖标的物，提存所得价款。

标的物提存后，除债权人下落不明的以外，债务人应当及时通知债权人或者债权人的继承人、遗产管理人、监护人。标的物提存后，毁损、灭失的风险由债权人承担。提存期间，标的物的孳息归债权人所有。提存费用由债权人负担。标的物提存后，债权人可以随时领取提存物。但债权人对债务人负有到期债务的，在债权人未履行债务或者提供担保之前，提存部门根据债务人的要求应当拒绝其领取提存物。

债权人领取提存物的权利，自提存之日起五年内不行使而消灭，提存物扣除提存费用后归国家所有。

（五）免除

债的免除是指权利人放弃自己的全部或部分权利，从而使合同义务减轻或使合同终止的一种形式。

（六）混同

混同，即债权债务同归于一人。例如由于甲、乙两企业合并，甲、乙企业之间原先订立的合同中的权利义务同归于合并后的企业，债权债务关系自然终止。《民法典》第五百七十六条规定：债权和债务同归于一人的，债权债务终止，但是损害第三人利益的除外。如债权为他人权利质押的标的，债权债务即使同归于一人，债权也不消灭，否则将损害质权人的利益。此外，"法律另有规定的"，债权债务不因混同而消灭。如《票据法》规定，票据未到期前依背书转让的，票据上债权债务即使同归于一人，票据仍可流通，票据上的债权债务不消灭。

三、合同权利义务终止的法律后果

合同权利义务终止的法律后果，主要包括：①合同失效，合同当事人不再负有继续履行合同的义务。②合同项下的从权利和从义务一并消灭。③当事人之间发生后合同义务。合同消灭后，当事人应当遵循诚实信用原则，根据交易习惯履行通知、协助、保密义务等后合同义务。④合同中关于争议的方法、结算和清理条款继续有效，直至结算和清理完毕。⑤负债字据的返还。

第八节　违约责任

一、违约责任的概念

违约责任即违反合同的民事责任，是指合同当事人一方不履行合同义务或者履行合同义务不符合约定时，依照法律规定或者合同约定所承担的法律责任。依法订立的有效合同，对当事人双方来说，都具有法律约束力。如果不履行或者履行义务不符合合同约定，就要承担违约责任。

二、违约责任的承担

在我国，当事人承担违约责任的形式有继续履行、采取补救措施、赔偿损失、支付违约金、给付或双倍返还定金五种。具体适用哪种违约责任，由当事人根据自己的要求加以选择。

（一）继续履行

当事人一方未支付价款或报酬的，对方可以要求其支付价款或报酬。当事人一方不履行非金钱债务或履行非金钱债务不符合约定的，对方可以要求履行，但有下列情形的除外：①法律或事实上不能履行；②债务的标的不适合强制履行或履行费用过高；③债权人在合理期限内未要求履行。

（二）采取补救措施

当事人一方履行合同义务不符合约定的，应当按照当事人的约定承担违约责任。受损害方可以根据标的性质以及损害的大小，合理选择要求对方适当履行，如采取承担修理、更换、重做、退货、减少价款或报酬等措施，也可选择解除合同、中止履行合同、通过提存履行债务、行使担保债务等补救措施。

（三）赔偿损失

当事人一方不履行合同义务或者履行合同义务不符合约定的，在履行义务或者采取补救措施后，对方还有其他损失的，应当赔偿损失。赔偿损失额应当相当于因违约所造成的损失，包括合同履行后可以获得的利益，但不得超过违反合同一方订立合同时预见到或者应当预见到的因违反合同可能造成的损失。当事人一方违约后，对方应当采取适当的措施防止损失的扩大（守约方的减损义务）；没有采取适当措施致使扩大的，不得就扩大的损失要求赔偿。但是因防止损失扩大而支出的合理费用，由违约方承担。

（四）支付违约金

违约金是指合同当事人一方由于不履行合同或者履行合同不符合规定，按照合同的约定，向对方当事人支付一定数额的货币。双方可在合同中约定违约金的具体数额，也可以约定因违约产生的赔偿的计算方法。

合同违约方支付违约金不足以弥补非违约方遭受的损失的，非违约方仍然可以向违约方请求赔偿损失。但原则上，非违约方获得的赔偿应与其实际受到的损失大致相当，所以，《民法典》规定了如下的违约金调整情形：约定的违约金低于造成的损失的，人民法院或者仲裁机构可以根据当事人的请求予以增加；约定的违约金过分高于造成的损失的，人民法院或者仲裁机构可以根据当事人的请求予以适当减少。

约定的违约金过分高于造成的损失的，当事人可以请求人民法院或者仲裁机构予以适当减少。当事人主张约定的违约金过高请求予以适当减少的，人民法院应当以实际损失为基础，兼顾合同的履行情况、当事人的过错程度以及预期利益等综合因素，根据公平原则和诚实信用原则予以衡量，并作出裁决。当事人约定的违约金超过造成损失30%的，一般可以认定为"过分高于造成的损失"。

当事人就迟延履行约定违约金的，违约方支付违约金后，还应当履行债务。

（五）给付或双倍返还定金

定金是指合同当事人约定一方向对方给付一定数额的货币作为债权的担保。债务人履行债务后，定金抵作价款或者收回。给付定金的一方不履行约定的债务的，无权要求返还定金；收受定金的一方不履行约定的债务的，应当双倍返还定金。定金合同从交付之日起生效。定金与违约金不可并用，在同一合同中，当事人既约定违约金，又约定定金的，一方违约时，对方可以选择适用违约金或者定金条款。定金不足以弥补一方违约造成的损失的，对方可以请求赔偿超过定金数额的损失。

三、违约责任的免除

一般来说，在合同订立之后，如果一方当事人没有履行合同或者履行合同不符合约定，不论是自己的原因，还是当事人的原因，都应当向对方承担违约责任。但是，当事人一方违约是由于免责事由的出现造成的，则可以根据情况免除违约方的违约责任。《民法典》规定了以下三种免责事由。

（一）法定事由

发生不可抗力事件，违约责任全部或者部分免除，但法律另有规定的除外。当事人迟延履行后发生不可抗力的，不能免除责任。合同法所称不可抗力是指不能预见、不能避免并不能克服的客观情况。当事人一方因不可抗力不能履行合同的，应当及时通知对方，以减轻可能给对方造成的损失，并应当在合理期限内提供证明。

（二）免责条款

免责条款是指合同双方当事人在合同中约定，当出现一定的事由或条件时，可免除违约方的违约责任。

（三）法律的特别规定

在法律有特别规定的情况下，可以免除当事人的违约责任，如《民法典》第八百三十二条规定，承运人对运输过程中货物的毁损、灭失承担损害赔偿责任。但是，承运人证明货物的毁损、灭失是因不可抗力、货物本身的自然性质或者合理损耗以及托运人、收货人的过错造成的，不承担赔偿责任。

第四章　即测即练题

本章思考题

1. 合同订立的过程是怎样的?
2. 要约邀请和要约的区别是什么?
3. 合同的履行抗辩权有哪些?
4. 合同担保的方式有哪些?
5. 承担违约责任的形式有哪些?

第五章

票据法律制度

> **本章学习目标**
>
> 1. 了解：
> （1）票据的概念和特征；
> （2）票据的种类；
> （3）票据法律关系；
> （4）违反票据法的法律责任。
> 2. 掌握：
> （1）票据行为的概念和特征；
> （2）票据权利的概念；
> （3）票据权利的取得和消灭；
> （4）票据抗辩。
> 3. 运用：
> （1）运用票据法分析票据法律关系；
> （2）运用票据法分析常见的票据行为。

第五章　引导案例

第一节　票据法律制度概述

一、票据和票据法的概念

（一）票据的概念

广义的票据包括各种有价证券和凭证，如股票、国库券、企业债券、发票、提单等。狭义的票据，是指由出票人依法签发的，约定自己或委托付款人在见票时或指定的日期向收款人或持票人无条件支付一定金额的有价证券。《中华人民共和国票据法》[①]（以下

[①] 《中华人民共和国票据法》于1995年5月10日第八届全国人民代表大会常务委员会第十三次会议通过，根据2004年8月28日第十届全国人民代表大会常务委员会第十一次会议《关于修改〈中华人民共和国票据法〉的决定》修正。

简称《票据法》)中规定的"票据"包括汇票、本票和支票。票据具有以下法律特征。

(1)票据是完全有价证券。票据以一定的财产权利或价值结合在一起,并以一定货币金额表示其价值,票据的权利与票据不可分开,票据的权利随票据的制作而发生,随票据的出让而转移,占有票据即占有票据的价值,不占有票据就不能主张票据权利。

(2)票据是设权证券。票据权利在票据做成之前并不存在,只是依据票据的做成而发生。票据的做成不是为了证明已经存在的权利,而是创设新的权利。

(3)票据是无因证券。票据权利人主张其权利,以提示票据为必要,而不必证明其取得票据的原因。

(4)票据是金钱证券。票据给付的标的是金钱,因此票据能够代替现金,作为支付和流通工具。

(5)票据是文义证券。票据上的权利义务全凭票据上的文字意义来确定,票据以外的任何记载和解释不能改变票据的效力。

(6)票据是债权证券。票据所表示的权利,是一种以给付为目的的债权,票据持有人可以依票据记载的金额,向票据的特定债务人(如承兑付款人、出票人)行使请求付款权。

(6)票据是要式证券。票据的记载事项、记载方式必须完全符合法律的规定,否则票据无效。

(8)票据是流通证券。票据可以通过背书、交付的方式转让给他人,并不需要通知,其转让即对票据债务人发生法律效力。

(9)票据是返还证券。持票人向票据债务人主张权利,受领票据金额全部给付后,必须将票据交还给债务人,以消灭票据上的债权债务。

(二)票据法的概念

广义的票据法是指各种法律规范中有关票据规定的总称,包括专门的票据法律以及其他法律中有关票据的规定。狭义的票据法则仅是指票据的专门立法,即《中华人民共和国票据法》。本章介绍的主要是狭义的票据法。

扩展阅读 5-1 《票据法》形式渊源(部分)

二、票据行为

(一)票据行为的概念

票据行为是指票据当事人以发生票据债务为目的的、以在票据上签章为权利义务成立要件的法律行为。不同的票据所涉及的票据行为是不同的,有些票据行为是汇票、本票、支票共有的行为,如出票、背书;而有的只是某一种票据所独有的行为,如承兑是汇票所独有的行为、保付是支票所独有的行为。

(二)票据行为成立的有效条件

要据行为是一种民事法律行为,必须符合民事法律行为成立的一般条件。同时票据行为又是特殊的要式民事法律行为,必须具备《票据法》规定的特别要件。

1. 票据行为的实质要件

（1）行为人必须具有从事票据行为的能力

从事票据行为的能力即票据能力，包括票据权利能力和票据行为能力。票据权利能力是指行为人可以享有票据上的权利和承担票据上的义务的资格。只要具备民事主体资格，公民（自然人）、法人和其他组织，都具有票据权利能力。票据行为能力是指行为人可以通过自己的票据行为取得票据上的权利和承担票据上的义务的资格。《票据法》规定，无民事行为能力人或者限制民事行为能力人在票据上签章的，其签章无效。也就是说，无民事行为能力人或者限制民事行为能力人不具有票据行为能力，只有具备完全民事行为能力的自然人才具有票据行为能力。法人的票据行为能力一般不受限制。

（2）行为人的意思表示必须真实或无缺陷

《票据法》规定，以欺诈、偷盗或者胁迫等手段取得票据的，或者明知有前列情形，出于恶意取得票据的，不得享有票据权利。这一规定表明，尽管票据的形式符合法定条件，但从事票据行为的意思表示不真实或存在缺陷，票据持有人也不得享有票据上的权利。

（3）票据行为的内容必须符合法律、法规的规定

《票据法》规定，票据活动应当遵守法律、行政法规，不得损害社会公共利益。凡违背法律的规定而进行的行为，将不能取得票据行为的法律效力。需要明确的是，这里所指的合法主要是指票据行为本身必须合法，即票据行为的进行程序、记载的内容等合法，至于票据的基础关系涉及的行为是否合法，则与此无关。

2. 票据行为的形式要件

票据行为是一种要式行为，必须符合法定形式。票据行为的形式要件包括以下四项规定：

（1）书面形式

票据行为必须采用书面形式。票据为文义证券，各种票据行为都必须以书面形式作成才能生效。票据当事人应当使用中国人民银行规定的统一格式的票据，未使用按中国人民银行统一规定印制的票据，票据无效。

（2）票据签章

我国《票据法》规定："票据上的签章，为签名、盖章或者签名加盖章。"

票据上的签章是票据行为表现形式中绝对应记载的事项，如无该项内容，票据行为即为无效。票据上的签章因票据行为不同，签章人也不相同。票据签发时，由出票人签章；票据转让时，由背书人签章；票据承兑时，由承兑人签章；票据保证时，由保证人签章；票据代理时，由代理人签章；持票人行使票据权利时，由持票人签章；等等。

《票据法》规定："法人和其他使用票据的单位在票据上的签章，为该法人或者该单位的盖章加其法定代表人或者其授权的代理人的签章。"

《支付结算办法》第二十三条和《最高人民法院关于审理票据纠纷案件若干问题的规定》[①]（以下简称《票据法》司法解释）第四十条，就票据的签章要求作出了详尽的规定：

---

①《最高人民法院关于审理票据纠纷案件若干问题的规定》于2000年2月24日最高人民法院审判委员会第1102次会议通过，根据2020年12月23日最高人民法院审判委员会第1823次会议通过的《最高人民法院关于修改〈最高人民法院关于破产企业国有划拨土地使用权应否列入破产财产等问题的批复〉等二十九件商事类司法解释的决定》修正。

①银行汇票的出票人在票据上的签章和银行承兑汇票的承兑人的签章,应为经中国人民银行批准使用的该银行汇票专用章加其法定代表人或其授权的代理人的签名或者盖章。②商业汇票的出票人在票据上的签章,为该法人或者该单位的财务专用章或者公章加其法定代表人、单位负责人或者其授权的代理人的签名或者盖章。③银行本票的出票人在票据上的签章,应为经中国人民银行批准使用的该银行本票专用章加其法定代表人或者授权的代理人的签名或者盖章。④单位在票据上的签章,应为该单位的财务专用章或者公章加其法定代表人或其授权的代理人的签名或者盖章。⑤个人在票据上的签章,应为该个人的签名或者盖章。⑥支票的出票人和商业承兑汇票的承兑人在票据上的签章,应为其预留银行的签章。

根据《票据法》司法解释第四十一条的规定,银行汇票、银行本票的出票人以及银行承兑汇票的承兑人在票据上未加盖规定的专用章而加盖该银行的公章,支票的出票人在票据上未加盖与该单位在银行预留签章一致的财务专用章而加盖该出票人公章的,签章人应当承担票据责任。

关于票据的签名。《票据法》规定:"在票据上的签名,应当为该当事人的本名。"《票据管理实施办法》第十六条规定,该本名是指符合法律、行政法规以及国家有关规定的身份证件上的姓名。

出票人在票据上的签章不符合规定的,票据无效;承兑人、保证人在票据上的签章不符合规定的,或者无民事行为能力人、限制民事行为能力人在票据上签章的,其签章无效,但不影响其他符合规定签章的效力;背书人在票据上的签章不符合规定的,其签章无效,但不影响其前手符合规定签章的效力。

(3)票据记载事项

票据记载事项一般分为绝对记载事项、相对记载事项、任意记载事项等。

绝对记载事项是指票据法明文规定必须记载的,如无记载,票据或票据行为即为无效的事项。各类票据出票必须绝对记载的内容包括:①票据种类的记载,即汇票、本票、支票的记载;②票据金额的记载,《票据法》规定票据金额以中文大写和数码同时记载,两者必须一致,两者不一致的,票据无效;③票据收款人的记载,收款人是票据到期收取票款的人,并且是票据的初始权利人,因此,票据必须记载这一内容,否则票据即为无效;④出票或签发日期的记载,年月日的记载,一般是指出票年月日的记载,它是判定票据权利义务的发生、变更和终止的重要标准,因此,票据必须将此作为必须记载的事项,否则票据即为无效。

由于票据种类、票据行为的不同,记载的事项也不一样。正是基于票据金额、日期、收款人名称等内容在票据上的重要性,《票据法》规定:"票据金额、日期、收款人名称不得更改,更改的票据无效。"有关人员在进行票据行为时,必须严格审查这三项内容是否有过更改。如果确属记载错误或需要重新记载的,只能由出票人重新签发票据。在前述情形下,付款人或者代理人对此类票据付款的,应当承担责任。

相对记载事项是指某些应该记载而未记载,适用法律有关规定而不使票据或票据行为失效的事项。如《票据法》规定付款地为相对记载事项,若行为人没有记载,则付款人的营业场所、住所或经营居住地视为付款地。

任意记载事项是指《票据法》规定由当事人任意记载,一经记载即发生票据上效力的事项。如出票人或背书人在汇票上记载"不得转让",就属于任意记载事项,行为人不作记载,对票据效力不发生影响。一旦做了记载,就发生《票据法》规定的效力。

票据上可以记载《票据法》及《支付结算办法》规定事项以外的其他出票事项,但是该记载事项不具有票据上的效力,银行不负审查责任。

票据行为只有同时具备以上的实质要件和形式要件,才能发生法律效力,达到行为人预期的目的,否则票据行为即为无效。

(三)票据行为的代理

1. 票据代理概述

票据行为作为一种法律行为,可以由代理人代理进行。《票据法》规定,票据当事人可以委托其代理人在票据上签章,并应当在票据上表明其代理关系。

票据行为的代理必须具备以下条件:①票据当事人必须有委托代理的意思表示。该种授权委托一般以书面形式,即授权委托书的方式为宜。②代理人必须按被代理人的委托在票据上签章。代理人在行使代理权时,必须在票据上签章。如果代理人未在票据上签章,则不产生票据代理的效力。③代理人应在票据上表明代理关系,即注明"代理"字样或类似的文句。符合上述条件的,该票据行为的代理对被代理人产生法律效力,其后果由被代理人承担。

2. 无权代理

无权代理是指行为人没有被代理人的授权而以代理人名义在票据上签章的行为。《票据法》规定,没有代理权而以代理人名义在票据上签章的,应当由签章人承担票据责任,即签章人应承担向持票人支付票据金额的义务。

3. 越权代理

越权代理是指代理人超越代理权限而使被代理人增加票据责任的代理行为。《票据法》规定,代理人超越代理权限的,应当就其超越权限的部分承担票据责任。

三、票据权利

(一)票据权利的概念

票据权利是指持票人向票据债务人请求支付票据金额的权利。根据我国《票据法》的规定,票据权利包括付款请求权和追索权。

(二)票据权利的取得

票据权利的取得,也称票据权利的发生。票据权利以持有票据为依据,行为人合法取得票据,即取得了票据权利。

1. 票据权利取得的方式

取得票据的方式主要有:①出票取得。出票是创设票据权利的票据行为,从出票人处取得票据,即取得票据权利。②转让取得。票据通过背书或交付等方式可以转让他人,以此取得票据即获得票据权利。③通过税收、继承、赠与、企业合并等方式取得票据。

2. 票据权利取得的限制

（1）票据的取得，必须给付对价。即应当给付票据双方当事人认可的相对应的代价。无对价或无相当对价取得票据的、不享有票据权利。因税收、继承、赠与可以依法无偿取得票据的，不受给付对价的限制。但是，所享有的票据权利不得优于其前手。

（2）依法善意取得。因欺诈、偷盗、胁迫、恶意取得票据或因重大过失取得不符合法律规定的票据的，不得享有票据权利。

（三）票据权利的行使与保全

1. 票据权利的行使

票据权利的行使，是指票据权利人向票据债务人提示票据，请求实现票据权利的行为。如请求承兑、提示票据请求付款、行使追索权等。持票人行使票据权利，应当按照法定程序在票据上签章、并出示票据。

2. 票据权利的保全

票据权利的保全，是指票据权利人为防止票据权利的丧失而实施的行为。如：为防止付款请求权与追索权因时效而丧失，采取中断时效的行为；为防止追索权丧失而请求作成拒绝证明的行为；等等。

票据权利人为了防止票据权利丧失，在人民法院审理、执行票据纠纷案件时，可以请求人民法院依法对票据采取保全措施或者执行措施。经当事人申请并提供担保，对具有下列情形之一的票据，可以依法采取保全措施和执行措施：①不履行约定义务，与票据债务人有直接债权债务关系的票据当事人所持有的票据；②持票人恶意取得的票据；③应付对价而未付对价的持票人持有的票据；④记载有"不得转让"字样而用于贴现的票据；⑤记载有"不得转让"字样而用于质押的票据；⑥法律或者司法解释规定有其他情形的票据。

3. 票据权利行使、保全的时间和地点

持票人对票据债务人行使票据权利，或者保全票据权利，应当在票据当事人的营业场所和营业时间内进行，票据当事人无营业场所的，应当在其住所进行。

（四）票据权利的补救

票据权利与票据紧密相连，如果票据丧失，票据权利的实现就会受到影响。由于票据丧失并非出于持票人的本意，《票据法》规定了票据丧失后的三种补救措施，即挂失止付、公示催告和普通诉讼。

（1）挂失止付。挂失止付是指失票人将票据丧失的情况通知付款人并由接受通知的付款人暂停支付的一种方法。《票据法》规定，票据丧失，失票人可以及时通知票据的付款人挂失止付，但是，未记载付款人或者无法确定付款人及其代理付款人的票据除外。

（2）公示催告。公示催告是指在票据丧失后，由失票人向人民法院提出申请，请求人民法院以公告方法通知不确定的利害关系人限期申报权利，逾期未申报者，由人民法院通过除权判决宣告所丧失票据无效的一种制度。

（3）普通诉讼。普通诉讼是指丧失票据的失票人向人民法院提起民事诉讼，要求法院判定付款人向其支付票据金额的活动。

（五）票据权利的消灭

1. 票据权利的消灭的概念

票据权利的消灭是指因发生一定的法律事实而使票据权利不复存在。票据权利消灭之后，票据上的债权债务关系也随之消灭。

典型案例5-1　票据关系

2. 票据权利的消灭的法定情形

我国《票据法》着重规定了持票人的票据权利因时效届满而消灭的四种情形，即票据权利在下列期限内不行使而消灭：①持票人对票据的出票人和承兑人的权利，自票据到期日起2年。见票即付的汇票、本票，自出票日起2年。②持票人对支票出票人的权利，自出票日起6个月。③持票人对前手（不包括出票人）的追索权，自被拒绝承兑或者被拒绝付款之日起6个月。④持票人对前手（不包括出票人）的再追索权，自清偿日或者被提起诉讼之日起3个月。

除此之外，票据权利可因民事债权的消灭事由（如免除、抵销等事由）的发生而消灭。

四、票据抗辩

（一）票据抗辩的概念

票据抗辩是指票据债务人依照《票据法》的规定，对票据债权人拒绝履行义务的行为。票据抗辩是票据债务人的一种权利，是债务人保护自己的一种手段。

（二）票据抗辩的种类

根据抗辩原因及抗辩效力的不同，票据抗辩可分为两种：

1. 对物抗辩

对物抗辩，是指基于票据本身存在的事由而发生的抗辩。这一抗辩可以对任何持票人提出。其主要包括以下情形：①票据行为不成立而为的抗辩。如票据应记载的内容有欠缺、票据债务人无行为能力、无权代理或超越代理权进行票据行为、票据上有禁止记载的事项、背书不连续、持票人的票据权利有瑕疵等。②依票据记载不能提出请求而为的抗辩。如票据未到期、付款地不符等。③票据载明的权利已消灭或已失效而为的抗辩。如票据债权因付款、抵销、提存、免除、除权判决、时效届满而消灭等。④票据权利的保全手续欠缺而为的抗辩。如应作成拒绝证书而未作等。⑤票据上有伪造、变造情形而为的抗辩。

2. 对人抗辩

对人抗辩，是指票据债务人对抗特定债权人的抗辩。这一抗辩多与票据的基础关系有关。例如，甲签发一张票据给乙而购买商品，甲就可以乙未交货、不具有对价为由向乙主张抗辩。为此，《票据法》规定："票据债务人可以对不履行约定义务的与自己有直接债权债务关系的持票人，进行抗辩。"在理解这一规定时，应注意的是：票据债务人只能对基础关系中的直接相对人不履行约定义务的行为进行抗辩，该基础关系必须是该票据赖以产生的民事法律关系，而不是其他的民事法律关系；如果该票据已被不履行约定义务的持票人转让给第三人，而该第三人属善意、已对价取得票据的持票人，则票据债务人不能对其进行抗辩。

（三）票据抗辩的限制

票据抗辩的限制主要表现在：

1. 票据债务人不得以自己与出票人之间的抗辩事由对抗持票人。这就是说，如果票据债务人（如承兑人、付款人）与出票人之间存在抗辩事由（如出票人与票据债务人存在合同纠纷，出票人存入票据债务人的资金不够等），该票据债务人不得以此抗辩事由对抗持票人。

2. 票据债务人不得以自己与持票人的前手之间的抗辩事由对抗持票人。例如，票据债务人与持票人的前手（如背书人、保证人等）存在抵销关系，而持票人的前手将票据转让给了持票人，票据债务人就不能以其与持票人的前手存在抗辩事由而拒绝向持票人付款。

3. 凡是善意的、已付对价的正当持票人可以向票据上的一切债务人请求付款，不受前手权利瑕疵和前手相互间抗辩的影响。如持票人不知道其前手取得票据存在欺诈、偷盗、胁迫、重大过失等情形，并已为取得票据支付了相应的代价，那么票据债务人不能以持票人的前手存在权利瑕疵而对抗持票人。

持票人因税收、继承、赠与依法无偿取得票据的，由于其享有的权利不能优于其前手，故票据债务人可以对持票人前手的抗辩事由对抗该持票人。

五、票据的伪造和变造

（一）票据的伪造

1. 票据伪造的概念

票据的伪造是指假冒他人名义或虚构人的名义而进行的票据行为，包括票据的伪造和票据上签章的伪造。前者是指假冒他人或虚构人的名义进行出票行为，如在空白票据上伪造出票人的签章或者盗盖出票人的印章而进行出票；后者是指假冒他人名义进行出票行为之外的其他票据行为，如伪造背书签章、承兑签章、保证签章等。

2. 票据伪造的效力

票据的伪造行为是一种扰乱社会经济秩序、损害他人利益的行为，在法律上不具有任何票据行为的效力。由于其自始无效，故持票人即使是善意取得，对被伪造人也不能行使票据权利。对伪造人而言，由于票据上没有以自己名义所作的签章，因此也不承担票据责任。但是，如果伪造人的行为给他人造成损害的，应承担民事责任，构成犯罪的，还应承担刑事责任。

根据《票据法》的规定，票据上有伪造签章的，不影响票据上其他真实签章的效力。持票人依法提示承兑、提示付款或行使追索权时，在票据上真实签章人不能以票据伪造为由进行抗辩。

（二）票据的变造

1. 票据变造的概念

票据的变造是指无权更改票据内容的人，对票据上签章以外的记载事项加以变更的行为。例如，变更票据上的到期日、付款日、付款地、金额等。构成票据的变造，须符合以下条件：①变造的票据是合法成立的有效票据；②变造的内容是票据上所记载的除签章以外的事项；③变造人无权变更票据的内容。

有些行为与票据的变造相似，但不属于票据的变造：①有变更权限的人依法对票据进行的变更，这属于有效变更，不属于票据的变造；②在空白票据上经授权进行补记的，由于该空白票据欠缺有效成立的条件，此等补记只是使票据符合有效票据的条件，不属于票据的变造；③变更票据上的签章的，属于票据的伪造，而不属于票据的变造。

2. 票据变造的效力

票据的变造应依照签章是在变造之前或之后来承担责任。如果当事人签章在变造之前，应按原记载的内容负责；如果当事人签章在变造之后，则应按变造后的记载内容负责；如果无法辨别是在票据被变造之前或之后签章的，视同在变造之前签章。同时，尽管被变造的票据仍为有效，但是，票据的变造是一种违法行为，所以变造人的变造行为给他人造成经济损失的，应对此承担赔偿责任，构成犯罪的，应承担刑事责任。

另外，银行以善意且符合规定和正常操作程序的要求，对伪造、变造的票据的签章以及需要交验的个人有效身份证件进行了审查，未发现异常情况而支付金额的，对出票人或付款人不再承担受托付款的责任，对持票人或收款人不再承担付款的责任。

第二节 汇　　票

一、汇票概述

（一）汇票的概念和特征

汇票是出票人签发的、委托付款人在见票时或者在指定日期无条件支付确定的金额给收款人或者持票人的票据。它具有以下法律特征：

（1）汇票有三个基本当事人，即出票人、付款人和收款人。由于这三个当事人在汇票发行时既已存在，故属基本当事人，缺一不可。但是随着汇票的背书转让、汇票上设立保证等，被背书人、保证人等也成为汇票上的当事人。

（2）汇票是由出票人委托他人支付的票据，是一种委付证券，而非自付证券。

（3）汇票是在见票时或指定到期日付款的票据。指定到期日是指定日付款、出票后定期付款、见票后定期付款三种形式。

（4）汇票是付款人无条件支付票据金额给持票人的票据，此处的持票人包括收款人、被背书人或受让人。

（二）汇票的分类

根据不同的标准，汇票可作不同的分类：

1. 依出票人的不同，可分为银行汇票和商业汇票

（1）银行汇票是出票银行签发的、由其在见票时按照实际结算金额无条件支付给收款人或者持票人的票据。银行汇票的出票银行为银行汇票的付款人。银行汇票一般由汇款人将款项交存当地银行，由银行签发给汇款人持往异地办理转账结算或支取现金。单位、个体经营户和个人需要使用各种款项，均可使用银行汇票。银行汇票可以用于转账，填明"现金"字样的银行汇票也可以用于支取现金。银行汇票的提示付款期限自出票日起1个月。

（2）商业汇票是出票人签发的、委托付款人在指定日期无条件支付确定的金额给收款人或者持票人的票据。商业汇票的出票人为银行以外的企业或其他组织；其付款人可以是银行，也可以是银行以外的企业或其他组织。凡由银行承兑的，称为银行承兑汇票；凡由银行以外的付款人承兑的，称为商业承兑汇票。商业汇票的付款期限，最长不得超过6个月；商业汇票的提示付款期限，自汇票到期日起10日。

2. 依汇票到期日的不同，汇票分为即期汇票和远期汇票

（1）即期汇票是指见票即行付款的汇票，包括注明见票即付的汇票、到期日与出票日相同的汇票以及未记载到期日的汇票（以提示日为到期日）。

（2）远期汇票是指约定一定的到期日付款的汇票，包括定期付款汇票、出票后定期付款汇票（也叫计期汇票）和见票后定期付款汇票。

3. 其他分类

（1）依记载收款人的方式不同为标准，汇票可分为记名汇票和无记名汇票。
（2）以签发和支付地点不同，汇票可分为国内汇票和国际汇票。
（3）以银行对付款的要求不同，汇票可分为跟单汇票和原票。

二、汇票的出票

（一）出票的概念

出票也称发票，是指出票人签发票据并将其交付给收款人的票据行为。出票包括两个行为：一是出票人依照《票据法》的规定作成票据，即在原始票据上记载法定事项并签章；二是交付票据，即将作成的票据交付给他人占有。这两者缺一不可。

汇票的出票人在为出票行为时，必须与付款人具有真实的委托付款关系，并且具有支付汇票金额的可靠资金来源；汇票的出票人不得签发无对价的汇票用以骗取银行或者其他票据当事人的资金。由于汇票是出票人委托付款人向持票人支付票据金额的一种委付证券，故出票人与付款人之间必须存在真实的支付委托关系，即出票人与付款人之间必须存在事实上的资金关系或者其他的债权债务关系。与此同时，出票人在出票时，必须确保在汇票不承兑或不获付款时，具有足够的清偿能力。汇票的签发必须给付对价，即出票人不得与其他当事人相互串通，利用签发没有对价的承兑汇票，通过转让、贴现

来骗取银行或其他票据当事人的资金。

（二）出票的记载事项

汇票是要式证券，出票是要式行为，汇票出票必须依据《票据法》的规定记载一定的事项，符合法定的格式。

1. 绝对记载事项

汇票的绝对记载事项包括七个方面的内容，如果汇票上未记载其中内容之一的，汇票无效。

（1）表明"汇票"的字样。在票据上必须记载足以表明该票据是汇票的文字。如果没有该等文字，则汇票无效。

（2）无条件支付的委托。表明出票人委托付款人支付汇票金额是不附带任何条件的。如果汇票附有条件（如收货后付款），则汇票无效。

（3）确定的金额。这是指汇票上记载的金额必须是固定的数额。如果汇票上记载的金额是不确定的，汇票将无效。在实践中，银行汇票记载的金额有汇票金额和实际结算金额。汇票金额是指出票时汇票上应该记载的确定金额；实际结算金额是指不超过汇票金额，而另外记载的具体结算的金额。汇票上记载有实际结算金额的，以实际结算金额为汇票金额。如果银行汇票记载汇票金额而未记载实际结算金额，并不影响该汇票的效力，而以汇票金额为实际结算金额。实际结算金额只能小于或等于汇票金额，如果实际结算金额大于汇票金额的，实际结算金额无效，以汇票金额为付款金额。收款人受理申请人交付的银行汇票时，应在出票金额以内，根据实际需要的款项办理结算，并将实际结算金额和多余金额准确、清晰地填入银行汇票解讫通知的有关栏内。未填明实际结算金额和多余金额或实际结算金额超过出票金额的，银行不予受理。

（4）付款人名称。付款人是指出票人在汇票上记载的委托支付汇票金额的人。汇票上未记载付款人，则汇票无效。

（5）收款人名称。收款人是指出票人在汇票上记载的受领汇票金额的最初票据权利人。我国《票据法》不允许签发无记名汇票，汇票上应将收款人名称作为应记载的绝对事项，以利于汇票的转让和流通，减少发生纠纷。

（6）出票日期。这是指出票人在汇票上记载的签发汇票的日期。出票日期在法律上具有重要的作用，可以确定出票后定期付款汇票的付款日期、见票即付汇票的付款提示期限、见票后定期付款汇票的承兑提示期限，确定利息起算日，确定某些票据权利的时效期限，确定保证成立的日期，判定出票人在出票时的行为能力状态以及代理人的代理权限状态等。

（7）出票人签章。这是指出票人在票据上亲自书写自己的姓名或盖章。这一问题在前述有关内容已作说明。如果汇票出票人不在汇票上签章，则汇票无效。

2. 相对记载事项

相对记载事项是指在出票时应当予以记载，但如果未作记载、可以通过法律的直接规定来补充确定的事项，未记载该事项并不影响汇票本身的效力，汇票仍然有效。

(1) 付款日期

这是指支付汇票金额的日期。汇票除见票即付外，其金额一般是在签发汇票后一段时间才支付。因此，汇票应记载一个付款日期以作为票据权利人行使票据权利的依据。但是，如果汇票上未记载付款日期，并不必然导致票据的无效，根据《票据法》的规定，此为见票即付。

关于付款日期，《票据法》规定了四种形式，即见票即付、定日付款、出票后定期付款、见票后定期付款。付款日期为汇票到期日。出票人签发汇票时，只能在这四种法定形式中选定，而不能选用法定形式以外的其他任何形式。

(2) 付款地

这是指汇票金额的支付地点。付款地应在票据上加以明确记载，以便于收款人或持票人知道在何地提示付款。但是，如果汇票上未记载付款地的，也不必然导致票据无效，而是依据法律的规定确定付款地。根据《票据法》的规定，汇票上未记载付款地的，付款地为付款人的营业场所、住所或者经常居住地。付款人的营业场所为其从事生产经营活动的固定场所，付款人没有经营场所的，以其住所为付款地，住所与经常居住地不一致的，则以其经常居住地为付款地。

(3) 出票地

这是指出票人签发票据的地点。如果汇票上未记载出票地的，根据《票据法》的规定，出票人的营业场所、住所或者经常居住地为出票地。

3. 非法定记载事项

非法定记载事项是指法律规定以外的记载事项。《票据法》规定，汇票上可以记载《票据法》规定事项以外的其他出票事项，但是该记载事项不具有汇票上的效力。法律规定以外的事项主要是指与汇票的基础关系有关的事项，如签发票据的原因或用途、该票据项下交易的合同号码等。

（三）出票的效力

出票是以创设票据权利为目的的票据行为。出票人依照《票据法》的规定完成出票行为之后，即对汇票当事人产生票据法上的效力。

1. 对出票人的效力

出票人签发汇票后，即承担保证该汇票承兑和付款的责任。出票人在汇票得不到承兑和付款时，应当向持票人清偿法律规定的金额和费用。

2. 对付款人的效力

出票行为是单方行为，付款人并不因此而有付款义务，只是基于出票人的付款委托而使其具有承兑人的地位，只有在其对汇票进行承兑后，付款人才成为汇票上的主债务人。

3. 对收款人的效力

收款人取得出票人发出的汇票后，即取得票据权利。一方面，就票据金额享有付款请求权；另一方面，在该请求权不能满足时，享有追索权。同时，收款人享有依法转让票据的权利。

三、汇票的背书

（一）汇票背书概述

背书是指持票人以转让汇票权利或授予他人一定的票据权利为目的，按法定的事项和方式在票据背面或者粘单上记载有关事项并签章的票据行为。《票据法》规定，持票人可以将汇票权利转让给他人或者将一定的汇票权利授予他人行使，持票人行使此项权利时，应当背书并交付汇票。

如果出票人在汇票上记载"不得转让"字样，该汇票不得转让。根据《票据法》司法解释的规定，对于记载"不得转让"字样的票据，其后手以此票据进行贴现、质押的，通过贴现、质押取得票据的持票人主张票据权利的，人民法院不予支持。这是有关出票人的禁止背书的规定。尽管此处标明的是"不得转让"，但在实践中只要表明了禁止背书的含义，如"禁止背书""禁止转让"等字样，也是有效的。依此规定，如果收款人或持票人将出票人作禁止背书的汇票转让的，该转让不发生票据法上的效力，出票人和承兑人对受让人不承担票据责任。

（二）背书的形式

背书是一种要式行为，必须符合法定的形式，即其必须作成背书并交付，才能有效成立。背书应当在票据背面或粘单上完成。

（1）背书签章和背书日期的记载。背书由背书人签章并记载背书日期。背书未记载日期的，视为在汇票到期日前背书。

（2）被背书人名称的记载。汇票以背书转让或者以背书将一定的票据权利授予他人行使时，必须记载被背书人名称。如果背书人不作成记名背书，即不记载被背书人名称，而将票据交付他人的，持票人在票据被背书人栏内记载自己的名称与背书人记载具有同等法律效力。

（3）禁止背书的记载。背书人可以在汇票上记载"不得转让"或类似字样，背书人在汇票上记载"不得转让"字样，其后手再背书转让的，原背书人对其后手的被背书人不承担保证责任。背书人的禁止背书是背书行为的一项任意记载事项，如果背书人不愿意对其后手以后的当事人承担票据责任，即可在背书时记载禁止背书。

（4）粘单的使用。票据凭证不能满足背书人记载的需要时可以加附粘单，粘贴于票据上，粘单上的第一记载人应当在汇票与粘单的粘接处签章。

（5）背书不得记载的内容：①附有条件的背书。附有条件的背书是指背书人在背书时，记载一定的条件，以限制或者影响背书效力。背书时附有条件的，所附条件不具有汇票上的效力。②部分背书。部分背书是指背书人在背书时，将汇票金额的一部分或者将汇票金额分别转让给两人以上的背书。将汇票金额的一部分或者将汇票金额分别转让给两人以上的背书无效。

（三）背书连续

背书连续是指在票据转让中，转让汇票的背书人与受让汇票的被背书人在汇票上的签章依次前后衔接。也就是说，票据上记载的多次背书，从第一次到最后一次在形式上都是连续而无间断的。以背书转让的汇票，背书应当连续。如果背书不连续，付款人可以拒绝向持票人付款，否则付款人自行承担责任。

背书连续主要是指背书在形式上连续，如果背书在实质上不连续，如有伪造签章等、付款人仍应对持票人付款。但是，如果付款人明知持票人不是真正票据权利人则不得向持票人付款，否则应自行承担责任。

对于非经背书转让，而以其他合法方式取得票据的，如继承，不涉及背书连续的问题。只要取得票据的人依法举证，表现其合法取得票据的方式，证明其汇票权利，就能享有票据上的权利。

（四）委托收款背书和质押背书

委托收款背书和质押背书属非转让背书，具有自己的特殊性。

1. 委托收款背书

委托收款背书，是指持票人以行使票据上的权利为目的，而授予被背书人以代理权的背书。该背书方式不以转让票据权利为目的，而是以授予他人一定的代理权为目的，其确立的法律关系不属于票据上的权利转让与被转让关系，而是背书人与被背书人之间在民法上的代理关系，该关系形成后，被背书人可以代理行使票据上的一切权利。在此情形下，被背书人只是代理人，而未取得票据权利，背书人仍是票据权利人。

《票据法》规定，背书记载"委托收款"字样的，被背书人有权代背书人行使被委托的汇票权利。但是，被背书人不得再以背书转让汇票权利。被背书人因委托收款背书而取得代理权后，可以代为行使付款请求权和追索权，在具体行使这些权利的过程中，还可以请求作成拒绝证明、发出拒绝事由通知、行使利益偿还请求权等，但不能行使转让票据等处分权利，否则，原背书人对后手的被背书人不承担票据责任，但不影响出票人、承兑人以及原背书人的前手的票据责任。

委托收款背书与其他背书一样，持票人依据法律规定的记载事项作成背书并交付，才能生效。

2. 质押背书

质押背书，是指持票人以票据权利设定质权为目的而在票据上作成的背书。背书人是原持票人，也是出质人，被背书人则是质权人。质押背书确立的是一种担保关系，即在背书人（原持票人）与被背书人之间产生一种质押关系，而不是一种票据权利的转让与被转让关系。因此，质押背书成立后，即背书人作成背书并交付，背书人仍然是票据权利人，被背书人并不因此而取得票据权利。但是，被背书人取得质权人地位后，在背书人不履行其债务的情况下，可以行使票据权利，并从票据金额中按担保债权的数额优先得到偿还。如果背书人履行了所担保的债务，被背书人则必须将票据返还背书人。

质押背书与其他背书一样，也必须依照法定的形式作成背书并交付。《票据法》规定，质押时应当以背书记载"质押"字样。但如果在票据上记载质押文句表明了质押意思的，如"为担保""为设质"等，也应视为其有效。如果记载"质押"文句的其后手再背书转让或者质押的，原背书人对后手的被背书人不承担票据责任，但不影响出票人、承兑人以及原背书人的前手的票据责任。被背书人依法实现其质权时，可以行使汇票权利。这里所指的汇票权利包括付款请求权和追索权以及为实现这些权利而进行的一切行为，如提示票据、请求付款、受领票款、请求作成拒绝证明、进行诉讼等。

以汇票设定质押时，出质人在汇票上只记载了"质押"字样而未在票据上签章的，或者出质人未在汇票、粘单上记载"质押"字样而另行签订质押合同、质押条款的，不构成票据质押。此外，贷款人恶意或者有重大过失从事票据质押贷款的，质押行为无效。

（五）法定禁止背书

1. 法定禁止背书的概念

法定禁止背书是指根据《票据法》的规定而禁止背书转让的情形。由于法律规定在某些情况下，汇票不得背书转让，因此，如果背书人将此类汇票以背书方式转让的应当承担汇票责任。《票据法》规定：汇票被拒绝承兑、被拒绝付款或者超过付款提示期限的，不得背书转让；背书转让的，背书人应当承担汇票责任。

2. 法定禁止背书的情形

（1）被拒绝承兑的汇票

被拒绝承兑的汇票是指持票人在汇票到期日前，向付款人提示承兑而遭拒绝的汇票。汇票上的付款人只有在汇票承兑后，才是汇票上的主债务人。如果付款人对汇票拒绝承兑的，就不具有汇票上债务人的地位，不承担支付票据金额的责任。因此，收款人或持票人虽然在汇票成立时即已取得付款请求权，但因付款人拒绝承兑，该付款请求权也就无法确定，当然也就不能将这种付款请求权再背书转让。在付款人拒绝承兑的情况下，收款人或持票人只能向其前手行使追索权，取得票据金额；如果其将这种票据转让，受让人取得该汇票时，也只能通过向该背书人行使追索权，取得票据金额。

（2）被拒绝付款的汇票

被拒绝付款的汇票是指对不需承兑的汇票或者已经付款人承兑的汇票，持票人于汇票到期日向付款人提示付款而被拒绝的汇票。被拒绝付款的汇票，付款人即使对汇票已作承兑，负有于汇票到期日无条件付款的责任，但是，付款人在汇票到期日拒绝付款的，收款人或者持票人的付款请求权也不能得到实现。如果持票人将该种汇票再行转让，受让人尽管也可以取得付款请求权，但实现的可能性极小。因此，《票据法》禁止将该种票据再行背书转让，如果背书转让的，背书人应承担汇票责任，受让人有权向该背书人行使追索权。

（3）超过付款提示期限的汇票

超过付款提示期限的汇票是指持票人未在法定付款提示期间内向付款人提示付款的汇票。法定付款提示期间是法律规定的由收款人或者持票人行使付款请求权的期限。收款人或者持票人应当在汇票到期日起至法定提示期间届满前行使付款请求权，如果收款人或持票人未在此期间内行使付款请求权，即丧失对其前手的追索权。因此，《票据法》规定不允许将该种汇票再行转让，否则，受让人的利益就可能受到损害。背书人以背书将该种票据进行转让，应该承担汇票责任。

四、汇票的承兑

(一)承兑的概念

承兑是指汇票付款人承诺在汇票到期日支付汇票金额的票据行为。承兑是汇票特有的制度。付款人承兑汇票后,作为汇票承兑人,便成为汇票的主债务人,应当承担到期付款的责任。

(二)承兑的程序

1. 提示承兑

提示承兑是指持票人向付款人出示汇票,并要求付款人承兑付款的行为。因汇票付款日期的形式不同,提示承兑的期限也不一样。

(1)定日付款和出票后定期付款汇票的提示承兑期限。定日付款或者出票后定期付款的汇票,持票人应当在汇票到期日前向付款人提示承兑。上述两类汇票的提示承兑期限是从出票人出票日起至汇票到期日止。在此期间,持票人应当向付款人提示承兑。否则,丧失对其前手的追索权。

(2)见票后定期付款汇票的提示承兑期限。见票后定期付款的汇票,持票人应当自出票日起1个月内向付款人提示承兑。汇票未按照规定期限提示承兑的,持票人丧失对其前手的追索权。见票后定期付款汇票的付款日期,是以见票日为起算日期来确定的,汇票不经提示承兑,就无法确定见票日,也就无法确定付款日期,持票人便无法行使票据权利,因此,该种汇票属于必须提示承兑的汇票。

(3)见票即付汇票的提示承兑问题。见票即付的汇票无须提示承兑。这种汇票主要包括两种:一是汇票上明确记载有"见票即付"的汇票;二是汇票上没有记载付款日期,根据法律规定视为见票即付的汇票。我国的银行汇票,未记载付款日期,属于见票即付的汇票,该汇票无须提示承兑。

2. 承兑成立

(1)承兑时间

持票人向付款人提示承兑后,付款人应决定是否承兑。《票据法》规定,付款人对向其提示承兑的汇票,应当自收到提示承兑的汇票之日起3日内承兑或者拒绝承兑。如果付款人在3日内不作承兑与否表示的,应视为拒绝承兑,持票人可以请求其作出拒绝承兑证明,向其前手行使追索权。

(2)接受承兑

付款人收到持票人提示承兑的汇票时,应当向持票人签发收到汇票的回单。回单是持票人收到付款人向其出具的已收到请求承兑汇票的证明。回单上应当记明汇票提示承兑日期并签章。

(3)承兑的格式

付款人承兑汇票的,应当在汇票正面记载"承兑"字样和承兑日期并签章;见票后定期付款的汇票,应当在承兑时记载付款日期。汇票上未记载承兑日期的,以持票人提示承兑之日起的第 3 日，即付款人 3 日承兑期的最后一日为承兑日期。

汇票承兑的应记载事项必须记载于汇票的正面，而不能记载于汇票的背面或粘单上。在实务中，承兑的应记载事项一般已全部印在正式的标准格式上，因而只需付款人填写即可。

（4）退回已承兑的汇票

付款人依承兑格式填写完毕应记载事项后，并不意味着承兑生效，只有在其将已承兑的汇票退回持票人时才产生承兑的效力。付款人承兑汇票不得附有条件；承兑附有条件的，视同拒绝承兑。

（三）承兑的效力

付款人承兑汇票后，应当承担到期付款的责任。到期付款的责任是一种绝对责任。具体表现在：①承兑人于汇票到期日必须向持票人无条件地支付汇票上的金额，否则其必须承担迟延付款责任；②承兑人必须对汇票上的一切权利人承担责任，这些权利人包括付款请求权人和追索人；③承兑人不得以其与出票人之间的资金关系来对抗持票人，拒绝支付汇票金额；④承兑人的票据责任不因持票人未在法定期限提示付款而解除。

五、汇票的保证

（一）保证的概念

保证是指票据债务人以外的他人充当保证人，担保票据债务履行的票据行为。保证的作用在于加强持票人票据权利的实现，确保票据付款义务的履行，促进票据流通。

（二）保证的当事人

保证的当事人为保证人与被保证人。

1. 保证人

保证人必须是由汇票债务人以外的他人担当。已成为票据债务人的，不得再充当票据上的保证人。此外，保证人应是具有代为清偿票据债务能力的法人、其他组织或者个人。国家机关、以公益为目的的事业单位、社会团体、企业法人的分支机构和职能部门不得为保证人；但是经国务院批准为使用外国政府或者国际经济组织贷款进行转贷，国家机关提供票据保证的，以及企业法人的分支机构在法人书面授权范围内提供票据保证的除外。票据保证无效的，票据的保证人应当承担与其过错责任相应的民事责任。

2. 被保证人

被保证人是指票据关系中已有的债务人，包括出票人、背书人、承兑人等。票据债务人一旦由他人为其提供保证，其在保证关系中就被称为被保证人。

（三）保证事项的记载

在办理保证手续时，保证人必须在汇票或粘单上记载下列事项：①表明"保证"的字样。②保证人名称和住所。③被保证人的名称。④保证日期。⑤保证人签章。其中，"保证"的字样和保证人签章为绝对记载事项，被保证人的名称、保证日期和保证人住所为相对记载事项。保证人在汇票或者粘单上未记载被保证人的名称的,已承兑的汇票,以承兑人为被保证人;未承兑的汇票,以出票人为被保证人。保证人在汇票或者粘单上未记载保证日期的,以出票日期为保证日期。同时,保证不得附有条件;附有条件的,不影响对汇票的保证责任。

保证人为出票人、承兑人保证的,应将保证事项记载于汇票的正面;保证人为背书人保证的,应将保证事项记载于汇票的背面或粘单上。

(四)保证的效力

保证一旦成立,即在保证人与被保证人之间产生法律效力,保证人必须对保证行为承担相应的责任。

1. 保证人的责任

保证人对合法取得汇票的持票人所享有的汇票权利,承担保证责任。但是,被保证人的债务因票据记载事项欠缺而无效的除外。被保证的汇票,保证人应当与被保证人对持票人承担连带责任。汇票到期后得不到付款的,持票人有权向保证人请求付款,保证人应当足额付款。

2. 共同保证人的责任

共同保证是指保证人为两人以上的保证。保证人为两人以上的,保证人之间承担连带责任。

3. 保证人的追索权

保证人清偿汇票债务后,可以行使持票人对被保证人及其前手的追索权。

六、汇票的付款

(一)汇票付款的概念

汇票付款是指付款人依据票据文义支付票据金额,以消灭票据关系的行为。

(二)付款的程序

付款的程序包括付款提示与支付票款。

1. 付款提示

付款提示是指持票人向付款人或承兑人出示票据,请求付款的行为。

《票据法》规定,持票人应当按照下列期限提示付款:①见票即付的汇票,自出票日起 1 个月内向付款人提示付款。②定日付款、出票后定期付款或者见票后定期付款的汇票,自到期日起 10 日内向承兑人提示付款。持票人未按照上述规定期限内提示付款的,在作出说明后,承兑人或者付款人仍应当继续对持票人承担付款责任。通过委托收款银行或者通过票据交换系统向付款人提示付款的,视同持票人提示付款。

此外,持票人在以下情形下可不为付款提示:①付款人拒绝承兑,无须再为其提示。②票据丧失,只能通过公示催告或普通诉讼来救济。③因不可抗力不能在规定期限提示,可直接行使追索权。④付款人或承兑人主体资格消灭,持票人无法提示。

2. 支付票款

持票人向付款人进行付款提示后，付款人无条件地在当日按票据金额足额支付给持票人。

在支付票款的过程中，持票人必须向付款人履行一定的手续，持票人获得付款的，应当在汇票上签收，即在票据的正面签章，表明持票人已经获得付款，并将汇票交给付款人。

付款人或者代理付款人在付款时应当履行审查义务，即应当审查持票人提示的汇票背书是否连续，并应审查提示付款人的合法身份证明或者有效证件。该等审查义务仅限于汇款格式是否合法，即汇票形式上的审查，而不负责实质上的审查。如果付款人或者其代理付款人以恶意或者有重大过失付款的，应当自行承担责任。此外，如果付款人对定日付款、出票后定期付款或者见票后定期付款的汇票在到期日前付款，应由付款人自行承担所产生的责任。在持票人不是票据权利人时，对于真正的票据权利人并不能免除其票据责任，而对由此造成损失的，付款人只能向非正当持票人请求赔偿。

如果汇票金额为外币的，应按照付款日的市场汇价，以人民币支付。汇票当事人对汇票支付的货币种类另有约定的，从其约定。

（三）付款的效力

付款人依法足额付款后，全体汇票债务人的责任解除。付款人依照票据文义及时足额支付票据金额之后，票据关系随之消灭，汇票上的全体债务人的责任予以解除。

七、汇票的追索权

（一）追索权的概念

追索权是指持票人在票据到期后不获付款或到期前不获承兑或有其他法定原因，并在实施行使或保全票据上权利的行为后，可以向其前手请求偿还票据金额、利息及其他法定款项的一种票据权利。追索权是在票据权利人的付款请求权得不到满足之后，法律赋予持票人对票据债务人进行追偿的权利。

追索权与付款请求权在权利行使对象上有一定的区别：后者的行使对象是票据上的付款人；前者的行使对象可以是票据上的主债务人，但主要还是票据上的次债务人，如票据上的出票人、背书人、保证人等。

（二）追索权发生的要件

1. 追索权发生的实质要件

根据《票据法》的规定，追索权发生的实质要件包括：①汇票到期被拒绝付款。②汇票在到期日前被拒绝承兑。③在汇票到期日前，承兑人或付款人死亡、逃匿的。④在汇票到期日前，承兑人或付款人被依法宣告破产或因违法被责令终止业务活动。发生上述情形之一的，持票人可以对背书人、出票人以及汇票的其他债务人行使追索权。

2. 追索权发生的形式要件

这一形式条件即持票人行使追索权必须履行一定的保全手续而不致使追索权丧失。

该等保全手续包括：第一，在法定提示期限提示承兑或提示付款；第二，在不获承兑或不获付款时，在法定期限内作成拒绝证明。根据《票据法》的有关规定，拒绝证明主要有：

（1）拒绝证书。拒绝证书是由国家授权的机关制作的用以证明持票人已依法行使票据权利而被拒绝，或者无法行使票据权利的一种公证书。拒绝证书分拒绝承兑证书和拒绝付款证书。持票人已请求作成拒绝承兑证书的，无须再请求作成拒绝付款证书。拒绝证书是公证机关制作的公证书，有一定的格式要求。

（2）退票理由书。汇票的持票人委托银行办理票据托收，或者向代理付款银行提示付款时，如果付款人或者代理付款银行拒绝付款，可由其出具退票理由书，说明退票理由。该退票理由书可起到拒绝证书的作用，即证明持票人已行使其权利而未获结果。故持票人有退票理由书就无须再请求作成拒绝证书。

（3）承兑人、付款人或者代理付款银行直接在汇票上记载提示日期、拒绝事由、拒绝日期并盖章。这也是拒绝证明的形式之一，可起到证明持票人已行使其权利而无结果的作用，可代替拒绝证书。

（4）持票人因承兑人或者付款人死亡、逃匿或者其他原因，不能取得拒绝证明的，可以依法取得其他有关证明。包括死亡证明、失踪证明书等。这些证明也具有拒绝证明的作用。

（5）人民法院的有关司法文件。承兑人或者付款人被人民法院依法宣告破产的，人民法院的有关司法文书具有拒绝证明的效力。这表明持票人在上述情形下无法向承兑人或者付款人提示承兑或者提示付款，故有权向其前手行使追索权。

（6）有关行政主管部门的处罚决定。承兑人或者付款人因违法被责令终止业务活动的，持票人也无法向承兑人或者付款人提示承兑或者提示付款，因而，处罚决定便具有拒绝证明的作用。

持票人出具上述文书之一的，即构成其行使追索权的形式要件。《票据法》规定，持票人不能出示拒绝证明、退票理由书或者未按照规定期限提供其他合法证明的，丧失对其前手的追索权。但是，承兑人或者付款人仍应当对持票人承担责任。

（三）追索权的行使

行使追索权一般包括由持票人发出追索通知、确定追索对象、请求偿还金额和受领清偿金额等。

1. 发出追索通知

（1）追索通知的当事人

追索通知的当事人分为通知人和被通知人。通知人是指持票人以及收到通知后再为通知的背书人及其保证人。持票人是最初的通知人，但收到持票人发来追索通知的债务人，如果在其前手还存在债务人，必须向其前手发出该追索通知，因此收到追索通知的债务人也可以成为通知人，这些债务人一般包括背书人及其保证人。被通知人是指向持票人承担担保承兑和付款的票据上的次债务人，他们都是被追索的当事人，因此被通知人可泛指持票人的一切前手，包括出票人、背书人、保证人等。

（2）通知的期限

《票据法》规定，持票人应当自收到被拒绝承兑或者被拒绝付款的有关证明之日起3日内，将被拒绝事由书面通知其前手；其前手应当自收到通知之日起3日内书面通知其再前手。持票人也可以同时向各汇票债务人发出书面通知。无论是持票人，还是收到追索通知的背书人及其保证人，发出追索通知的期限都是3日。持票人发出追索通知的起算日为其收到拒绝证明之日，收到追索通知的背书人及其保证人发出追索通知的起算日为其收到追索通知之日。

（3）通知的方式和通知应记载的内容

通知应当以书面形式发出，书面形式包括书信、电报、电传等。在规定期限内将通知按照法定地址或约定的地址邮寄的，视为已发出通知。书面通知应记明汇票的主要记载事项，并说明该汇票已被退票。

主要记载事项包括出票人、背书人、保证人以及付款人的名称和地址、汇票金额、出票日期、付款日期等。汇票退票的说明主要是指汇票不获承兑或者不获付款的原因。

（4）未在规定期限内发出追索通知的后果

如果持票人未按规定期限发出追索通知或其前手收到通知未按规定期限再通知其前手，持票人仍可以行使追索权，因延期通知给其前手或者出票人造成损失的，由没有按照规定期限通知的汇票当事人承担对该损失的赔偿责任，但是所赔偿的金额以汇票金额为限。

2. 确定追索对象

（1）确定追索对象

被追索人包括出票人、背书人、承兑人和保证人。持票人可以不按照汇票债务人的先后顺序，对其中任何一人、数人或者全体行使追索权。持票人对票据债务人中的一人或者数人已经进行追索的，对其他票据债务人仍可以行使追索权。但是，持票人为出票人的，对其前手无追索权。持票人为背书人的，对其后手无追索权。

（2）被追索人的责任承担

出票人、背书人、承兑人和保证人均为被追索人。被追索人对持票人承担连带责任。持票人对汇票债务人中的一人或者数人已经进行追索的，对其他汇票债务人仍可以行使追索权。被追索人清偿债务后，与持票人享有同一权利。

3. 请求偿还金额和受领清偿金额

（1）请求偿还金额

持票人行使追索权，可以请求被追索人支付的金额和费用包括：被拒绝付款的汇票金额；汇票金额自到期日或者提示付款日起至清偿日止，按照中国人民银行规定的同档次流动资金贷款利率计算的利息；取得有关拒绝证明和发出通知书的费用。由此可见，作为追索权标的的追索金额，通常要比作为付款请求权标的的票据金额要大。

被追索人在依前述内容向持票人支付清偿金额及费用后，可以向其他汇票债务人行使再追索权，请求其他汇票债务人支付相应的金额和费用，包括已清偿的全部金额，即为满足其后手（包括持票人或者其他追索权人）的追索权而支付的全部金额；前项金额自清偿日起至再追索日止，按照中国人民银行规定的同档次流动资金贷款利率计算的利息；发出通知书的费用，即指被追索人在追索过程中发生的费用。

（2）受领清偿金额

这是指持票人或行使再追索权的被追索人接受被追索人的清偿金额。持票人或行使再追索权的被追索人在接受清偿金额时，应当履行相应的义务，交出汇票和有关拒绝证明，并出具所收到利息和费用的收据。如果持票人或行使再追索权的被追索人拒绝履行该等义务的，被追索人即可拒绝清偿有关金额和费用。

（3）被追索人清偿债务后的效力

被追索人清偿债务后，其票据责任解除。同时，被追索人清偿债务后，与持票人享有同一票据权利，可以向其他汇票债务人行使再追索权，请求其他汇票债务人支付相应的金额和费用。

典型案例 5-2　汇票

第三节　本　票

一、本票概述

（一）本票的概念和特征

本票是出票人签发的，承诺自己在见票时无条件支付确定的金额给收款人或者持票人的票据。我国《票据法》规定的本票，是指银行本票。

与汇票相比，本票具有下列特征：①本票是自付证券。本票是由出票人约定自己付款的一种自付证券，其基本当事人有两个，即出票人和收款人，在出票人之外不存在独立的付款人。②本票无须承兑。在出票人完成出票行为之后，即承担了到期日无条件支付票据金额的责任，不需要在到期日前进行承兑。

（二）本票的种类

依照不同的标准，可以对本票作不同分类，例如记名本票、指示本票和不记名本票，远期本票和即期本票，银行本票和商业本票等。在我国，本票仅限于银行本票，且为记名本票和即期本票。

银行本票是银行签发的，承诺自己在见票时无条件支付确定的金额给收款人或者持票人的票据。单位和个人在同一票据交换区域需要支付各种款项，均可以使用银行本票。银行本票可以用于转账，注明"现金"字样的银行本票可以用于支取现金。银行本票分为定额银行本票和不定额银行本票。定额银行本票面额为1000元、5000元、1万元和5万元。

（三）本票适用汇票的有关规定

本票作为票据的一种，具有与其他票据相同的一般性质和特征，《票据法》只是对本票与其他票据不同的方面加以规定，即对其个性方面的问题作了特别规定，而有关其一般性的问题，则适用《票据法》总则有关的规定和汇票中的相关规定。除特别规定外，本票的背书、保证、付款行为和追索权的行使，适用汇票的有关规定。

二、本票的出票

本票的出票与汇票一样，包括作成票据和交付票据。本票的出票行为是以自己负担支付本票金额的债务为目的的票据行为。

（一）本票的出票人

本票的出票人必须具有支付本票金额的可靠资金来源，并保证支付。银行本票的出票人，为经中国人民银行当地分支行批准办理银行本票业务的银行机构。

（二）本票的记载事项

（1）本票的绝对记载事项。本票的绝对记载事项包括以下六个方面的内容：①表明"本票"字样。这是本票文句记载事项。②无条件支付的承诺。这是有关支付文句，表明出票人无条件支付票据金额，而不附加任何条件。③确定的金额。④收款人名称。⑤出票日期。⑥出票人签章。

（2）本票的相对记载事项。本票的相对记载事项包括两项内容：①付款地。本票上未记载付款地的，以出票人的营业场所为付款地。②出票地。本票上未记载出票地的，以出票人的营业场所为出票地。

此外，本票上可以记载《票据法》规定事项以外的其他出票事项，但是这些事项并不发生本票上的效力。

三、本票的付款

根据《票据法》的规定，银行本票是见票付款的票据，收款人或持票人在取得银行本票后，随时可以向出票人请求付款。

本票自出票日起，付款期限最长不得超过2个月。持票人在规定的期限提示本票的，出票人必须承担付款的责任。如果持票人超过提示付款期限不获付款的，在票据权利时效内向出票银行作出说明，并提供本人身份证或单位证明，可持银行本票向出票银行请求付款。

如果本票的持票人未按照规定期限提示本票的，丧失对出票人以外的前手的追索权。由于本票的出票人是票据上的主债务人，对持票人负有绝对付款责任，除票据时效届满而使票据权利消灭或者要式欠缺而使票据无效外，并不因持票人未在规定期限内向其行使付款请求权而使其责任得以解除。因此，持票人仍对出票人享有付款请求权，只是丧失对背书人及其保证人的追索权。

第四节 支 票

一、支票概述

（一）支票的概念

支票是出票人签发的，委托银行或者其他金融机构在见票时无条件支付一定金额给收款人或者持票人的票据。支票的基本当事人有三个：出票人、付款人和收款人。与汇票相同，与本票不同，支票是一种委付证券。支票与汇票和本票相比，有两个显著特征：①以办理存款业务的银行业金融机构作为付款人；②见票即付。

（二）支票的种类

依据不同的分类标准，可以对支票作不同的分类。《票据法》按照支付票款方式，将支票分为现金支票、转账支票和普通支票。

（1）现金支票。支票正面印有"现金"字样的为现金支票，现金支票只能用于支取现金。

（2）转账支票。支票正面印有"转账"字样的为转账支票，转账支票只能用于转账，不得支取现金。

（3）普通支票。支票上未印有"现金"或"转账"字样的为普通支票，普通支票可以用于支取现金，也可用于转账。普通支票用于转账时，应当在支票正面注明，即在普通支票左上角划两条平行线。有该划线标志的支票，也称为划线支票，划线支票只能用于转账，不得支取现金。

（三）支票适用汇票的有关规定

与本票一样，《票据法》只是对支票的个性方面的问题作了规定，而有关其一般性的问题，则适用《票据法》总则中的有关规定和汇票中的相关规定。除特别规定外，支票的背书、付款行为和追索权的行使，适用汇票的有关规定。

二、支票的出票

（一）支票出票的概念

出票人签发支票并交付的行为即为出票。支票出票人为在经中国人民银行当地分支行批准办理支票业务的银行机构开立可以使用支票的存款账户的单位和个人。

签发支票必须具备一定的条件：①开立账户。开立支票存款账户，申请人必须使用其本名，并提交证明其身份的合法证件。②存入足够支付的款项。开立支票存款账户和领用支票，应当有可靠的资信，并存入一定的资金。③预留印鉴。开立支票存款账户，申请人应当预留其本名的签名式样和印鉴。

（二）支票的记载事项

支票出票人作成有效的支票，必须按法定要求记载有关事项。

1. 绝对记载事项

签发支票必须记载下列事项：表明"支票"字样，这是支票文句的记载事项；无条件支付的委托，这是支票有关支付文句的记载事项，我国现行使用的支票记载支付的文句，一般是支票上已印好"上列款项请从我账户内支付"的字样；确定的金额；付款人名称，支票的付款人为支票上记载的出票人开户银行；出票日期；出票人签章。支票上未记载前款规定事项之一的，支票无效。

为了发挥支票灵活便利的特点，《票据法》规定了可以通过授权补记的方式记载两项绝对记载事项：①支票上的金额可以由出票人授权补记，未补记前的支票，不得使用。

这就是说，在支票金额未补记之前，收款人不得背书转让、提示付款。②支票上未记载收款人名称的，经出票人授权，可以补记。这可以理解为，出票人既可以授权收取支票的相对人补记，也可以由相对人再授权他人补记。例如，甲公司签发支票给乙公司，但是未记载收款人。乙公司为支付货款，直接将支票交付给丙公司，未作任何记载。丙公司将自己的名称记载为收款人后，持票向付款人主张票据权利甲公司、乙公司的行为，均符合《票据法》。也就是说，就支票而言，我国《票据法》承认了转让背书之外的这种票据权利转让方式。此外，出票人可以在支票上记载自己为收款人。

2. 相对记载事项

相对记载事项包括两项内容：①付款地。支票上未记载付款地的，付款人的营业场所为付款地。②出票地。支票上未记载出票地的，出票人的营业场所、住所或者经常居住地为出票地。

此外，支票上可以记载非法定记载事项，但这些事项并不发生支票上的效力。

（三）出票的其他法定条件

支票的出票行为取得法律上的效力，必须依法进行，除须按法定格式签发票据外，还须符合其他法定条件。这些法定条件包括：①禁止签发空头支票。出票人签发的支票金额超过其付款时在付款人处实有的存款金额的，为空头支票。支票的出票人签发支票的金额不得超过付款时其在付款人处实有的存款金额。②支票的出票人不得签发与其预留本名的签名式样或者印鉴不符的支票，使用支付密码的，出票人不得签发支付密码错误的支票。③签发现金支票和用于支取现金的普通支票，必须符合国家现金管理的规定。

（四）出票的效力

出票人作成支票并交付之后，对出票人产生相应的法律效力。《票据法》规定，出票人必须按照签发的支票金额承担保证向该持票人付款的责任。这一责任包括两项：①出票人必须在付款人处存有足够可处分的资金，以保证支票票款的支付；②当付款人对支票拒绝付款或者超过支票付款提示期限的，出票人应向持票人当日足额付款。

三、支票的付款

支票属于见票即付的票据，因此，《票据法》规定，支票限于见票即付，不得另行记载付款日期。另行记载付款日期的，该记载无效。

1. 支票的提示付款期限

持票人在请求付款时，必须为付款提示。支票的持票人应当自出票日起10日内提示付款；异地使用的支票，其提示付款的期限由中国人民银行另行规定。

超过提示付款期限提示付款的，付款人可以不予付款。付款人不予付款的，出票人仍应当对持票人承担票据责任。持票人超过提示付款期限的，并不丧失对出票人的追索权，出票人仍应当对持票人承担支付票款的责任。

2. 付款

持票人在提示期间内向付款人提示票据，付款人在对支票进行审查之后，如未发现有不符合规定之处,即应向持票人付款。出票人在付款人处的存款足以支付时,付款人应当在当日足额付款。

3. 付款责任的解除

付款人依法支付支票金额的,对出票人不再承担受委托付款的责任,对持票人不再承担付款的责任。但是,付款人以恶意或者有重大过失付款的除外。这里所指的恶意或者有重大过失付款是指付款人在收到持票人提示的支票时,明知持票人不是真正的票据权利人,支票的背书以及其他签章系属伪造,或者付款人不按照正常的操作程序审查票据等情形。在此情况下,付款人不能解除付款责任,由此造成损失的,由付款人承担赔偿责任。

第五章 即测即练题

本章思考题

1. 简述关键概念:票据、汇票、本票、支票、票据出票、票据背书、票据承兑、票据保证、票据付款、票据抗辩。
2. 简述票据的作用。
3. 简述票据的特征。
4. 简述票据权利的定义和种类。
5. 简述票据抗辩权的相关规定。
6. 简述汇票的背书及背书原则。

第六章 证券法律制度

本章学习目标

1. 了解:
(1) 证券法的本质;
(2) 证券的概念和种类;
(3) 证券法的基本原则。
2. 掌握:
(1) 证券发行的条件、证券交易的内涵及方式;
(2) 证券转让的限制性规定;
(3) 内幕交易行为;
(4) 上市公司股票暂停上市交易、终止上市交易的情形;
(5) 上市公司收购;
(6) 重大资产重组。
3. 运用:
(1) 运用证券法律制度分析内幕交易行为;
(2) 运用证券法律制度识别证券交易中的基本违法行为;
(3) 运用证券法的相关知识从事证券交易中的基本事务。

第六章 引导案例

第一节 证券法律制度概述

一、证券的概念与种类

(一) 证券的概念

证券是以证明或设定权利为目的所做成的一种书面凭证。证券有广义和狭义之分:广义的证券是证明持券人享有一定的经济权益的书面凭证,包括商品证券、货币证券和资本证券。商品证券是指对货物有提取权的证明,它证明证券持有人可以凭证券提取该证券上所列明的货物,如提单、仓单、运输单证、提货单等。货币证券是指可以用来代替货币使用的有价证券,主要是用于企业之间的商品交易、劳务报酬的支付和债权债务清算的信用工具,如汇票、本票、支票等。资本证券是指把资本提供给企业或国家的一种书面证明文件,主要包括股权证券(所有权证券)和债权证券,如各种股票、债券、期货合约及其他金融衍生品合约等。狭义的证券仅指资本证券,这也是证券法和本章所要介绍的证券。

(二)证券的种类

按照不同的标准,证券可以分为不同的种类。目前我国证券市场上发行和流通的证券主要有以下几类:

1. 股票

股票是股份有限公司签发的,证明股东所持股份的凭证。我国证券市场上流通的股票有人民币普通股(A股或内资股,是由我国境内的公司发行,以人民币认购和交易的普通股股票。本章讨论的主要就是A股)和境内上市外资股(B股是以人民币标明面值,以外币认购和买卖,在境内(上海、深圳)证券交易所上市交易的股票)。另外,中国境内注册的公司还可以发行境外上市外资股,包括H股(香港上市)、N股(纽约上市)、S股(新加坡上市)等。

2. 债券

债券是政府、金融机构、公司企业等单位依照法定程序发行的,约定在一定期限还本付息的有价证券。债券是一种债权凭证,是一种到期还本付息的有价证券,它具有风险性小和流通性强的特点。债券按发行主体不同可分为企业债券、公司债券(含可转换公司债券)、金融债券和政府债券。

3. 存托凭证

存托凭证是指在一国证券市场流通的,代表外国公司有价证券的可转让凭证,由存托人签发,以境外证券为基础在境内发行,代表境外基础证券权益的证券。中国存托凭证(Chinese Depository Receipt,CDR)是指境外(包含中国香港)的上市公司将部分已发行上市的股票托管在当地保管银行,由境内的存托银行发行、在境内A股市场上市、以人民币交易结算、供国内投资者买卖的投资凭证。只有注册地在境外的公司才能在国内发行中国存托凭证,发行目的是进行内地融资,实现股票的异地买卖。

4. 证券投资基金

证券投资基金是指通过公开或者非公开方式募集投资者资金,由基金管理人管理,基金托管人托管,从事股票、债券等金融工具组合投资的一种利益共享、风险分散的集合证券投资方式。证券投资基金,依照其运作方式不同可以分为封闭式基金和开放式基金。①封闭式基金,是指基金份额总额在基金合同期限内固定不变,基金份额持有人不得申请赎回的基金。②开放式基金,是指基金份额总额不固定,基金份额可以在基金合同约定的时间和场所申购或者赎回的基金。

5. 资产支持证券

资产支持证券（Asset-backed Securities，ABS）是由受托机构发行的、代表特定目的信托受益权份额。本质上，资产支持证券是一种债券性质的金融工具，其向投资者支付的本息来自于基础资产池产生的现金流或剩余权益，与股票和一般债券不同，资产支持证券不是对某一经营实体的利益要求权，而是对基础资产池所产生的现金流和剩余权益的要求权，是一种资产信用支持的证券。

6. 资产管理产品

资产管理产品是指接受投资者委托，对受托投资者提供财产投资和管理服务的银行、信托、证券、基金、期货、保险资产管理机构、金融资产投资公司等金融机构发行的，由其担任资产管理人，由托管机构担任资产托管人，为资产委托人的利益运用委托财产进行投资的一种标准化金融产品。资产管理产品按照募集方式的不同，分为公募产品和私募产品；按照投资性质的不同，分为固定收益类产品、权益类产品、商品及金融衍生品类产品和混合类产品。

7. 认股权证

认股权证是股份有限公司给予持证人的无限期或在一定期限内，以确定价格购买一定数量普通股份的权利凭证。认股权证是持证人认购公司股票的一种长期选择权，本身不是权利证明书，其持有人不具备股东资格，认股权证的收益主要来自其依法转让的收益。

8. 期货

期货是指买卖双方通过签订标准化合约，同意按指定的时间、价格与其他交易条件，交收指定数量的现货。按照现货标的物的种类不同，期货可以分为商品期货与金融期货。

9. 期权

期权是一种选择权，本质上是一种合约，该合约赋予持有人在某一特定日期或该日之前的任何时间以固定价格购进或售出一种资产的权利。期权可以分为看涨期权和看跌期权。

认股权证与期货、期权属于金融衍生产品，其中认股权证是证券型衍生产品，期权、期货属于契约型衍生产品，它们具有保值和投机双重功能。

二、证券市场

（一）证券市场的结构

证券市场是指证券发行与交易的场所。证券市场分为证券发行市场和证券交易市场。证券发行市场又称一级市场或初级市场，是发行新证券的市场，证券发行人通过证券发行市场将已获准公开发行的证券第一次销售给投资者，以获取资金的场所。证券流通市场又称二级市场或次级市场，是对已发行的证券进行买卖、转让交易的场所。通过一级市场取得的证券可以到二级市场进行买卖，投资者可以在二级市场对证券进行不间断的交易。

（二）证券市场的主体

证券市场的主体是指参与证券市场的各类法律主体，包括证券发行人、投资者、中介机构、交易场所以及自律性组织和监管机构等。

（1）证券发行人。是指证券市场上发行证券的单位，一般包括公司、企业、金融机构和政府部门等。

（2）投资者。是指证券的买卖者，也是证券融资方式的资金供给者。投资者分为机构投资者和个人投资者。机构投资者是指有资格进行证券投资的法人单位，一般包括公司、企业、金融机构、基金组织和政府机构等；个人投资者可以直接参与证券的买卖，也可以通过证券经纪人买卖证券。

（3）证券中介机构。是指为证券发行和交易提供服务的各种中介机构，一般包括证券登记结算机构、证券经营机构、财务顾问机构、资信评级机构、资产评估机构、会计师事务所、律师事务所等。

（4）证券交易场所。是指为证券发行和交易提供场所和设施的服务机构，如上海证券交易所、深圳证券交易所和北京证券交易所等。

（5）证券自律性组织。通常是指证券业行业协会，如证券业协会、交易所协会等。

（6）证券监管机构。是指代表政府对证券市场进行监督管理的机构，在我国为中国证券监督管理委员会及其派出机构，即为中国证券监督管理委员会（以下简称中国证监会）。

三、我国证券法的原则

根据《中华人民共和国证券法》①（以下简称《证券法》）的规定，在证券发行、交易及监管中应当坚持以下原则。

（一）公开、公平、公正原则

扩展阅读 6-1 《证券法》形式渊源（部分）

公开、公平、公正原则是证券法的基本原则。①公开原则是指市场信息要公开，在内容上，凡是影响投资者决策的信息都应当公开。公开形式包括向社会公告，将有关信息刊登在报纸或刊物上，将有关资料置备于有关场所，供公众随时查阅等。公开的信息必须及时、完整、真实、准确。②公平原则是指所有市场参与者都具有平等的地位，其合法权益都应受到公平的保护，在证券发行和交易中应当机会均等、待遇相同。③公正原则是指在证

---

① 《中华人民共和国证券法》于 1998 年 12 月 29 日第九届全国人民代表大会常务委员会第六次会议通过，根据 2004 年 8 月 28 日第十届全国人民代表大会常务委员会第十一次会议《关于修改〈中华人民共和国证券法〉的决定》第一次修正，于 2005 年 10 月 27 日第十届全国人民代表大会常务委员会第十八次会议第一次修订，根据 2013 年 6 月 29 日第十二届全国人民代表大会常务委员会第三次会议《关于修改〈中华人民共和国文物保护法〉等十二部法律的决定》第二次修正，根据 2014 年 8 月 31 日第十二届全国人民代表大会常务委员会第十次会议《关于修改〈中华人民共和国保险法〉等五部法律的决定》第三次修正，于 2019 年 12 月 28 日第十三届全国人民代表大会常务委员会第十五次会议第二次修订。

券发行和交易的有关事务处理上，要在坚持客观事实的基础上，做到一视同仁，对所有证券市场参与者都要给予公正的待遇。

（二）自愿、有偿、诚实信用原则

该原则包括：①自愿是指当事人有权按照自己的意愿参与证券发行与证券交易活动，其他人不得干涉，也不得采取欺骗、威吓或胁迫等手段影响当事人决策。在市场交易活动中，任何一方都不得把自己的意志强加给对方。②有偿是指在证券发行和交易活动中，一方当事人不得无偿占有他方当事人的财产和劳动。③诚实是指要客观真实，不欺人、不骗人；信用是指遵守承诺，并及时、全面地履行承诺。

（三）守法原则

《证券法》规定，证券的发行、交易活动，必须遵守法律、行政法规；禁止欺诈、内幕交易和操纵证券市场的行为。遵守法律、法规是我们在一切社会活动中都必须遵守的原则。

（四）分业经营、分业管理原则

《证券法》规定，证券业和银行业、信托业、保险业实行分业经营、分业管理，证券公司与银行、信托、保险业务机构分别设立。国家另有规定的除外。

（五）保护投资者合法权益原则

证券市场的发展必须依靠社会公众的支持，投资者的热情和信心是证券市场稳健发展的重要保证。为了切实保护投资者的合法权益，《证券法》投资者保护制度包括投资者适当性管理制度、证券公司与普通投资者发生纠纷的自证清白制度、股东权利代为行使征集制度、上市公司现金分红制度、公司债券持有人会议制度与受托管理人制度、先行赔付的赔偿制度、普通投资者与证券公司纠纷的强制调解制度、代表人诉讼制度等等。此外，国家设立证券投资者保护基金、投资者保护机构、中小投资者服务中心加强投资者保护。

（六）监督管理与自律管理相结合原则

《证券法》规定，国务院证券监督管理机构依法对全国证券市场实行集中统一监督管理。国务院证券监督管理机构根据需要可以设立派出机构，按照授权履行监督管理职责。在国家对证券发行、交易活动实行集中统一监督管理的前提下，依法设立证券业协会，实行自律性管理。国家审计机关依法对证券交易所、证券公司、证券登记结算机构、证券监督管理机构进行审计监督。

第二节 证券发行

证券发行是发行人、上市公司筹集资金的基本途径。依据发行的证券品种不同，证券发行可以分为股票发行、公司债券发行、存托凭证发行与投资基金份额发售。本节主要介绍股票与公司债券发行和投资基金份额发售的条件和程序。

一、股票发行的条件

（一）设立发行股票的一般条件

设立股份有限公司公开发行股票，应当符合《证券法》《公司法》规定的发行条件和经国务院批准的国务院证券监督管理机构规定的其他发行条件。根据《证券法》的规定，首次公开发行股票的基本条件包括：①具备健全且运行良好的组织机构；②具有持续经营能力；③最近3年财务会计报告被出具无保留意见审计报告；④发行人及其控股股东、实际控制人最近3年不存在贪污、贿赂、侵占财产、挪用财产或者破坏社会主义市场经济秩序的刑事犯罪；⑤经国务院批准的国务院证券监督管理机构规定的其他条件。

典型案例 6-1　股票发行

公开发行存托凭证的，应当符合首次公开发行新股的条件以及国务院证券监督管理机构规定的其他条件。

上述基本条件是注册制下在主板、中小板、创业板、科创板上市的公司都应遵守的共性规则。

（二）主板和中小板上市公司的首次公开发行条件

随着2020年3月1日《证券法》的实施，证券发行的注册制将在科创板结束试行，步入正式实施阶段，在资本市场其他板块的落实是渐进式的。目前，创业板股票公开发行已经试行注册制，在主板、中小板落实注册制的具体时间尚未确定的情况下，本部分简要介绍证券发行核准制下的发行条件。

1. 主体资格

主体资格方面的条件包括：①发行人应当是依法设立且合法存续的股份有限公司。②发行人自股份有限公司成立后，持续经营时间应当在3年以上，但经国务院批准的除外。③发行人的注册资本已足额缴纳，发起人或者股东用作出资的资产的财产权转移手续已办理完毕，发行人的主要资产不存在重大权属纠纷。④发行人的生产经营符合法律、行政法规和公司章程的规定，符合国家产业政策。⑤发行人最近3年内主营业务和董事、高级管理人员没有发生重大变化，实际控制人没有发生变更。⑥发行人的股权清晰，控股股东和受控股股东、实际控制人支配的股东持有的发行人股份不存在重大权属纠纷。

2. 规范运行

规范运行方面的条件包括：①发行人的董事、监事和高级管理人员符合法律、行政法规和规章规定的任职资格，且不得有违反法律、行政法规强制性规定的情形。②发行人不得有违反法律、行政法规强制性规定的情形。③发行人的公司章程中对外担保的审批权限和审议程序，不存在为控股股东、实际控制人及其控制的其他企业进行违规担保的情形。④发行人有严格的资金管理制度，不得有资金被控股股东、实际控制人及其控制的其他企业以借款、代偿债务、代垫款项或者其他方式占用的情形。

3. 财务与会计

财务与会计方面的条件包括：①发行人应当符合下列条件：一是最近3个会计年度净利润均为正数且累计超过人民币3 000万元，净利润以扣除非经常性损益前后较低者为计算依据。二是最近3个会计年度经营活动产生的现金流量净额累计超过人民币5 000万元，或者最近3个会计年度营业收入累计超过人民币3亿元。三是发行前股本总额不少于人民币3 000万元。四是最近一期末无形资产占净资产的比例不高于20%。五是最近一期末不存在未弥补亏损。②发行人申报文件真实，不得有虚假记载的情形。③发行人不得有影响持续盈利能力构成重大不利影响的情形。

主板、中小板块推行注册制后，在发行条件上将不再对发行人的财务状况与盈利能力进行要求，也将不再存在证监会及其发行审核委员会的实质性审核。

（三）主板、中小板上市公司配股的条件

《证券法》的注册制改革将是贴合中国资本市场实际的渐进式过程，在国务院对注册制在主板、中小板的实施时间尚未做出规定的情况下，本部分依然介绍核准制下上市公司配股的条件。

核准制下上市公司配股的条件包括：①配售股份数量不超过本次配售股份前股本总额的30%。②控股股东应当在股东大会召开前公开承诺认配股份的数量。③采用证券法规定的代销方式发行。控股股东不履行认配股份的承诺，或者代销期限届满，原股东认购股票的数量未达到拟配售数量70%的，发行人应当按照发行价并加算银行同期存款利息返还已经认购的股东。

（四）主板、中小板上市公司增发的条件

核准制下上市公司增发新股的条件。依据中国证监会发布的《上市公司证券发行管理办法》的规定，向不特定对象公开募集股份（简称"增发"），除符合上述公开发行证券的条件外，还应符合下列条件：①最近3个会计年度加权平均净资产收益率平均不低于6%。扣除非经常性损益后的净利润与扣除前的净利润相比，以低者作为加权平均净资产收益率的计算依据。②除金融类企业外，最近一期末不存在持有金额较大的交易性金融资产和可供出售的金融资产、借予他人款项、委托理财等财务性投资的情形。③发行价格应不低于公告招股意向书前20个交易日公司股票均价或前1个交易日的均价。

（五）科创板、创业板上市公司的首次公开发行条件

申请人申请首次公开发行股票并在科创板、创业板上市，应当符合下列条件：①符合科创板、创业板定位。在科创板上市的发行人应当面向世界科技前沿、面向经济主战场、面向国家重大需求，符合国家战略，拥有关键核心技术，科技创新能力突出，主要依靠核心技术开展生产经营，具有稳定的商业模式，市场认可度高，社会形象良好，具有较强成长性。在创业板上市的发行人应当为成长型的创新创业企业，与新技术、新产业、新业态、新模式深度融合的传统企业。②组织机构健全，持续经营满3年。发行人应当是依法设立且持续经营3年以上的股份有限公司，具备健全且运行良好的组织机构，相关机构和人员能够依法履行职责。有限责任公司按原账面净资产值折股整体变更为股

份有限公司的，持续经营时间可以从有限责任公司成立之日起计算。③会计基础工作规范，内控制度健全有效。④业务完整并具有直接面向市场独立持续经营的能力。⑤生产经营合法合规。发行人生产经营应当符合法律、行政法规的规定，符合国家产业政策。

（六）科创板、创业板上市公司配股与增发的条件

依据现行法律规定，科创板、创业板上市公司发行证券可以向不特定对象发行，也可以向特定对象发行。向不特定对象发行证券包括上市公司向原股东配股、向不特定对象增发和向不特定对象发行可转债。向特定对象发行证券包括上市公司向特定对象发行股票、向特定对象发行可转债。

其中，科创板、创业板上市公司向不特定对象发行股票，应当符合下列规定：①具备健全且运行良好的组织机构；②现任董事、监事和高级管理人员符合法律、行政法规规定的任职要求；③具有完整的业务体系和直接面向市场独立经营的能力，不存在对持续经营有重大不利影响的情形；④会计基础工作规范，内部控制制度健全且有效执行，财务报表的编制和披露符合企业会计准则和相关信息披露规则的规定，在所有重大方面公允反映上市公司的财务状况、经营成果和现金流量，最近3年财务会计报告被出具无保留意见审计报告；⑤除金融类企业外，最近一期末不存在金额较大的财务性投资。

二、公司债券的发行条件

（一）一般规定

根据《证券法》及相关规定，发行公司债券，发行人应当依照《公司法》或者公司章程相关规定对以下事项作出决议：①发行债券的金额；②发行方式；③债券期限；④募集资金的用途；⑤其他按照法律法规和公司章程规定需要明确的事项。

发行公司债券，如果对增信机制、偿债保障措施作出安排的，也应当在决议事项中载明。

公司债券可以公开发行，也可以非公开发行。公开发行包括面向公众投资者公开发行和面向合格投资者公开发行两种方式。

（二）公开发行公司债券的条件

公开发行公司债券，应当符合下列条件：①具备健全且运行良好的组织机构；②最近3年平均可分配利润足以支付公司债券1年的利息；③国务院规定的其他条件。

存在下列情形之一的，不得再次公开发行公司债券：①对已公开发行的公司债券或者其他债务有违约或者迟延支付本息的事实，仍处于继续状态；②违反证券法规定，改变公开发行公司债券所募资金的用途。

根据《公司债券发行与交易管理办法》的规定，资信状况符合以下标准的公司债券可以向公众投资者公开发行，也可以自主选择仅面向合格投资者公开发行：①发行人最近3年无债务违约或者迟延支付本息的事实；②发行人最近3个会计年度实现的年均可分配利润不少于债券一年利息的1.5倍；③中国证监会根据投资者保护的需要规定的其他条件。未达到上述规定标准的公司债券公开发行应当面向合格投资者。

公开发行公司债券，可以申请一次注册、分期发行。自证监会注册之日起，发行人应当在12个月内完成首期发行，剩余数量应当在24个月内发行完毕。公开发行公司债券的募集说明书自最后签署之日起6个月内有效。采用分期发行方式的，发行人应当在后续发行中及时披露更新后的债券募集说明书，并在每期发行前报证券交易所备案。

（三）非公开发行公司债券

非公开发行公司债券的相关规定包括：①非公开发行公司债券不得采用广告、公开劝诱和变相公开方式。②非公开发行的对象应当是合格投资者，每次发行对象不得超过200人。③发行人、承销机构应当按照中国证监会、证券自律组织规定，确认非公开发行公司债券认购的投资者为合格投资者，并充分揭示风险。④非公开发行公司债券是否进行信用评级由发行人确定，并在债券募集说明书中披露。

三、证券投资基金的募集

根据募集方式不同可以将证券投资基金分为公募基金和私募基金。通过公开募集方式设立的基金的基金份额持有人按其所持基金份额享受收益和承担风险，通过非公开募集方式设立的基金（以下简称"非公开募集基金"）的收益分配和风险承担由基金合同约定。

（一）公开募集基金

（1）基金注册。公开募集基金，应当经国务院证券监督管理机构注册。注册公开募集基金，由拟任基金管理人向国务院证券监督管理机构提出申请，并提交规定文件。国务院证券监督管理机构应当自受理公开募集基金的募集注册申请之日起6个月内依照法律、行政法规及国务院证券监督管理机构的规定进行审查，作出注册或者不予注册的决定，并通知申请人。不予注册的，应当说明理由。

（2）发售基金份额。基金份额的发售，由基金管理人或者其委托的基金销售机构办理。基金管理人应当在基金份额发售的3日前公布招募说明书、基金合同及其他有关文件。基金管理人应当自收到准予注册文件之日起6个月内进行基金募集。

（3）基金募集不得超过国务院证券监督管理机构准予注册的基金募集期限。基金募集期限自基金份额发售之日起计算。

（4）验资备案。基金募集期限届满，封闭式基金募集的基金份额总额达到准予注册规模的80%以上，开放式基金募集的基金份额总额超过准予注册的最低募集份额总额，并且基金份额持有人人数符合国务院证券监督管理机构规定的，基金管理人应当自募集期限届满之日起10日内聘请法定验资机构验资，自收到验资报告之日起10日内，向国务院证券监督管理机构提交验资报告，办理基金备案手续，并予以公告。

（二）非公开募集基金

非公开募集基金的相关规定包括：①设立原则。各类私募基金管理人应当向基金业协会申请登记，并在各类私募基金募集完毕后，向基金业协会办理备案手续。②合格投资者。私募基金应当向合格投资者募集，单只私募基金的投资者人数累计不得超过相关法律规定的特定数量。③符合法定的募集规则。④符合投资运作规范。

四、证券发行的程序

由于证券发行种类、发行方式不同,资本市场不同板块推行注册制的情况不同,不同板块证券的发行程序不尽一致。

(一)主板、中小板证券发行的程序

主板、中小板落实证券发行注册制后,证券发行在程序上将发生一些改变。依据《证券法》的规定,证券发行程序有以下步骤:

(1)作出发行决议。发行人发行证券一般先由其董事会就有关发行事项作出决议,并提请股东大会批准。设立股份公司公开发行股票的,应当有发起人协议。

(2)聘请保荐人。发行人申请公开发行股票、可转换为股票的公司债券,依法采取承销方式的,或者公开发行法律、行政法规规定实行保荐制度的其他证券的,应当聘请证券公司担任保荐人。

(3)签订承销协议。向不特定对象发行的证券,法律、行政法规规定应当由证券公司承销的,发行人应当同证券公司签订承销协议。证券承销业务采取代销或者包销方式。向不特定对象发行证券聘请承销团承销的,承销团应当由主承销和参与承销的证券公司组成。证券的代销、包销期限最长不得超过90日。

(4)提出发行申请。发行人应按照规定制作和报送证券发行申请文件。

(5)预先披露。如果发行人申请首次公开发行股票,在提交申请文件后,还应按国务院证券监督管理机构的规定预先披露有关申请文件。

(6)发行注册。国务院证券监督管理机构或者国务院授权的部门依照法定条件负责证券发行申请的注册。国务院证券监督管理机构或者国务院授权的部门应当自受理证券发行申请文件之日起3个月内,依照法定条件和法定程序作出予以注册或者不予注册的决定,发行人根据要求补充、修改发行申请文件的时间不计算在内。不予注册的,应当说明理由。

(7)信息披露、发行证券。注册后,发行人应当在证券公开发行前公告公开发行募集文件,并将该文件置备于指定场所供公众查阅。

股票发行采用代销方式的,代销期限届满,向投资者出售的股票数量未达到拟公开发行股票数量70%的,为发行失败。发行人应当按照发行价并加算银行同期存款利息返还股票认购人。

(8)备案。公开发行股票,代销、包销期限届满,发行人应当在规定的期限内将股票发行情况报国务院证券监督管理机构备案。

(9)撤销注册决定。国务院证券监督管理机构或者国务院授权的部门对已作出的证券发行注册的决定,发现不符合法定条件或者法定程序,尚未发行证券的,应当予以撤销、停止发行。已经发行尚未上市的,撤销发行注册决定,发行人应当按照发行价并加算银行同期存款利息返还证券持有人;发行人的控股股东、实际控制人以及保荐人,应当与发行人承担连带责任,但是能够证明自己没有过错的除外。

（二）科创板、创业板股票的发行程序

（1）发行人内部决议。

（2）保荐人保荐并向证券交易所申报。由保荐人保荐并向证券交易所申报。证券交易所收到注册申请文件后 5 个工作日内作出是否受理的决定。

（3）证券交易所审核并报送证监会发行注册。

（4）证监会发行注册。证监会依照法定条件，应当在 20 个工作日内对发行人的注册申请作出同意注册或者不予注册的决定。发行人根据要求补充、修改注册申请文件，以及证监会要求保荐人、证券服务机构等对有关事项进行核查的时间不计算在内。

（5）信息披露。发行人首次公开发行股票并在科创板、创业板上市，应当按照证监会制定的信息披露规则，编制并披露招股说明书，保证相关信息真实、准确、完整。

（6）报备发行与承销方案、发行股票。获证监会同意注册后，发行人与主承销商应当及时向证券交易所报备发行与承销方案。交易所 5 个工作日内无异议的，发行人与主承销商可依法刊登招股意向书，启动发行工作。

证监会予以注册的决定自作出之日起 1 年内有效，发行人应当在注册决定有效期内发行股票，发行时点由发行人自主选择。

（7）撤销注册。同主板、中小板证券撤销注册的相关规定。

第三节 证 券 交 易

一、证券交易概述

（一）证券交易的概念

证券交易，主要指证券买卖，即证券持有人依照证券交易规则，将已依法发行的证券转让给其他证券投资者的行为。证券交易具有流动性、收益性和风险性等特征。证券交易的方式可以分为集中交易和非集中交易两种，分别适用于证券交易所和场外交易市场。

（二）证券交易的一般规定

证券交易的一般规定包括：①证券交易的标的与主体必须合法。②在合法的证券交易场所交易。公开发行的证券，应当在依法设立的证券交易所上市交易或者在国务院批准的其他全国性证券交易场所交易。非公开发行的证券，可以在证券交易所、国务院批准的其他全国性证券交易场所、按照国务院规定设立的区域性股权市场转让。③以合法方式交易。④规范交易服务。⑤规范程序化交易。

二、禁止的交易行为

根据《证券法》的规定，禁止的交易行为主要包括内幕交易行为、操纵证券市场行为、虚假陈述行为和欺诈客户行为。

（一）内幕交易行为

内幕交易行为是指证券交易内幕信息的知情人员利用内幕信息进行证券交易的行为。内幕交易的主体是内幕信息知情人员，行为特征是利用自己掌握的内幕信息买卖证券或者建议他人买卖证券。内幕信息知情人员自己未买卖证券，也未建议他人买卖证券，但将内幕信息泄露给他人，接受内幕信息的人依此买卖证券的，也属于内幕交易行为。

1. 内幕交易的主体

内幕交易的主体是内幕信息知情人员，根据《证券法》的规定，证券交易内幕信息的知情人包括：①发行人及其董事、监事、高级管理人员；②持有公司5%以上股份的股东及其董事、监事、高级管理人员、公司的实际控制人及其董事、监事、高级管理人员；③发行人控股或者实际控制的公司及其董事、监事、高级管理人员；④由于所任公司职务或者因与公司业务往来可以获取公司有关内幕信息的人员；⑤上市公司收购人或者重大资产交易方及其控股股东、实际控制人、董事、监事和高级管理人员；⑥因职务、工作可以获取内幕信息的证券交易场所、证券公司、证券登记结算机构、证券服务机构的有关人员；⑦因职责、工作可以获取内幕信息的证券监督管理机构工作人员；⑧因法定职责对证券的发行、交易或者对上市公司及其收购、重大资产交易进行管理可以获取内幕信息的有关主管部门、监管机构的工作人员；⑨国务院证券监督管理机构规定的可以获取内幕信息的其他人员。

2. 内幕信息

内幕信息是指在证券交易活动中，涉及发行人的经营、财务或者对该发行人证券的市场价格有重大影响的尚未公开的信息。于股票而言，《证券法》第八十条第二款所列应报送临时报告的重大事件（见下文"信息披露"中股票发行公司临时报告涉及的重大事件）属于内幕信息；于公司债券而言，《证券法》第八十一条第二款所列应报送临时报告的重大事件（见下文"信息披露"中公司债券上市交易公司临时报告涉及的重大事件）属于内幕信息。

3. 内幕交易行为

内幕交易行为表现为泄露和买卖内幕信息。证券交易内幕信息的知情人和非法获取内幕信息的人，在内幕信息公开前，不得买卖该公司的证券，或者泄露该信息，或者建议他人买卖该证券。内幕交易行为给投资者造成损失的，应当依法承担赔偿责任。

证券交易场所、证券公司、证券登记结算机构、证券服务机构和其他金融机构的从业人员、有关监管部门或者行业协会的工作人员，利用职务便利获取的内幕信息以外的其他未公开的信息，违反规定，从事与该信息相关的证券交易活动或者明示、暗示他人从事相关交易活动，利用未公开信息进行交易给投资者造成损失的，应当依法承担赔偿责任。

（二）操纵证券市场行为

操纵证券市场行为是指单位或个人以获取利益或减少损失为目的，利用其资金、信息等优势影响证券市场价格、制造证券市场假象、诱导或者致使投资者在不了解事实真相的情况下作出买卖证券的决定，扰乱证券市场秩序的行为。《证券法》禁止任何操纵证券市场的行为。

操纵证券市场行为的表现包括：①单独或者通过合谋，集中资金优势、持股优势或者利用信息优势联合或者连续买卖；②与他人串通、以事先约定的时间、价格和方式相互进行证券交易；③在自己实际控制的账户之间进行证券交易；④不以成交为目的，频繁或者大量申报并撤销申报；⑤利用虚假或者不确定的重大信息，诱导投资者进行证券交易；⑥对证券、发行人公开作出评价、预测或者投资建议，并进行反向证券交易；⑦利用在其他相关市场的活动操纵证券市场；⑧操纵证券市场的其他手段。

操纵证券市场行为给投资者造成损失的，行为人应当依法承担赔偿责任。

（三）虚假陈述行为

虚假陈述行为是指行为人在提交和公布的信息文件中作出违背事实真相的虚假记载、误导性陈述或者发生重大遗漏的行为。虚假陈述包括虚假记载、误导性陈述和重大遗漏以及不正当披露。信息披露是证券法的核心，信息披露制度是证券市场公平、公正与投资者保障的基石，虚假陈述违背信息披露制度的基本要求，为《证券法》所禁止。

虚假陈述行为的主体是指依法承担信息披露义务的人。《证券法》禁止下列虚假陈述行为：①禁止任何单位和个人编造、传播虚假信息或者误导性信息，扰乱证券市场。②禁止证券交易场所、证券公司、证券登记结算机构、证券服务机构及其从业人员，证券业协会、证券监督管理机构及其工作人员，在证券交易活动中作出虚假陈述或者信息误导。③《证券法》规定，各种传播媒介传播证券市场信息必须真实、客观，禁止误导。传播媒介及其从事证券市场信息报道的工作人员不得从事与其工作职责发生利益冲突的证券买卖。

编造、传播虚假信息或者误导性信息，扰乱证券市场，给投资者造成损失的，应当依法承担赔偿责任。

（四）欺诈客户行为

欺诈客户行为是指证券公司及其从业人员在证券交易及相关活动中，违背客户真实意愿，侵害客户利益的行为。欺诈客户行为构成要件：①欺诈客户行为的主体是证券公司及其从业人员。②行为人在主观上是故意的，即故意隐瞒或者故意作出与事实不符的虚假陈述，使客户陷入不明真相的境地而作出错误的意思表示。③有对客户的欺诈行为。

根据《证券法》的规定，证券公司及其从业人员损害客户利益的欺诈行为有以下情形：①违背客户的委托为其买卖证券；②不在规定时间内向客户提供交易的确认文件；③未经客户的委托，擅自为客户买卖证券，或者假借客户的名义买卖证券；④为牟取佣金收入，诱使客户进行不必要的证券买卖；⑤其他违背客户真实意思表示，损害客户利益的行为。④客户损失与欺诈行为有直接关系。欺诈客户行为给客户造成损失的，应当依法承担赔偿责任。

（五）其他禁止的交易行为

我国《证券法》还规定了下列禁止的交易行为：①禁止任何单位和个人违反规定出

借自己的证券账户或者借用他人的证券账户从事证券交易;②禁止资金违规流入股市;③禁止投资者违规利用财政资金、银行信贷资金买卖证券。

第四节 上市公司收购

一、上市公司收购概述

(一)上市公司收购的概念

上市公司收购,是指收购人通过在证券交易所的股份转让活动,持有一个上市公司的已发行的表决权股份达到一定比例或通过证券交易所股份转让活动以外的其他合法方式控制一个上市公司的表决权股份达到一定程度,导致其获得或者可能获得对该公司的实际控制权的行为。上市公司收购的对象是上市公司;收购的标的是上市公司的股份。

(二)上市公司收购目的

收购目的是获得或者巩固对上市公司的控制权。不以达到对上市公司实际控制权而受让上市公司股票的行为,不能称为收购。

这里所指的实际控制权是指:①投资者为上市公司持股 50%以上的控股股东;②投资者可以实际支配上市公司股份表决权超过 30%;③投资者通过实际支配上市公司股份表决权能够决定公司董事会半数以上成员选任;④投资者依其可实际支配的上市公司股份表决权足以对公司股东大会的决议产生重大影响;⑤国务院证券监督管理机构认定的其他情形。收购人可以通过取得股份的方式成为一个上市公司的控股股东,或通过投资关系、协议和其他安排的途径成为一个上市公司的实际控制人,也可以同时采取上述方式和途径取得上市公司控制权。

(三)上市收购的主体

收购主体包括投资者及与其一致行动的他人。

1. 一致行动人

一致行动,是指投资者通过协议或其他安排,与其他投资者共同扩大其所能够支配的一个上市公司股份表决权数量的行为或者事实。在上市公司的收购及相关股份权益变动活动中有一致行动情形的投资者,互为一致行动人。

如果没有相反证据,投资者有下列情形之一的,为一致行动人:①投资者之间有股权控制关系;②投资者受同一主体控制;③投资者的董事、监事或者高级管理人员中的主要成员,同时在另一个投资者担任董事、监事或者高级管理人员;④投资者参股另一投资者,可以对参股公司的重大决策产生重大影响;⑤银行以外的其他法人、其他组织和自然人为投资者取得相关股份提供融资安排;⑥投资者之间存在合伙、合作、联营等其他经济利益关系;⑦持有投资者 30%以上股份的自然人,与投资者持有同一上市公司股份;⑧在投资者任职的董事、监事及高级管理人员,与投资者持有同一上市公司股份;⑨持有投资者 30%以上股份的自然人和在投资者任职的董事、监事及高级管理人员,其父母、配偶、子女及其配偶、配偶的父母、兄弟姐妹及其配偶、配偶的兄弟姐妹及其配偶等亲属,与投资者持有同一上市公司股份;⑩在上市公司任职的董事、监事、高级管理人员及其前项所述亲属同时持有本公司股份的,或者与其自己或者其前项所述亲属直接或者间接控制的企业同时持有本公司股份。

2. 上市公司收购人的条件

上市公司收购人应当具备一定实力,具有良好的信誉。为了防止收购人虚假收购或者恶意收购,利用上市公司的收购损害被收购公司及其股东的合法权益,《上市公司收购管理办法》规定,有下列情形之一的,不得收购上市公司:①收购人负有数额较大债务,到期未清偿,且处于持续状态;②收购人最近3年有重大违法行为或者涉嫌有重大违法行为;③收购人最近3年有严重的证券市场失信行为;④收购人为自然人的,存在《公司法》规定的依法不得担任公司董事、监事、高级管理人员的情形;⑤法律、行政法规规定以及国务院证券监督管理机构认定的不得收购上市公司的其他情形。

(四)上市公司收购中有关当事人的义务

1. 收购人的义务

(1) 公告义务。实施要约收购的收购人应当编制要约收购报告书,聘请财务顾问,通知被收购公司,同时对要约收购报告书摘要作出提示性公告。要约收购完成后,收购人应当在15日内将收购情况报告国务院证券监督管理机构和证券交易所,并予以公告。

(2) 禁售义务。收购人在要约收购期内,不得卖出被收购公司的股票,也不得采取要约规定以外的形式和超出要约的条件买入被收购公司的股票。

(3) 锁定义务。收购人持有的被收购的上市公司的股票,在收购行为完成后的18个月内不得转让。但是,收购人在被收购公司中拥有表决权的股份在同一实际控制人控制的不同主体之间进行转让不受前述18个月的限制,但应当遵守《上市公司收购管理办法》有关豁免申请的有关规定。

(4) 其他义务。收购人还应当履行守约义务,平等对待被收购公司所有股东的义务等。

2. 被收购公司方面的义务

被收购公司方面的义务主要包括:①公司的控股股东、实际控制人的义务。被收购公司的控股股东或者实际控制人不得滥用股东权利,损害被收购公司或者其他股东的合法权益。②被收购公司的董事、监事和高级管理人员的义务。被收购公司的董事、监事和高级管理人员对公司负有忠实义务和勤勉义务,应当公平对待收购本公司的所有收购人。

(五)上市公司收购的支付方式

收购人可以采用现金、依法可以转让的证券、现金与证券相结合等合法方式支付收购上市公司的价款。收购人为终止上市公司的上市地位而发出全面要约的,或者按照国务院证券监督管理机构的规定不能免除要约收购而发出全面要约的,应当以现金支付收购价款;以依法可以转让的证券支付收购价款的,应当同时提供现金方式供被收购公司股东选择。

二、上市公司收购的权益披露

权益披露是指投资者及其一致行动人对其拥有上市公司的股份权益及权益变动情况进行的披露。投资者收购上市公司，在持股达到一定限度时，要依法披露其在上市公司中拥有的权益，包括登记在其名下的股份和虽未登记在其名下但该投资者可以实际支配表决权的股份。投资者及其一致行动人在一个上市公司中拥有的权益应当合并计算。权益披露的义务人是投资者及其一致行动人。

（一）进行权益披露的情形与时间

1. 场内交易受让股份

通过证券交易所的证券交易，投资者及其一致行动人拥有一个上市公司已发行的有表决权股份达到5%时，应当在该事实发生之日起3日内编制权益变动报告书，向国务院证券监督管理机构、证券交易所作出书面报告，通知该上市公司，并予公告，在上述期限内不得再行买卖该上市公司的股票，但国务院证券监督管理机构规定的情形除外。

投资者及其一致行动人拥有一个上市公司已发行的有表决权股份达到5%后，其所持该上市公司已发行的有表决权股份比例每增加或者减少5%，应当依照上述规定进行报告和公告，在该事实发生之日起至公告后3日内，不得再行买卖该上市公司的股票，但国务院证券监督管理机构规定的情形除外。投资者及其一致行动人拥有一个上市公司已发行的有表决权股份达到5%后，其所持该上市公司已发行的有表决权股份比例每增加或者减少1%，应当在该事实发生之日的次日通知该上市公司，并予公告。

违反上述规定买入上市公司有表决权的股份的，在买入后的36个月内，对该超过规定比例部分的股份不得行使表决权。

依照上述规定所做的持股权益变动公告应当包括下列内容：①持股人的名称、住所；②持有的股票的名称、数额；③持股达到法定比例或者持股增减变化达到法定比例的日期、增持股份的资金来源；④在上市公司中拥有有表决权的股份变动的时间及方式。

2. 协议转让受让股份

通过协议转让方式，投资者及其一致行动人在一个上市公司中拥有表决权的股份拟达到或者超过5%时，应当在该事实发生之日起3日内编制权益变动报告书，向国务院证券监督管理机构、证券交易所提交书面报告，通知该上市公司，并予公告。

投资者及其一致行动人拥有表决权的股份达到5%后，其拥有有表决权的股份比例每增加或者减少达到或者超过5%的，应当依照上述规定履行报告、公告义务。投资者及其一致行动人在作出报告、公告前，不得再行买卖该上市公司的股票。

3. 被动受让股份

投资者及其一致行动人通过行政划转或者变更、执行法院裁定、继承、赠与等方式拥有表决权的股份变动达到5%时，同样应当按照协议转让的规定履行报告、公告义务。

（二）权益变动的披露文件

1. 简式权益变动报告书

简式权益变动报告书是一种内容相对简化的权益披露文件，投资者及其一致行动人不是上市公司的第一大股东或者实际控制人,其拥有表决权的股份达到或者超过5%但未达到20%的,应当编制简式权益变动报告书。

2. 详式权益变动报告书

详式权益变动报告书是一种内容较为翔实的权益披露文件,投资者及其一致行动人是上市公司第一大股东或者实际控制人,或者拥有表决权的股份达到20%但未超过30%的,应当编制详式权益变动报告书。详式权益变动报告书除须披露简式权益变动报告书规定的信息外,还增加了部分披露内容。

三、上市公司收购的方式

(一)要约收购

1. 要约收购的概念

要约收购是指通过证券交易所的证券交易,投资者持有或通过协议、其他安排与他人共同持有一个上市公司已发行的有表决权股份达到30%时,继续增持股份的,应当采取向被收购公司的股东发出收购要约的方式进行的收购。

投资者选择向被收购公司的所有股东发出收购其所持有的全部股份要约的,称为全面要约;投资者选择向被收购公司所有股东发出收购其所持有的部分股份要约的,称为部分要约。

2. 要约收购的适用条件

要约收购的适用条件包括:①持股比例达到30%。投资者通过证券交易所的证券交易,或者协议、其他安排持有或与他人共同持有一个上市公司的已发行的有表决权股份达到30%(含直接持有和间接持有)。②继续增持股份。在前一个条件下,投资者继续增持表决权股份时,即触发依法向上市公司所有股东发出收购上市公司全部或者部分股份的要约的义务。

只有在上述两个条件同时具备时,才适用要约收购。收购人应当公平对待被收购公司的所有股东。

3. 收购要约的期限

收购要约约定的收购期限不得少于30日,并不得超过60日,但是出现竞争要约的除外。

4. 收购要约的撤销与变更

在收购要约确定的承诺期限内,收购人不得撤销其收购要约。

收购人需要变更收购要约的,应当及时公告,载明具体变更事项。收购要约的变更不得存在下列情形:①降低收购价格;②减少预定收购股份数额;③缩短收购期限;④国务院证券监督管理机构规定的其他情形。收购要约期限届满前15日内,收购人不得变更收购要约,但是出现竞争要约的除外。在要约收购期间,被收购公司董事不得辞职。

(二)协议收购

协议收购是指收购人在证券交易所之外,通过与被收购公司的股东协商一致达成协议，受让其持有的上市公司的股份而进行的收购。

以协议方式收购上市公司时，收购协议的各方应当获得相应的内部批准（如股东大会、董事会等）。收购协议达成后，收购人必须在3日内将该收购协议向国务院证券监督管理机构及证券交易所作出书面报告，并予公告。在公告前不得履行收购协议。

采取协议收购方式的，协议双方可以临时委托证券登记结算机构保管协议转让的股票，并将资金存放于指定的银行。

采取协议收购方式的，收购人收购或者通过协议或其他安排与他人共同收购一个上市公司已发行的有表决权股份达到30%时，继续进行收购的，应当依法向该上市公司所有股东发出收购上市公司全部或者部分股份的要约，转而进行要约收购。但是，按照国务院证券监督管理机构的规定免除发出要约的除外。如果收购人依照上述规定触发以要约方式收购上市公司股份，应当能够遵守前述有关要约收购的规定。

（三）其他合法方式收购

1. 认购股份收购

认购股份收购是指收购人经上市公司非关联股东批准，通过认购上市公司发行的新股使其在公司拥有的表决权的股份能够达到控制权的获得与巩固。

2. 集中竞价收购

集中竞价收购是指收购人在场内交易市场上，通过证券交易所集中竞价交易的方式对目标上市公司进行的收购。

随着证券市场的不断成熟，上市公司收购方式不断完善，收购方式也不断创新。依据《上市公司收购管理办法》的规定，其他合法方式还包括国有股权的行政划转或变更、执行法院裁定、继承、赠与等方式。需要说明的是，在国有股行政划转或变更、司法裁定等方式构成的上市公司收购中，收购人（即行政划转或变更的受让方和司法裁决的胜诉方）可能没有取得上市公司控制权的主观动机，但如果上述行为的结果使收购人获得了或可能获得上市公司的控制权，即是收购，收购人就应履行相关义务。

四、上市公司收购的法律后果

（一）终止上市与余额股东强制性出售权

收购期限届满，被收购公司股权分布不符合证券交易所规定的上市交易要求的，该上市公司的股票应当由证券交易所依法终止上市交易；其余仍持有被收购公司股票的股东，有权向收购人以收购要约的同等条件出售其股票，收购人应当收购。

（二）其他法律后果

（1）限期禁止转让股份。在上市公司收购中，收购人持有的被收购的上市公司的股票，在收购行为完成后的18个月内不得转让。

典型案例6-2 上市公司收购

（2）变更企业形式。收购行为完成后，被收购公司不再具备股份有限公司条件的，应当依法变更企业形式。

（3）更换股票。收购行为完成后，收购人与被收购公司合并，并将该公司解散的，被解散公司的原有股票由收购人依法更换。

（4）报告和公告。收购行为完成后，收购人应当在15日内将收购情况报告国务院证券监管机构和证券交易所，并予以公告。

第五节 信息披露法律制度

一、信息披露概述

（一）信息披露的概念

信息披露即证券市场的信息公开。信息披露制度包括强制性信息披露制度和自愿性信息披露制度。强制性信息披露制度是证券法强制性要求证券发行人和其他法定的相关负有信息公开义务的人在证券发行和交易过程中，按照法定要求以一定方式向社会公众公开与证券有关的一切信息，以便投资者能够获得真实信息而作出投资判断的法律制度。自愿性信息披露制度对作为基本信息披露制度的强制性信息披露的补充与完善，是信息披露义务人在法定披露信息以外披露与投资者作出价值判断和投资决策有关的信息，这些信息对于提高公司信息披露质量，展现公司未来和证券价值具有重要意义。通常所说的信息披露制度，主要指强制性信息披露制度。

（二）信息披露的义务人

信息披露义务人的范围由《证券法》规定，除发行人外，法律、行政法规和国务院证券监督管理机构规定的其他信息披露义务人，如发起人、控股股东等实际控制人、保荐人、证券承销商等，均应当及时依法履行信息披露义务。

（三）信息披露的原则与要求

信息披露的对象是不特定的社会公众，信息披露义务人披露的信息，应当真实、准确、完整、简明清晰、通俗易懂，不得有虚假记载、误导性陈述或者重大遗漏。

（1）真实性原则。真实性要求披露信息应以客观事实或在事实基础上的分析判断为基础，以没有扭曲和不加粉饰的方式，再现和反映真实状态，对发布的信息不存在虚假陈述、不合理评价、夸张性描述或恭维性评价。

（2）准确性原则。准确性要求披露信息时必须用精确不含糊的语言表达其含义，在内容与表达方式上不得使人误解。

（3）完整性原则。完整性要求披露信息时必须将所有可能影响投资者决策的信息全面、充分披露。

（4）简明清晰、通俗易懂。披露的信息应当清晰明了，避免信息冗长、语言晦涩难懂，以投资者能理解、使用为宜。

（5）一致性原则。一致性原则包括时间一致性与内容一致性。①时间一致性要求：一是证券同时在境内境外公开发行、交易的，信息披露义务人在境外披露的信息，应当在境内同时披露。二是除法律、行政法规另有规定的外，信息披露义务人披露的信息应当同时向所有投资者披露，不得提前向任何单位和个人泄露。②内容一致性要求信息披露义务人在强制信息披露以外，自愿披露信息的，所披露的信息不得与依法披露的信息相冲突，不得误导投资者。

二、信息披露的内容

信息披露的内容分为首次信息披露和持续信息披露。

（一）首次信息披露

首次信息披露即证券发行市场信息披露，是指证券公开发行时对发行人、拟发行的证券以及与发行证券有关的信息进行披露。

1. 发行文件的预先披露制度

发行文件的预先披露制度是指发行人申请公开发行证券的，在依法向文件审核部门报送注册申请文件后，预先向社会公众披露有关注册申请文件，而不是等监管部门对发行注册之后再进行披露的制度。依据《证券法》的规定，发行人申请首次公开发行股票的，在提交申请文件后，应当按照国务院证券监督管理机构的规定预先披露有关申请文件。

2. 证券发行信息披露制度

证券发行申请经注册后，发行人应当依照法律、行政法规的规定，在证券公开发行前公告公开发行募集文件，并将该文件置备于指定场所供公众查阅。发行证券的信息依法公开前，任何知情人不得公开或者泄露该信息。该类信息披露文件主要有招股说明书、公司债券募集办法、上市公告书等。

（二）持续信息披露

持续信息披露即证券交易市场信息披露，是指证券进入交易市场依法进行交易期间，证券发行人定期或不定期地公开披露与其发行证券相关的影响证券交易的所有重要信息，该类信息披露文件主要有定期报告和临时报告。

1. 定期报告

定期报告是公司在某一会计核算期间分别向证券监管机构、证券交易场所报送和向社会公众公布的反映上市公司等信息披露义务人某个会计期间的财务状况、经营情况、股本变动和股东的情况、募集资金的使用情况和公司重要事项的报告。其报告形式有年度报告、中期报告和季度报告。《证券法》规定了年度报告和中期报告，上市公司、公司债券上市交易的公司、股票在国务院批准的其他全国性证券交易场所交易的公司，应当按照国务院证券监督管理机构和证券交易场所规定的内容和格式编制定期报告，并按照以下规定报送和公告：①在每一会计年度结束之日起 4 个月内，报送并公告年度报告，其中的年度财务会计报告应当经符合证券法规定的会计师事务所审计；②在每一会计年度的上半年结束之日起2个月内，报送并公告中期报告。

2. 临时报告

临时报告是指在定期报告之外临时发布的报告。凡发生可能对股票、上市交易公司债券交易价格产生较大影响的重大事件，投资者尚未得知时，公司应当立即提出临时报告，披露事件内容，说明事件的起因、目前的状态和可能产生的影响。依据《证券法》的规定，上市公司、股票在国务院批准的其他全国性证券交易场所交易的公司、公司债券上市交易的公司负有通过临时报告披露信息的义务。

（1）股票发行公司发布临时报告的重大事件

发生可能对上市公司、股票在国务院批准的其他全国性证券交易场所交易的公司的股票交易价格产生较大影响的重大事件，投资者尚未得知时，公司应当立即将有关该重大事件的情况向国务院证券监督管理机构和证券交易场所报送临时报告，并予公告，说明事件的起因、目前的状态和可能产生的法律后果。这里的重大事件包括：①公司的经营方针和经营范围的重大变化；②公司的重大投资行为，公司在一年内购买、出售重大资产超过公司资产总额的30%，或者公司营业用主要资产的抵押、质押、出售或者报废一次超过该资产的30%；③公司订立重要合同、提供重大担保或者从事关联交易，可能对公司的资产、负债、权益和经营成果产生重要影响；④公司发生重大债务和未能清偿到期重大债务的违约情况；⑤公司发生重大亏损或者重大损失；⑥公司生产经营的外部条件发生重大变化；⑦公司的董事、1/3以上监事或者经理发生变动，董事长或者经理无法履行职责；⑧持有公司5%以上股份的股东或者实际控制人持有股份或者控制公司的情况发生较大变化，公司的实际控制人及其控制的其他企业从事与公司相同或者相似业务的情况发生较大变化；⑨公司分配股利、增资的计划，公司股权结构的重要变化，公司减资、合并、分立、解散及申请破产的决定，或者依法进入破产程序、被责令关闭；⑩涉及公司的重大诉讼、仲裁，股东大会、董事会决议被依法撤销或者宣告无效；⑪公司涉嫌犯罪被依法立案调查，公司的控股股东、实际控制人、董事、监事、高级管理人员涉嫌犯罪被依法采取强制措施；⑫国务院证券监督管理机构规定的其他事项。公司的控股股东或者实际控制人对重大事件的发生、进展产生较大影响的，应当及时将其知悉的有关情况书面告知公司，并配合公司履行信息披露义务。

（2）公司债券上市交易公司发布临时报告的重大事件

发生可能对上市交易公司债券的交易价格产生较大影响的重大事件，投资者尚未得知时，公司应当立即将有关该重大事件的情况向国务院证券监督管理机构和证券交易场所报送临时报告，并予公告，说明事件的起因、目前的状态和可能产生的法律后果。这里的重大事件包括：①公司股权结构或者生产经营状况发生重大变化；②公司债券信用评级发生变化；③公司重大资产抵押、质押、出售、转让、报废；④公司发生未能清偿到期债务的情况；⑤公司新增借款或者对外提供担保超过上年末净资产的20%；⑥公司放弃债权或者财产超过上年末净资产的10%；⑦公司发生超过上年末净资产10%的重大损失；⑧公司分配股利，做出减资、合并、分立、解散及申请破产的决定，或者依法进入破产程序、被责令关闭；⑨涉及公司的重大诉讼、仲裁；⑩公司涉嫌犯罪被依法立案调查，公司的控股股东、实际控制人、董事、监事、高级管理人员涉嫌犯罪被依法采取强制措施；⑪国务院证券监督管理机构规定的其他事项。

及时披露是证券市场对临时报告的基本要求，公司应当在最先发生的以下任一时点，履行重大事件的信息披露义务：董事会或者监事会就该重大事件形成决议时；有关各方就该重大事件签署意向书或者协议时；董事、监事或者高级管理人员知悉该重大事件发生并报告时。这里说的及时是指自起算日起或者触及披露时点的两个交易日内。在上述规定的时点之前出现下列情形之一的，上市公司应当及时披露相关事项的现状、可能影响事件进展的风险因素：①该重大事件难以保密；②该重大事件已经泄露或者市场出现传闻；③公司证券及其衍生品种出现异常交易情况。公司披露重大事件后，已披露的重大事件出现可能对公司证券及其衍生品种交易价格产生较大影响的进展或者变化的，应当及时披露进展或者变化情况及可能产生的影响。公司控股子公司发生重大事件，可能对公司证券及其衍生品种交易价格产生较大影响的，公司应当履行信息披露义务。

三、信息披露职责

发行人的董事、高级管理人员应当对证券发行文件和定期报告签署书面确认意见；发行人的监事会应当对董事会编制的证券发行文件和定期报告进行审核并提出书面审核意见，监事应当签署书面确认意见。

发行人的董事、监事和高级管理人员应当保证发行人及时、公平地披露信息，所披露的信息真实、准确、完整。董事、监事和高级管理人员无法保证证券发行文件和定期报告内容的真实性、准确性、完整性或者有异议的，应当在书面确认意见中发表意见并陈述理由，发行人应当披露。发行人不予披露的，董事、监事和高级管理人员可以直接申请披露。

四、信息发布与信息披露的监管

（一）信息的发布

证券发行信息的发布由发行人在发行前依法公告公开，并将发行募集文件置备于指定场所供公众查阅。涉及承销的，承销的证券公司对公开发行募集文件的真实性、准确性、完整性进行核查。交易期间信息的发布则是定期或不定期持续性进行的。

1. 定期报告的编制、审议和披露程序

负有定期报告披露义务的公司应当制定定期报告的编制、审议、披露程序。经理、财务负责人、董事会秘书等高级管理人员应当及时编制定期报告草案，提请董事会审议；董事会秘书负责送达董事审阅；董事长负责召集和主持董事会会议审议定期报告；监事会负责审核董事会编制的定期报告，董事会秘书负责组织定期报告的披露工作。

2. 重大事件的报告、传递、审核和披露程序

负有定期报告披露义务的公司应当制定重大事件的报告、传递、审核、披露程序。董事、监事、高级管理人员知悉重大事件发生时，应当按照公司规定立即履行报告义务；

董事长在接到报告后,应当立即向董事会报告,并敦促董事会秘书组织临时报告的披露工作。

依法披露的信息,应当在证券交易场所的网站和符合国务院证券监督管理机构规定条件的媒体发布,同时将其置备于公司住所、证券交易场所,供社会公众查阅。

(二)信息披露的监管

国务院证券监督管理机构对信息披露义务人的信息披露行为进行监督管理。证券交易场所应当对其组织交易证券的信息披露义务人的信息披露行为进行监督,督促其依法及时、准确地披露信息。

(三)信息披露的民事责任

发行人及其控股股东、实际控制人、董事、监事、高级管理人员等作出公开承诺的,其承诺属于强制披露内容,不履行承诺给投资者造成损失的,应当依法承担赔偿责任。

信息披露义务人未按照规定披露信息,或者公告的证券发行文件、定期报告、临时报告及其他信息披露资料存在虚假记载、误导性陈述或者重大遗漏,致使投资者在证券交易中遭受损失的,信息披露义务人应当承担赔偿责任;发行人的控股股东、实际控制人、董事、监事、高级管理人员和其他直接责任人员以及保荐人、承销的证券公司及其直接责任人员,应当与发行人承担连带赔偿责任,但是能够证明自己没有过错的除外。

第六节 投资者保护法律制度

投资者是证券市场最重要的主体,没有投资者就没有证券市场。保护投资者权益是证券法的核心宗旨之一,也是证券监管的目标之一。《公司法》通过限制控股股东、保护少数股东、落实管理层诚信义务等机制进行投资者保护,《证券法》在强制性信息披露、发行保荐、禁止内幕交易等行为、投资者保护机构、投资者保护基金等一系列机制之外,增设专章规定投资者保护制度。本部分仅介绍《证券法》上专章规定的制度内容。

一、投资者适当性管理制度

在证券公司与投资者的关系上,证券公司依法承担适当性管理义务。证券公司向投资者销售证券、提供服务时,应当按照规定充分了解投资者的基本情况、财产状况、金融资产状况、投资知识和经验、专业能力等相关信息;如实说明证券和服务的重要内容,充分揭示投资风险;销售、提供与投资者上述状况相匹配的证券和服务。投资者在购买证券或者接受服务时,应当按照证券公司明示的要求提供上述所列真实信息。拒绝提供或者未按照要求提供信息的,证券公司应当告知其后果,并按照规定拒绝向其销售证券、提供服务。证券公司违反适当性义务规定导致投资者损失的,应当承担相应的赔偿责任。

二、自证清白制度

《证券法》根据财产状况、金融资产状况、投资知识和经验、专业能力等因素，将投资者分为普通投资者和专业投资者，对于普通投资者实行特殊保护。专业投资者的标准由国务院证券监督管理机构规定，专业投资者以外的人为普通投资者。普通投资者与证券公司发生纠纷的，证券公司应当证明其行为符合法律、行政法规以及国务院证券监督管理机构的规定，不存在误导、欺诈等情形。证券公司不能证明的，应当承担相应的赔偿责任。

三、股权征集制度

股权征集是指上市公司董事会、独立董事、持有1%以上有表决权股份的股东，依照法律、行政法规或者国务院证券监督管理机构的规定设立的投资者保护机构（以下简称"投资者保护机构"），可以作为征集人，自行或者委托证券公司、证券服务机构，公开请求上市公司股东委托其代为出席股东大会，并代为行使提案权、表决权等股东权利。依照规定征集股东权利的，征集人应当披露征集文件，上市公司应当予以配合，禁止以有偿或者变相有偿的方式公开征集股东权利。

公开征集股东权利违反法律、行政法规或者国务院证券监督管理机构有关规定，导致上市公司或者其股东遭受损失的，应当依法承担赔偿责任。

四、上市公司现金分红制度

上市公司应当在章程中明确分配现金股利的具体安排和决策程序，依法保障股东的资产收益权。上市公司当年税后利润，在弥补亏损及提取法定公积金后有盈余的，应当按照公司章程的规定分配现金股利。

五、公司债券持有人会议制度与受托管理人制度

公司债券持有人会议是为了公司债权人的共同利益设立的，通过会议的形式集体行权的法律机制。公开发行公司债券的，应当设立债券持有人会议，并应当在募集说明书中说明债券持有人会议的召集程序、会议规则和其他重要事项。

公开发行公司债券的，发行人应当为债券持有人聘请债券受托管理人，并订立债券受托管理协议。受托管理人应当由本次发行的承销机构或者其他经国务院证券监督管理机构认可的机构担任，债券持有人会议可以决议变更债券受托管理人。债券受托管理人应当勤勉尽责，公正履行受托管理职责，不得损害债券持有人利益。债券发行人未能按期兑付债券本息的，债券受托管理人可以接受全部或者部分债券持有人的委托，以自己名义代表债券持有人提起、参加民事诉讼或者清算程序。

六、先行赔付制度

没有救济就没有权利，对于证券欺诈行为等对投资者的侵害，相关责任人的先行赔

付是对投资者最为有效的救助机制。《证券法》确立了先行赔付制度,发行人因欺诈发行、虚假陈述或者其他重大违法行为给投资者造成损失的,发行人的控股股东、实际控制人、相关的证券公司可以委托投资者保护机构,就赔偿事宜与受到损失的投资者达成协议,予以先行赔付。先行赔付后,可以依法向发行人以及其他连带责任人追偿。

七、普通投资者与证券公司纠纷的强制调解制度

投资者与发行人、证券公司等发生纠纷的,双方可以向投资者保护机构申请调解。普通投资者与证券公司发生证券业务纠纷,普通投资者提出调解请求的,证券公司不得拒绝。

投资者保护机构对损害投资者利益的行为,可以依法支持投资者向人民法院提起诉讼。

八、投资者保护机构的代表诉讼制度

《证券法》确立了投资者保护机构的代表诉讼,是《公司法》股东代表诉讼的有益补充。发行人的董事、监事、高级管理人员执行公司职务时违反法律、行政法规或者公司章程的规定给公司造成损失,发行人的控股股东、实际控制人等侵犯公司合法权益给公司造成损失,投资者保护机构持有该公司股份的,可以为公司的利益以自己的名义向人民法院提起诉讼,持股比例和持股期限不受《公司法》规定的限制。

九、代表人诉讼制度

代表人诉讼是一种团体诉讼、共同诉讼,是在当事人一方人数众多,其诉讼标的是同一种类的情况下,由其中一人或数人代表全体相同权益人进行诉讼,法院判决效力及于全体相同权益人的诉讼。《证券法》的代表人诉讼区分为投资者代表人诉讼和投资者保护机构的代表人诉讼。

投资者代表人诉讼是由依法推选出的投资者代表其他众多投资者进行的诉讼。投资者提起虚假陈述等证券民事赔偿诉讼时,诉讼标的是同一种类,且当事人一方人数众多的,可以依法推选代表人进行诉讼。对按照上述规定提起的诉讼可能存在有相同诉讼请求的其他众多投资者的,人民法院可以发出公告,说明该诉讼请求的案件情况,通知投资者在一定期间向人民法院登记。人民法院作出的判决、裁定对参加登记的投资者发生效力。

投资者保护机构的代表人诉讼是由投资者保护机构代表投资者进行的诉讼。投资者保护机构受50名以上投资者委托,可以作为代表人参加诉讼,并为经证券登记结算机构确认的权利人依照上述规定向人民法院登记,但投资者明确表示不愿意参加该诉讼的除外。即投资者保护机构作为诉讼代表人时,对受损害投资者实行"默示加入、明示退出"的规则。投资者保护机构的代表诉讼与投资者保护机构的代表人诉讼相结合,有利于从源头上堵截证券市场的侵权违法行为,维护投资者的切实利益。

第六章 即测即练题

本章思考题

1. 解释以下名词：证券、股票、债权、投资基金、内幕交易行为、操纵市场行为、市场欺诈行为。
2. 简述证券的种类。
3. 证券发行和监管的原则是什么？
4. 股票发行的条件是什么？
5. 公司债券发行的条件是什么？
6. 简述证券投资基金的募集制度。
7. 信息披露制度的基本内容及要求是什么？
8. 禁止交易行为有哪些？
9. 上市收购的主体有哪些要求？
10. 上市公司收购的方式有哪些？
11. 简述信息披露的法律制度规定。
12. 关于投资者保护的制度有哪些？

第七章

商标法律制度

本章学习目标

1. 了解：
（1）商标、注册商标的概念和种类；
（2）注册商标的原则和程序；
（3）取得商标权的途径。
2. 掌握：
（1）注册商标构成的条件；
（2）商标权的内容和限制；
（3）商标权的消灭；
（4）商标侵权行为的表现形式；
（5）驰名商标的特殊保护。
3. 运用：
（1）正确判断注册商标的构成要素；
（2）正确判断和区分商标、注册商标、驰名商标；
（3）正确认定和区分注册商标的注销、撤销和无效宣告的条件和后果；
（4）正确认定商标侵权行为的表现形式；
（5）正确认知、培育和维护驰名商标。

第七章　引导案例

第一节　商标概述

一、商标的概念

商标，俗称牌子，是一种商业识别标志。商标最基本的功能就是识别商品或服务的来源，区别相同商品或服务的不同经营者。

注册商标，是指经商标局核准注册的商标。商标注册人享有商标专用权，受到《中华人民共和国商标法》[①]（以下简称《商标法》）保护。

二、注册商标的构成和种类

（一）注册商标的构成要素

1. 显著性

申请注册的商标应当有显著特征，便于识别。包括：①标志本身具有显著特征。如，可口可乐。②通过使用获得显著特征。如五粮液。

2. 标识性

任何能够将自然人、法人或者其他组织的商品与他人的商品区别开的标志，以及上述要素的组合，均可以作为商标申请注册。包括：①可视性标识。如文字、图形、字母、数字、三维标志、颜色组合等。②声音标识。例如，我国首个声音商标是2016年注册的"中国国际广播电台广播开始曲"。③三维标识。也即立体商标。

扩展阅读7-1 《商标法》形式渊源（部分）

下列三种情况三维标志不得注册：①仅由商品自身的性质产生的形状。例如，用一个立体水蜜桃的标志，作为某水果基地生产的水蜜桃的注册商标，是不允许的。②为获得技术效果而需有的商品形状。③使商品具有实质性价值的形状。

（二）注册商标的种类

（1）商品商标。如"海尔""长虹"等商标。

（2）服务商标。如"国美""苏宁""PICC"商标。

（3）集体商标。以团体、协会或者其他组织名义注册，供该组织成员在商事活动中使用，以表明使用者在该组织中的成员资格的标志。

（4）证明商标。由对某种商品或者服务具有监督能力的组织所控制，而由该组织以外的单位或者个人使用于其商品或者服务，用以证明该商品或者服务的原产地、原料、制造方法、质量或者其他特定品质的标志。

（5）防御商标。是指在不同类别的商品上使用一件商标。例如，"可口可乐"在碳酸饮料注册后，又在其他多类商品上注册"可口可乐"商标。

（6）联合商标。是指在同一类别的不同商品上注册几个相同或近似的商标。例如："娃哈哈"同时注册"哈哈娃"；"大白兔"同时注册"小白兔""白兔"。联合商标可以分别获得注册，但其中每一个商标都不得单独转让，而必须联合商标一同转让，一同许

[①]《中华人民共和国商标法》于1982年8月23日第五届全国人民代表大会常务委员会第二十四次会议通过，根据1993年2月22日第七届全国人民代表大会常务委员会第三十次会议《关于修改〈中华人民共和国商标法〉的决定》第一次修正，根据2001年10月27日第九届全国人民代表大会常务委员会第二十四次会议《关于修改〈中华人民共和国商标法〉的决定》第二次修正，根据2013年8月30日第十二届全国人民代表大会常务委员会第四次会议《关于修改〈中华人民共和国商标法〉的决定》第三次修正，根据2019年4月23日第十三届全国人民代表大会常务委员会第十次会议《关于修改〈中华人民共和国建筑法〉等八部法律的决定》第四次修正。

可使用。联合商标中每一个商标都具有相对独立性,其中一个商标被撤销或被终止,不影响其他商标的效力。

第二节　商标权的取得

一、取得商标权的途径

商标权的取得可分为原始取得和继受取得。根据《商标法》第四条的规定,商标权的原始取得,应按照商标注册程序办理。商标注册人对注册商标享有的专用权,受法律保护。继受取得应按合同转让和继承注册商标的程序办理。未注册商标的使用人虽然根据我国商标法的规定可以根据具体情况获得一定程度的法律保护,但不享有商标权。

二、商标注册的原则

（一）申请在先原则

申请在先原则,是指两个或者两个以上的商标注册申请人,在同一种商品或者类似商品上,以相同或者近似的商标申请注册的,初步审定并公告申请在先的商标;如果是同一天申请,初步审定并公告使用在先的商标,驳回其他人的申请,不予公告。两个或者两个以上的申请人在同一种商品或者类似商品上,分别以相同或者近似的商标在同一天申请注册的,各申请人应当自收到商标局通知之日起 30 日内提交其申请注册前在先使用该商标的证据。同日使用或者均未使用的,各申请人可以自收到商标局通知之日起 30 日内自行协商,并将书面协议报送商标局;不愿协商或者协商不成的,商标局通知各申请人以抽签的方式确定一个申请人,驳回其他人的注册申请。商标局已经通知但申请人未参加抽签的,视为放弃申请,商标局应当书面通知未参加抽签的申请人。

（二）诚实信用原则

我国商标法在坚持申请在先原则的同时,还特别强调商标注册申请的正当性,要求申请注册和使用商标均应当遵循诚实信用原则,防止恶意囤积注册、恶意抢先注册等不正当行为。如《商标法》第四条第一款规定:自然人、法人或者其他组织在生产经营活动中,对其商品或者服务需要取得商标专用权的,应当向商标局申请商标注册。不以使用为目的的恶意商标注册申请,应当予以驳回。《商标法》第三十二条规定:申请商标注册不得损害他人现有的在先权利,也不得以不正当手段抢先注册他人已经使用并有一定影响的商标。

（三）自愿注册原则

自愿注册原则,是指商标使用人是否申请商标注册取决于自己的意愿。在自愿注册原则下,商标注册人对其注册商标享有专用权,受法律保护。未经注册的商标,可以在生产经营活动中使用,但其使用人不享有专用权,无权禁止他人在同种或类似商品上使用与其商标相同或近似的商标,但驰名商标除外。

在实行自愿注册原则的同时，我国规定了在极少数商品上使用的商标实行强制注册原则，作为对自愿注册原则的补充。目前必须使用注册商标的商品只有烟草制品，包括卷烟、雪茄烟和有包装的烟丝。使用未注册商标的烟草制品，禁止生产和销售。

三、商标注册的条件

（一）申请人的条件

自然人、法人或者其他组织在生产经营活动中，对其商品或者服务需要取得商标专用权的，应当向商标局申请商标注册。

两个以上的自然人、法人或者其他组织可以共同向商标局申请注册同一商标，共同享有和行使该商标的专用权。

（二）商标构成的条件

1. 商标的必备条件

商标的必备条件包括两项：①应当具备法定的构成要素。任何能够将自然人、法人或者其他组织的商品与他人的商品区别开的标志，包括文字、图形、字母、数字、三维标志、颜色组合和声音等，以及上述要素的组合，均可以作为商标申请注册。除此之外的气味等商标、动态商标等不能在我国注册。②商标应当具有显著特征。商标的显著特征可以通过两种途径获得：一是标志本身固有的显著性特征，如立意新颖、设计独特的商标；二是通过使用获得显著特征，如直接叙述商品质量等特点的叙述性标志经过使用取得显著特征，并便于识别的，可以作为"第二含义"商标注册。

2. 商标的禁止条件

商标的禁止条件，也称商标的消极要件，是指注册商标的标记不应当具有的情形。

（1）不得侵犯他人的在先权利或合法利益

主要内容有：不得在相同或类似商品上与已注册或申请在先的商标相同或近似；就相同或者类似商品申请注册的商标是复制、摹仿或者翻译他人未在中国注册的驰名商标，容易导致混淆的，不予注册并禁止使用；就不相同或者不相类似商品申请注册的商标是复制、摹仿或者翻译他人已经在中国注册的驰名商标，误导公众，致使该驰名商标注册人的利益可能受到损害的，不予注册并禁止使用；未经授权，代理人或者代表人以自己的名义将被代理人或者被代表人的商标进行注册，被代理人或者被代表人提出异议的，不予注册并禁止使用；就同一种商品或者类似商品申请注册的商标与他人在先使用的未注册商标相同或者近似，申请人与该他人具有代理、代表以外的合同、业务往来关系或者其他关系而明知该他人商标存在，该他人提出异议的，不予注册；不得以不正当手段抢先注册他人已经使用并有一定影响的商标；不得侵犯他人的其他在先权利，如外观设计专利权、著作权、姓名权、肖像权、商号权、特殊标志专用权、奥林匹克标志专有权。

（2）不得违反商标法禁止注册或使用某些标志的条款

第一，禁止作为商标注册或使用的标志。包括：①同中华人民共和国的国家名称、国旗、国徽、国歌、军旗、军徽、军歌、勋章等相同或者近似的，以及同中央国家机关的名称、标志、所在地特定地点的名称或标志性建筑物的名称、图形相同的；②同外国的国家名称、国旗、国徽、军旗等相同或者近似的，但该国政府同意的除外；③同政府间国际组织的名称、旗帜、徽记等相同或者近似的，但经该组织同意或者不易误导公众的除外；④与表明实施控制、予以保证的官方标志、检验印记相同或者近似的，但经授权的除外；⑤同"红十字""红新月"的标志、名称相同或者近似的；⑥带有民族歧视性的；⑦带有欺骗性，容易使公众对商品的质量等特点或者产地产生误认的；⑧有害于社会主义道德风尚或者有其他不良影响的；⑨县级以上行政区划名称或者公众知晓的外国地名，不得作为商标。但该地名具有其他含义或者作为集体商标、证明商标组成部分的除外，已经注册的使用地名的商标继续有效；商标中有商品的地理标志，而该商品并非来源于该标志所标示的地区，误导公众的，不予注册并禁止使用，但是，已经善意取得注册的继续有效。

第二，禁止作为商标注册但可以作为未注册商标或其他标志使用的标志：①仅有本商品的通用名称、图形、型号的；仅直接表示商品的质量、主要原料、功能、用途、重量、数量及其他特点的；其他缺乏显著特征的。前述所列标志经过使用取得显著特征，并便于识别的，可以作为商标注册。②以三维标志申请注册商标的，仅由商品自身的性质产生的形状、为获得技术效果而需有的商品形状或者使商品具有实质性价值的形状，不得注册。

四、商标注册程序

（一）申请的代理

商标注册的国内申请人可以自己直接到商标局办理注册申请手续，也可以委托依法设立的商标代理机构办理。外国人或者外国企业在我国申请注册商标和办理其他商标事宜的，应当委托依法设立的商标代理机构代理。

当事人委托商标代理机构申请商标注册或者办理其他商标事宜，应当提交代理委托书。代理委托书应当载明代理内容及权限；外国人或者外国企业的代理委托书还应当载明委托人的国籍。

商标代理机构应当遵循诚实信用原则，遵守法律、行政法规，按照被代理人的委托办理商标注册申请或者其他商标事宜；对在代理过程中知悉的被代理人的商业秘密，负有保密义务。委托人申请注册的商标可能存在商标法规定不得注册情形的，商标代理机构应当明确告知委托人。商标代理机构知道或者应当知道委托人申请注册的商标属于《商标法》第四条、第十五条和第三十二条规定情形的，不得接受其委托。

商标代理机构除对其代理服务申请商标注册外，不得申请注册其他商标。

（二）注册申请

商标注册申请人应当按规定的商品分类表填报使用商标的商品类别和商品名称，提出注册申请。商标注册申请人可以通过一份申请就多个类别的商品申请注册同一商标。

商标注册申请等有关文件，可以以书面方式或者数据电文方式提出。注册商标在使用过程中，需要扩大使用范围的，无论扩大使用的商品是否与原注册商标使用的商品属于同一类，只要是在核定使用范围之外的，都必须另行提出注册申请；注册商标需要改变其标志的，应当重新提出注册申请；注册商标需要变更注册人的名义、地址或者其他注册事项的，应当提出变更申请。

在实行申请在先原则的情形下，申请日期的确定具有很重要的意义。申请日期一般以商标局收到申请文件的日期为准。申请人享有优先权的，优先权日为申请日。《商标法》规定了可以享有优先权的两种情况：①商标注册申请人自其商标在外国第一次提出商标注册申请之日起 6 个月内，又在中国就相同商品以同一商标提出商标注册申请的，依照该外国同中国签订的协议或者共同参加的国际条约，或者按照相互承认优先权的原则，可以享有优先权。②商标在中国政府主办的或者承认的国际展览会展出的商品上首次使用的，自该商品展出之日起 6 个月内，该商标的注册申请人可以享有优先权。

（三）审查和核准

商标局对受理的商标注册申请，依法应当在收到申请文件之日起 9 个月内审查完毕，对符合商标法规定的，予以初步审定公告。在审查过程中，商标局认为商标注册申请内容需要说明或者修正的，可以要求申请人作出说明或者修正。申请人未作出说明或者修正的，不影响商标局作出审查决定。

对注册申请的商标不符合注册规定的，商标局应当依法驳回申请。《商标法》第三十四条规定，对驳回申请、不予公告的商标，商标局应当书面通知商标注册申请人。商标注册申请人不服的，可以自收到通知之日起 15 日内向商标评审委员会申请复审。商标评审委员会应当自收到申请之日起 9 个月内作出决定，并书面通知申请人。有特殊情况需要延长的，经国务院市场监督管理部门批准，可以延长 3 个月。当事人对商标评审委员会的决定不服的，可以自收到通知之日起 30 日内向人民法院起诉。

对初步审定公告的商标，自公告之日起 3 个月内，在先权利人、利害关系人认为违反申请注册的法律规定的，可以向商标局提出异议。商标局依法对提出的异议进行审查，应自公告期满之日起 12 个月内作出是否准予注册的决定，并书面通知异议人和被异议人。有特殊情况需要延长的，经国务院市场监督管理部门批准，可以延长 6 个月。商标局作出准予注册决定的，发给商标注册证，并予公告。异议人不服的，可以依照《商标法》第四十四条、第四十五条的规定向商标评审委员会请求宣告该注册商标无效。商标局做出不予注册决定，被异议人不服的，可以自收到通知之日起 15 日内向商标评审委员会申请复审。商标评审委员会应当自收到申请之日起 12 个月内作出复审决定，并书面通知异议人和被异议人。有特殊情况需要延长的，经国务院市场监督管理部门批准，可以延长 6 个月。被异议人对商标评审委员会的决定不服的，可以自收到通知之日起 30 日内向人民法院起诉。人民法院应当通知异议人作为第三人参加诉讼。

商标评审委员会在进行复审的过程中，所涉及的在先权利的确定必须以人民法院正在审理或者行政机关正在处理的另一案件的结果为依据的，可以中止审查。中止原因消除后，应当恢复审查程序。当事人对商标评审委员会的复审裁定不服的，还可依法提起诉讼。人民法院应当通知异议人作为第三人参加诉讼。

当事人对公告期满无异议的，予以核准注册，发给商标注册证，并予公告。经裁定异议不能成立而核准注册的，商标注册申请人取得商标专用权的时间自初审公告 3 个月期满之日起计算。自该商标公告期满之日起至准予注册决定做出前，对他人在同一种或者类似商品上使用与该商标相同或者近似的标志的行为不具有追溯力；但是，因该使用人的恶意给商标注册人造成的损失，应当给予赔偿。

第三节 商标权的内容

商标权，是指商标注册人在法定期限内对其注册商标所享有的受国家法律保护的各种权利。从内容上看，包括专用权、许可权、转让权、续展权、标示权和禁止权等，其中专用权是最重要的权利，其他权利都是由该权利派生出来的。正因如此，一般都把商标权与商标专用权不加区分地使用。但两者的法律意义有时是不同的。

一、专用权

专用权，是指商标权主体对其注册商标依法享有的自己在指定商品或服务项目上独占使用的权利。注册商标的专用权，以核准注册的商标和核定使用的商品为限。

二、许可权

许可权，是指商标权人可以通过签订商标使用许可合同许可他人使用其注册商标的权利。许可人应当监督被许可人使用其注册商标的商品质量，被许可人必须在使用该注册商标的商品上标明被许可人的名称和商品产地。

许可他人使用其注册商标的，许可人应当将其商标使用权许可报商标局备案，由商标局公告。商标使用许可未经备案不得对抗善意第三人。

商标使用许可的类型主要有独占使用许可、排他使用许可、普通使用许可等。

三、转让权

商标转让权，是指商标权人依法享有的将其注册商标依法定程序和条件，转让给他人的权利。转让注册商标的，转让人和受让人应当签订转让协议，并共同向商标局提出申请。商标注册人对其在同一种商品上注册的近似的商标，或者在类似商品上注册的相同或者近似的商标，应当一并转让；未一并转让的，由商标局通知其限期改正；期满未改正的，视为放弃转让该注册商标的申请，商标局应当书面通知申请人。对容易导致混淆或者有其他不良影响的转让，商标局不予核准，书面通知申请人并说明理由。

转让注册商标经核准后，予以公告，受让人自公告之日起享有商标专用权。受让人应当保证使用该注册商标的商品质量。注册商标的转让不影响转让前已经生效的商标使用许可合同的效力，但商标使用许可合同另有约定的除外。

四、续展权

续展权，是指商标权人在其注册商标有效期届满前，依法享有申请续展注册，从而延长其注册商标保护期的权利。注册商标的有效期为10年，自核准注册之日起计算。注册商标有效期满，需要继续使用的，应当在期满前12个月内按照规定办理续展手续；在此期间未能办理的，可以给予6个月的宽展期。每次续展注册的有效期为10年，自该商标上一届有效期满次日起计算。宽展期满仍未办理续展手续的，注销其注册商标。

五、标示权

商标注册人使用注册商标，有权标明"注册商标"字样或者注册标记。在商品上不便标明的，可以在商品包装或者说明书以及其他附着物上标明。

六、禁止权

商标禁止权，是商标权人依法享有的禁止他人不经过自己的许可而使用注册商标和与之相近似的商标的权利。根据《商标法》第五十七条的规定，商标权人既可禁止他人擅自在同一种商品上使用与其注册商标相同的商标的"假冒注册商标行为"，也可禁止他人擅自在同一种商品上使用与其注册商标近似的商标或者在类似商品上使用与其注册商标相同或者近似的商标、容易混淆的"仿冒注册商标行为"，故商标禁止权的范围比商标专用权的范围广。

第四节 商标权的消灭

商标权的消灭，是指注册商标权利人所享有的商标权在一定条件下丧失，不再受法律保护。商标权因注册商标被注销或者被撤销或者被宣告无效而消灭。

一、注册商标的注销

这是指商标主管机关基于法定原因消灭商标权的一种管理措施。在下列情况下，商标局可以注销注册商标：①注册商标法定期限届满，未续展和续展未获批准的。②商标注册人申请注销其注册商标或者注销其商标在部分指定商品上的注册的。商标注册人申请注销其注册商标或者注销其商标在部分指定商品上的注册，经商标局核准注销的，该注册商标专用权或者该注册商标专用权在该部分指定商品上的效力自商标局收到其注销申请之日起终止。

二、注册商标的撤销

注册商标的撤销是商标局对违法使用商标的商标权人依法强制取消已经注册的商标的一种强制性法律措施，也是违法者应当承担的行政法律责任。

商标注册人在使用注册商标的过程中，自行改变注册商标、注册人名义、地址或者其他注册事项的，由地方市场监督管理部门责令限期改正；期满不改正的，由商标局撤销其注册商标。

注册商标成为其核定使用的商品的通用名称或者没有正当理由连续3年不使用的，任何单位或者个人可以向商标局申请撤销该注册商标。商标局应当自收到申请之日起9个月内作出决定。有特殊情况需要延长的，经国务院市场监督管理部门批准，可以延长3个月。

对商标局撤销注册商标的决定，当事人不服的，可以自收到通知之日起15日内向商标评审委员会申请复审，商标评审委员会应当自收到申请之日起9个月内作出决定，并书面通知申请人。有特殊情况需要延长的，经国务院市场监督管理部门批准，可以延长3个月。当事人对商标评审委员会的决定不服的，可以自收到通知之日起30日内向人民法院起诉。

三、注册商标的无效宣告

由于申请人或商标注册机关等多方面的原因，可能导致部分不具备注册条件的商标被允许注册。注册商标的无效宣告是弥补商标注册工作失误的一种重要制度。无效宣告程序与注册商标的撤销程序均可能导致商标注册人不再享有商标权的结果，但前者通常是导致被撤销的商标权自始无效，后者是导致被撤销的注册商标从撤销之日起丧失商标权。

（一）注册商标不涉及侵害他人民事权益情形下的无效宣告

已经注册的商标，违反《商标法》第四条、第十条、第十一条、第十二条、第十九条第四款规定的，或者是以欺骗手段或者其他不正当手段取得注册的，由商标局宣告该注册商标无效；其他单位或者个人可以请求商标评审委员会宣告该注册商标无效。

（二）注册商标侵害他人民事权益情形下的无效宣告

已经注册的商标，违反《商标法》第十三条第二款和第三款、第十五条、第十六条第一款、第三十条、第三十一条、第三十二条规定的，自商标注册之日起5年内，在先权利人或者利害关系人可以请求商标评审委员会宣告该注册商标无效。对恶意注册的，驰名商标所有人不受5年的时间限制。

（三）司法审查

商标评审委员会在对涉及侵害他人民事权益情形下的无效宣告请求进行审查的过程中，所涉及的在先权利的确定必须以人民法院正在审理或者行政机关正在处理的另一案件的结果为依据的，可以中止审查。中止原因消除后，应当恢复审查程序。商标评审委员会作出维持或者宣告注册商标无效的裁定后，应当书面通知有关当事人。当事人对商标评审委员会的裁定不服的，可以自收到通知之日起30日内向人民法院起诉。人民法院应当通知商标裁定程序的对方当事人作为第三人参加诉讼。

（四）注册商标宣告无效的法律后果

注册商标被宣告无效的，其商标权视为自始不存在。有关宣告注册商标无效的决定或者裁定，对在宣告无效前人民法院作出并已执行的商标侵权案件的判决、裁定、调解书和市场监督管理部门作出并已执行的商标侵权案件的处理决定，以及已经履行的商标转让或者使用许可合同不具有追溯力；但是，因商标注册人的恶意给他人造成的损失，应当给予赔偿。依照前述规定不返还商标侵权赔偿金、商标转让费、商标使用费，明显违反公平原则的，应当全部或者部分返还。

典型案例 7-1　商标权无效

第五节　商标侵权行为

一、商标侵权行为的概念

商标侵权行为，是指违反《商标法》规定，假冒或仿冒他人注册商标，或者从事其他损害商标权人合法权益的行为。

二、商标侵权行为的表现形式

（一）假冒或仿冒行为

假冒或仿冒行为，是指未经商标注册人的许可，在同一种商品或者类似商品上使用与其注册商标相同或者近似的商标。这类侵权行为可以具体分解为以下四种：①在同一种商品上使用与他人注册商标相同的商标的；②在同一种商品上使用与他人注册商标近似的商标，容易导致混淆的；③在类似商品上使用与注册商标相同的商标，容易导致混淆的；④在类似商品上使用与他人注册商标相近似的商标，容易导致混淆的。第一种行为是假冒行为，其余三种是仿冒行为。是否"容易导致混淆"，是仿冒行为的构成要件。假冒注册商标是最严重的侵害商标专用权的行为，情节严重的，还要依法追究刑事责任。

"相同商标"，是指被控侵权的商标与原告的注册商标相比较，二者在视觉上基本无差别。"近似商标"，是指被控侵权的商标与原告的注册商标相比较，其文字的字形、读音、含义或者图形的构图及颜色，或者其各要素组合后的整体结构相似，或者其立体形状、颜色组合近似，易使相关公众对商品的来源产生误认或者认为其来源与原告注册商标的商品有特定的联系。"类似商品"，是指在功能、用途、生产部门、销售渠道、消费对象等方面相同，或者相关公众一般认为其存在特定联系、容易造成混淆的商品。在认定商品或者服务是否类似时，应以相关公众对商品或者服务的一般认识综合判断，商标注册用商品和服务国际分类表、类似商品和服务区分表可以作为判断类似商品或者服务的参考。

商标的使用，是指将商标用于商品、商品包装或者容器以及商品交易文书上，或者将商标用于广告宣传、展览以及其他商业活动中，用于识别商品来源的行为。

（二）销售侵犯商标权的商品

这类侵权行为的主体是商品经销商，无论行为人主观上是否有过错，只要实施了销售侵犯注册商标专用权的商品的行为，都构成侵权。只是在行为人主观上是善意时，可以免除其赔偿责任。《商标法》第六十四条第二款规定，销售不知道是侵犯注册商标专用权的商品，能证明该商品是自己合法取得并说明提供者的，不承担赔偿责任。

下列情形属于"能证明该商品是自己合法取得"的情形：①有供货单位合法签章的供货清单和货款收据且经查证属实或者供货单位认可的；②有供销双方签订的进货合同且经查证已真实履行的；③有合法进货发票且发票记载事项与涉案商品对应的；④其他能够证明合法取得涉案商品的情形。

除善意销售商不承担侵权赔偿责任外，被控侵权人以注册商标专用权人未使用注册商标提出赔偿抗辩的，人民法院可以要求注册商标专用权人提供此前3年内实际使用该注册商标的证据。注册商标专用权人不能证明此前3年内实际使用过该注册商标，也不能证明因侵权行为受到其他损失的，被控侵权人不承担赔偿责任。

（三）伪造、擅自制造他人注册商标标识或者销售伪造、擅自制造的注册商标标识

这种侵权行为是商标标识侵权的问题，包括"制造"和"销售"两种行为。

（四）反向假冒行为

反向假冒行为，又称撤换商标行为，是指未经商标注册人同意，更换其注册商标并将该更换商标的商品又投入市场。构成这种侵权行为必须具备两个要件：①行为人未经商标所有人同意而擅自更换商标；②撤换商标的商品又投入市场进行销售。

（五）故意为侵犯他人注册商标专用权行为提供便利条件，帮助他人实施侵犯商标专用权行为

为侵犯他人商标专用权提供仓储、运输、邮寄、印制、隐匿、经营场所、网络商品交易平台等，属于"为侵犯他人注册商标专用权行为提供便利条件"。

（六）给他人的注册商标专用权造成其他损害的行为

根据《商标法实施条例》和最高人民法院《关于审理商标民事纠纷案件适用法律若干问题的解释》规定，下列行为属于"侵犯注册商标专用权的行为"或"给他人的注册商标专用权造成其他损害的"商标侵权行为。

（1）在同一种或者类似商品上，将与他人注册商标相同或者近似的标志作为商品名称或者商品装潢使用，误导公众的。

（2）将与他人注册商标相同或者相近似的文字作为企业的字号在相同或者类似商品上突出使用，容易使相关公众产生误认的。

（3）复制、摹仿或者翻译他人注册的驰名商标或其主要部分在不相同或者不相类似商品上作为商标使用，误导公众，致使该驰名商标注册人的利益可能受到损害的。

典型案例 7-2　侵犯注册商标专用权

（4）将与他人注册商标相同或者相近似的文字注册为域名，

并且通过该域名进行相关商品交易的电子商务，容易使相关公众产生误认的。

需要注意的是，《商标法》第五十八条规定："将他人注册商标、未注册的驰名商标作为企业名称中的字号使用，误导公众，构成不正当竞争行为的，依照《中华人民共和国反不正当竞争法》处理。"

三、商标权的限制

（一）商标的合理使用

注册商标中含有本商品的通用名称、图形、型号，或者直接标示商品的质量、主要原料、功能、用途、重量、数量及其他特点或者含有地名，注册商标专用权人无权禁止他人正当使用。对他人的正当使用行为不能作为商标侵权行为查处。

三维标志注册商标中含有的商品自身的性质产生的形状、为获得技术效果而需有的商品形状或者使商品具有实质性价值的形状，注册商标专用权人无权禁止他人正当使用。

（二）商标先用权

商标注册人申请商标注册前，他人已经在同一种商品或者类似商品上先于商标注册人使用与注册商标相同或者近似并有一定影响的商标的，注册商标专用权人无权禁止该使用人在原使用范围内继续使用该商标，但可以要求其附加适当区别标识。

第六节　驰名商标的保护

一、驰名商标的概念

驰名商标，是指在一定地域范围内具有较高知名度并为相关公众所熟知的商标。驰名商标具有巨大的商业价值，是不法经营者假冒或仿冒的重点对象，因而商标法对驰名商标规定了特殊的保护措施。

二、驰名商标的认定

驰名商标的认定可以由特定的行政机关认定，也可以由最高人民法院指定的人民法院在审理案件时进行认定。国家知识产权局商标局或商标评审委员会可以依法在处理相关纠纷时认定驰名商标。驰名商标的认定以被动认定和个案认定为原则。被动认定是指只能基于纠纷当事人的申请才能认定驰名商标，法院、商标局或商标评审委员会均不得主动依职权认定。个案认定是指只能在发生纠纷的个案中，商标是否驰名对争议的解决具有直接意义时才能依照法律标准进行审查认定。

人民法院在审理商标纠纷案件中，根据当事人的请求和案件的具体情况，可以对涉及的注册商标是否驰名依法作出认定。当事人对曾经被行政机关或者人民法院认定的驰名商标请求保护的，对方当事人对涉及的商标驰名不持异议，人民法院不再审查；提出异议的，人民法院依照《商标法》第十四条的规定审查。

认定驰名商标应当考虑下列因素：①相关公众对该商标的知晓程度；②该商标使用的持续时间；③该商标的任何宣传工作的持续时间、程度和地理范围；④该商标作为驰名商标受保护的记录；⑤该商标驰名的其他因素。这里的"相关公众"，是指与商标所标识的某类商品或者服务有关的消费者和与前述商品或者服务的营销有密切关系的其他经营者。

三、驰名商标的特殊保护措施

复制、摹仿或者翻译他人未在中国注册的驰名商标或者主要部分，在相同或者类似商品上使用，容易导致混淆的，应当承担停止侵害的民事法律责任，申请注册的，不予注册并禁止使用。未注册驰名商标的持有人毕竟没有获得商标权，因而不能依据商标法享有损害赔偿请求权。

就不相同或者不相类似商品申请注册的商标是复制、摹仿或者翻译他人已经在中国注册的驰名商标，误导公众，致使该驰名商标注册人的利益可能受到损害的，不予注册并禁止使用。

四、驰名商标的宣传

驰名商标认定的法律意义仅限于处理特定的纠纷，让在特定纠纷中的相关当事人依法获得特殊保护措施或待遇。驰名商标不是授予商标权人或持有人或其产品或其服务的荣誉称号，因而《商标法》第十四条第五款明确规定，生产、经营者不得将"驰名商标"字样用于商品、商品包装或者容器上，或者用于广告宣传、展览以及其他商业活动中。《商标法》第五十三条规定，违反上述规定的，由地方市场监督管理部门责令改正，处10万元罚款。

第七章　即测即练题

本章思考题

1. 我国《商标法》规定的注册商标的种类有哪些？
2. 注册商标的构成要素有哪些？
3. 注册商标的原则有哪些？
4. 商标权的内容有哪些？
5. 驰名商标的概念和认定有哪些？
6. 驰名商标的特殊保护措施有哪些？
7. 如何认定和区分注册商标的注销、撤销和无效宣告的条件和后果？
8. 商标侵权行为的表现形式有哪些？

第八章 反垄断法律制度

> **本章学习目标**
>
> 1. 了解:
> (1) 反垄断法的形式渊源;
> (2) 垄断行为的法律责任;
> (3) 公平竞争审查制度。
> 2. 掌握:
> (1) 垄断行为的特征;
> (2) 反垄断法的适用范围;
> (3) 反垄断法的实施机制。
> 3. 运用:
> (1) 正确认定滥用市场支配地位;
> (2) 正确认定垄断协议;
> (3) 正确认定行政垄断;
> (4) 经营者集中的申报与审查。

第八章 引导案例

第一节 反垄断法律制度概述

一、反垄断法与垄断行为

(一) 反垄断法的定义与形式渊源

1. 反垄断法的定义

反垄断法,是指国家为促进和保护竞争,通过规制垄断行为来调整竞争关系及与竞争有密切联系的其他社会关系的法律规范的总称。

反垄断法是制止垄断行为、保护市场竞争和维护市场秩序的基本法律,也是完善市场结构、保障经济安全和确保市场配置资源基础性作用的重要法律。作为竞争法的重要组成部分之一,我国反垄断法在预防和制止垄断行为,保护市场公平竞争,鼓励创新,提高经济运行效率,维护消费者利益和社会公共利益,促进社会主义市场经济健康发展等方面具有极为重要的作用。

2. 反垄断法的形式渊源

扩展阅读8-1《反垄断法》的形式渊源(部分)

从形式渊源上看,我国反垄断法由两部分构成:①主要形式渊源,即《中华人民共和国反垄断法》[①](以下简称《反垄断法》)。②其他形式渊源,即散见于其他法律法规之中的相关规定。

(二)垄断行为的定义、特征与类型

1. 垄断行为的定义与特征

从法学的角度而言,垄断行为是指经营者或其利益的代表者排除、限制竞争的违法行为。

垄断行为具有以下主要特征:①行为的主体是经营者或其利益的代表者。经营者是垄断行为最常见的主体。经营者利益的代表者包括行业协会、行政机关或根据法律法规授权享有公共管理权力的其他组织等,这些主体也可能成为垄断行为的行为人。②行为的目的是排除、限制竞争,以牟取超额利益。排除竞争或限制竞争,是垄断行为的核心特征。③行为具有违法性。如果依法不构成垄断或者具备适用除外的条件,则不是法律意义上的垄断行为。

2. 垄断行为的类型

根据行为主体的不同,垄断行为可分为两类:①经济性垄断,也称市场性垄断,是指经营者滥用经济性优势所从事的排除、限制竞争的行为。②行政性垄断,是指行政机关或根据法律法规授权享有公共管理权力的其他组织滥用行政权力所从事的排除、限制竞争的行为。

根据行为直接指向对象的不同,垄断行为可分为价格垄断和非价格垄断。①价格垄断,是指直接指向对象为价格的垄断行为。该类垄断行为旨在排除、限制经营者之间的价格竞争。②非价格垄断,是指直接指向对象为技术等非价格的垄断行为。该类垄断行为旨在排除、限制经营者之间的非价格竞争。

二、反垄断法的适用范围

(一)空间范围

中华人民共和国境内经济活动中的垄断行为,适用《反垄断法》;中华人民共和国境外的垄断行为,对境内市场竞争产生排除、限制影响的,适用《反垄断法》。可见,《反垄断法》的效力不仅及于发生在我国境内的垄断行为,而且还及于发生在境外的对境内

---

① 《中华人民共和国反垄断法》,已由中华人民共和国第十届全国人民代表大会常务委员会第二十九次会议于2007年8月30日通过,自2008年8月1日起施行。

市场竞争产生排除、限制影响的垄断行为，具有一定的域外效力。

（二）行为范围

《反垄断法》对以下四类垄断行为进行规制：①经营者达成垄断协议；②经营者滥用市场支配地位；③具有或者可能具有排除、限制竞争效果的经营者集中；④滥用行政权力排除、限制竞争。这里的"经营者"，是指从事商品生产、经营或者提供服务的自然人、法人和其他组织。

（三）适用除外

适用除外，是指将特定领域排除在《反垄断法》的适用范围之外，根本不予适用。适用除外是从消极方面界定《反垄断法》的适用范围。《反垄断法》的适用除外主要包括两种情形：①依法行使知识产权的行为。经营者依照有关知识产权的法律、行政法规规定行使知识产权的行为，不适用《反垄断法》；但是，经营者滥用知识产权，排除、限制竞争的行为，适用《反垄断法》。②农业生产中的联合或者协同行为。农业生产者及农村经济组织在农产品生产、加工、销售、运输、储存等经营活动中实施的联合或者协同行为，不适用《反垄断法》。

另外，国有经济占控制地位的关系国民经济命脉和国家安全的行业以及依法实行专营专卖的行业，国家对其经营者的合法经营活动予以保护，并对经营者的经营行为及其商品和服务的价格依法实施监管和调控，维护消费者利益，促进技术进步。这些行业的经营者应当依法经营，诚实守信，严格自律，接受社会公众的监督，不得利用其控制地位或者专营专卖地位损害消费者利益。这些行业的经营者实施垄断行为的，同样受《反垄断法》的规制。

三、反垄断法的实施

关于反垄断法的实施，我国采用民事诉讼与行政执法并行的基本模式。

（一）反垄断民事诉讼

因垄断行为受到损失以及因合同内容、行业协会的章程等违反反垄断法而发生争议的自然人、法人或者非法人组织，可以向人民法院提起民事诉讼。这类因垄断行为引发的民事纠纷案件简称垄断民事纠纷案件。与普通民事纠纷案件相比，垄断民事纠纷案件具有一定的特殊性，主要表现在以下方面。

1. 民事诉讼与行政执法的关系

在民事诉讼与行政执法并行的反垄断法实施模式下，民事诉讼是否以行政执法机构已对相关垄断行为进行查处为前置条件，是需要解决的重要问题。依据《最高人民法院关于审理因垄断行为引发的民事纠纷案件应用法律若干问题的规定》，原告直接向人民法院提起民事诉讼，或者在反垄断执法机构认定构成垄断行为的处理决定发生法律效力后向人民法院提起民事诉讼，并符合法律规定的其他受理条件的，人民法院应当受理。可见，人民法院受理垄断民事纠纷案件，不以执法机构已对相关垄断行为进行了查处为前置条件。

2. 诉讼管辖

第一审垄断民事纠纷案件,由知识产权法院,省、自治区、直辖市人民政府所在地的市、计划单列市中级人民法院以及最高人民法院指定的中级人民法院管辖。垄断民事纠纷案件的地域管辖,根据案件具体情况,依照民事诉讼法及相关司法解释有关侵权纠纷、合同纠纷等的管辖规定确定。

3. 保密措施

垄断民事纠纷案件的证据涉及国家秘密、商业秘密、个人隐私或者其他依法应当保密的内容的,人民法院可以依职权或者当事人的申请采取不公开开庭、限制或者禁止复制、仅对代理律师展示、责令签署保密承诺书等保护措施。

4. 专家的诉讼作用

垄断民事纠纷案件具有很强的专业性,可能需要专家的参与。专家参与垄断民事纠纷案件的情形有两种:①当事人可以向人民法院申请一至两名具有相应专门知识的人员出庭,就案件的专门性问题进行说明。这种情形下,专家意见不属于《中华人民共和国民事诉讼法》上的证据形式,而是作为法官判案的参考依据。②当事人可以向人民法院申请委托专业机构或者专业人员就案件的专门性问题作出市场调查或者经济分析报告。经人民法院同意,双方当事人可以协商确定专业机构或者专业人员;协商不成的,由人民法院指定。人民法院可以参照民事诉讼法及相关司法解释有关鉴定意见的规定,对前述的市场调查或者经济分析报告进行审查判断。

5. 诉讼时效

因垄断行为产生的损害赔偿请求权诉讼时效期间,从原告知道或者应当知道权益受到损害以及义务人之日起计算。

原告向反垄断执法机构举报被诉垄断行为的,诉讼时效从其举报之日起中断。反垄断执法机构决定不立案、撤销案件或者决定终止调查的,诉讼时效期间从原告知道或者应当知道不立案、撤销案件或者终止调查之日起重新计算。反垄断执法机构调查后认定构成垄断行为的,诉讼时效期间从原告知道或者应当知道反垄断执法机构认定构成垄断行为的处理决定发生法律效力之日起重新计算。

原告知道或者应当知道权益受到损害以及义务人之日起超过三年,如果起诉时被诉垄断行为仍然持续,被告提出诉讼时效抗辩的,损害赔偿应当自原告向人民法院起诉之日起向前推算三年计算。自权利受到损害之日起超过二十年的,人民法院不予保护,有特殊情况的,人民法院可以根据权利人的申请决定延长。

(二)反垄断行政执法

1. 反垄断机构

反垄断机构,是指负责反垄断执法的行政机构及其他相关行政机构。目前我国的反垄断机构包括以下两类。

一类是反垄断执法机构。国务院规定的承担反垄断执法职责的机构(以下统称国务院反垄断执法机构)为国家市场监督管理总局,负责反垄断执法工作。国务院反垄断执法机构根据工作需要，可以授权省、自治区、直辖市人民政府相应的机构，依照本法规定负责有关反垄断执法工作。

另一类是反垄断指导机构。国务院设立的反垄断委员会是负责组织、协调、指导反垄断工作的机构，履行下列职责：①研究拟订有关竞争政策；②组织调查、评估市场总体竞争状况，发布评估报告；③制定、发布反垄断指南；④协调反垄断行政执法工作；⑤国务院规定的其他职责。

2. 反垄断职权

我国反垄断机构依法享有以下两类职权。

一类是调查权。反垄断执法机构依法对涉嫌垄断行为进行调查。反垄断执法机构调查涉嫌垄断行为，可以采取下列措施：①进入被调查的经营者的营业场所或者其他有关场所进行检查；②询问被调查的经营者、利害关系人或者其他有关单位或者个人，要求其说明有关情况；③查阅、复制被调查的经营者、利害关系人或者其他有关单位或者个人的有关单证、协议、会计账簿、业务函电、电子数据等文件、资料；④查封、扣押相关证据；⑤查询经营者的银行账户。采取前款规定的措施，应当向反垄断执法机构主要负责人书面报告，并经批准。

另一类是除调查权之外的其他职权。主要包括：①许可权。例如反垄断执法机构依法许可经营者实施集中行为。②制裁权。例如反垄断执法机构依法对垄断行为人进行罚款。③规则制度权。例如反垄断执法机构有权制定反垄断规章，国务院反垄断委员会有权发布反垄断指南。④其他。包括调研权等。例如国务院反垄断委员会有权组织调查、评估市场总体竞争状况，发布评估报告。

3. 反垄断调查程序

反垄断调查程序包括立案、调查和处理三个阶段。

第一阶段：立案。反垄断执法机构可依职权主动立案，也可依举报人举报对涉嫌垄断行为立案调查。对涉嫌垄断行为，任何单位和个人有权向反垄断执法机构举报。反垄断执法机构应当为举报人保密。举报采用书面形式并提供相关事实和证据的，反垄断执法机构应当进行必要的调查。

第二阶段：调查。立案后，反垄断执法机构应对涉嫌垄断行为展开调查，并注意以下事项：①反垄断执法机构调查涉嫌垄断行为，执法人员不得少于二人，并应当出示执法证件。②执法人员进行询问和调查，应当制作笔录，并由被询问人或者被调查人签字。③反垄断执法机构及其工作人员对执法过程中知悉的商业秘密负有保密义务。④被调查的经营者、利害关系人有权陈述意见。反垄断执法机构应当对被调查的经营者、利害关系人提出的事实、理由和证据进行核实。

第三阶段：处理。反垄断执法机构对涉嫌垄断行为调查核实后，认为构成垄断行为的，应当依法作出处理决定，并可以向社会公布。

4. 经营者承诺与调查中止、终止

对反垄断执法机构调查的涉嫌垄断行为，被调查的经营者承诺在反垄断执法机构认可的期限内采取具体措施消除该行为后果的，反垄断执法机构可以决定中止调查。中止调查的决定应当载明被调查的经营者承诺的具体内容。

反垄断执法机构决定中止调查的，应当对经营者履行承诺的情况进行监督。经营者履行承诺的，反垄断执法机构可以决定终止调查。

在决定中止调查之后，如果有下列情形之一的，反垄断执法机构应当恢复调查：①经营者未履行承诺的；②作出中止调查决定所依据的事实发生重大变化的；③中止调查的决定是基于经营者提供的不完整或者不真实的信息作出的。

四、垄断行为的法律责任

在我国，垄断行为的法律责任主要包括民事责任和行政责任，个别情况下可能涉及刑事责任。

（一）民事责任

经营者实施垄断行为，给他人造成损失的，依法承担民事责任，主要包括停止侵害、恢复原状、赔偿损失等。根据原告的请求，人民法院可以将原告因调查、制止垄断行为所支付的合理开支计入损失赔偿范围。

（二）行政责任

依据《反垄断法》，四类垄断行为的行政责任有所不同。①具体见表8-1。

表8-1　垄断行为的行政责任

行为	行政责任
滥用市场支配地位	由监督检查部门责令停止违法行为，没收违法商品。违法经营额五万元以上的，可以并处违法经营额五倍以下的罚款；没有违法经营额或者违法经营额不足五万元的，可以并处二十五万元以下的罚款。情节严重的，吊销营业执照
垄断协议	（1）达成并实施垄断协议的，由反垄断执法机构责令停止违法行为，没收违法所得，并处上一年度销售额百分之一以上百分之十以下的罚款；尚未实施所达成的垄断协议的，可以处五十万元以下的罚款。 （2）行业协会违反本法规定，组织本行业的经营者达成垄断协议的，反垄断执法机构可以处五十万元以下的罚款；情节严重的，社会团体登记管理机关可以依法撤销登记
经营者集中	经营者违法实施集中的，由国务院反垄断执法机构责令停止实施集中、限期处分股份或者资产、限期转让营业以及采取其他必要措施恢复到集中前的状态，可以处五十万元以下的罚款
行政垄断	（1）由上级机关责令改正；对直接负责的主管人员和其他直接责任人员依法给予处分。反垄断执法机构可以向有关上级机关提出依法处理的建议。 （2）法律、行政法规对行政机关和法律、法规授权的具有管理公共事务职能的组织滥用行政权力实施排除、限制竞争行为的处理另有规定的，依照其规定
备注	确定具体罚款数额时，应当考虑违法行为的性质、程度和持续的时间等因素

---

① 除了这四类垄断行为外，以下两种行为也应依法承担行政责任：（1）被调查的经营者、利害关系人或者其他有关单位或者个人应当配合反垄断执法机构依法履行职责，不得拒绝、阻碍反垄断执法机构的调查。对反垄断执法机构依法实施的审查和调查，拒绝提供有关材料、信息，或者提供虚假材料、信息，或者隐匿、销毁、转移证据，或者有其他拒绝、阻碍调查行为的，由反垄断执法机构责令改正，对个人可以处二万元以下的罚款，对单位可以处二十万元以下的罚款；情节严重的，对个人处二万元以上十万元以下的罚款，对单位处二十万元以上一百万元以下的罚款。（2）反垄断执法机构工作人员滥用职权、玩忽职守、徇私舞弊或者泄露执法过程中知悉的商业秘密，尚不构成犯罪的，依法给予处分。

（三）刑事责任

《反垄断法》并未对垄断行为规定刑事责任，但这不意味着我国对垄断行为完全没有刑事规制。例如依据《中华人民共和国招标投标法》第五十三条，投标人相互串通投标或者与招标人串通投标，构成犯罪的，依法追究刑事责任。依据《中华人民共和国刑法》（以下简称《刑法》）第二百二十三条，投标人相互串通投标报价，损害招标人或者其他投标人利益，情节严重的，处三年以下有期徒刑或者拘役，并处或者单处罚金。投标人与招标人串通投标，损害国家、集体、公民的合法利益的，依照前款的规定处罚。由于串通招投标可能构成《反垄断法》中的垄断行为，这种情形下，垄断行为可能涉及刑事责任。[①]

第二节　滥用市场支配地位

一、相关市场

（一）相关市场的定义

相关市场，是指经营者在一定时期内就特定商品或者服务（以下统称商品）进行竞争的商品范围和地域范围。相关市场涉及商品、地域和时间三个维度。根据维度的不同，相关市场可分为相关商品市场、相关地域市场和相关时间市场。

任何竞争行为均发生在一定的市场范围内。界定相关市场就是明确经营者竞争的市场范围。在禁止经营者达成垄断协议、禁止经营者滥用市场支配地位、控制具有或者可能具有排除、限制竞争效果的经营者集中等反垄断执法工作中，均可能涉及相关市场的界定问题。

科学合理地界定相关市场，对识别竞争者和潜在竞争者、判定经营者市场份额和市场集中度、认定经营者的市场地位、分析经营者的行为对市场竞争的影响、判断经营者行为是否违法以及在违法情况下需承担的法律责任等关键问题，具有重要的作用。因此，相关市场的界定通常是对竞争行为进行分析的起点，是反垄断执法工作的重要步骤。

（二）相关市场的界定

在反垄断执法实践中，通常需要界定相关商品市场和相关地域市场。当生产周期、使用期限、季节性、流行时尚性或知识产权保护期限等已构成商品不可忽视的特征时，界定相关市场还应考虑时间性，即界定相关时间市场。在技术贸易、许可协议等涉及知识产权的反垄断执法工作中，可能还需要界定相关技术市场，考虑知识产权、创新等因素的影响。

[①] 依据《反垄断法》，以下两种行为应依法追究刑事责任：①对反垄断执法机构依法实施的审查和调查，拒绝提供有关材料、信息，或者提供虚假材料、信息，或者隐匿、销毁、转移证据，或者有其他拒绝、阻碍调查行为，构成犯罪的，依法追究刑事责任。②反垄断执法机构工作人员滥用职权、玩忽职守、徇私舞弊或者泄露执法过程中知悉的商业秘密，构成犯罪的，依法追究刑事责任。

1. 相关商品市场的界定

相关商品市场，是指经营者在一定时期内进行竞争的商品。实践中，相关商品市场范围的大小主要取决于商品的可替代程度。

从需求替代角度界定相关商品市场，可以考虑的因素包括但不限于以下各方面：①需求者因商品价格或其他竞争因素变化，转向或考虑转向购买其他商品的证据。②商品的外形、特性、质量和技术特点等总体特征和用途。商品可能在特征上表现出某些差异，但需求者仍可以基于商品相同或相似的用途将其视为紧密替代品。③商品之间的价格差异。通常情况下，替代性较强的商品价格比较接近，而且在价格变化时表现出同向变化趋势。在分析价格时，应排除与竞争无关的因素引起价格变化的情况。④商品的销售渠道。销售渠道不同的商品面对的需求者可能不同，相互之间难以构成竞争关系，则成为相关商品的可能性较小。⑤其他重要因素。如：需求者偏好或需求者对商品的依赖程度；可能阻碍大量需求者转向某些紧密替代商品的障碍、风险和成本；是否存在区别定价；等等。

从供给角度界定相关商品市场，一般考虑的因素包括：①其他经营者对商品价格等竞争因素的变化做出反应的证据；②其他经营者的生产流程和工艺，转产的难易程度，转产需要的时间，转产的额外费用和风险，转产后所提供商品的市场竞争力，营销渠道等。

2. 相关地域市场的界定

相关地域市场，是指经营者在一定时期内就特定商品进行竞争的地域范围。实践中，相关地域市场范围的大小主要取决于地域的可替代程度。

从需求替代角度界定相关地域市场，可以考虑的因素包括但不限于以下各方面：①需求者因商品价格或其他竞争因素变化，转向或考虑转向其他地域购买商品的证据。②商品的运输成本和运输特征。相对于商品价格来说，运输成本越高，相关地域市场的范围越小，如水泥等商品；商品的运输特征也决定了商品的销售地域，如需要管道运输的工业气体等商品。③多数需求者选择商品的实际区域和主要经营者商品的销售分布。④地域间的贸易壁垒，包括关税、地方性法规、环保因素、技术因素等。如关税相对商品的价格来说比较高时，则相关地域市场很可能是一个区域性市场。⑤其他重要因素。如：特定区域需求者偏好；商品运进和运出该地域的数量。

从供给角度界定相关地域市场时，一般考虑的因素包括：①其他地域的经营者对商品价格等竞争因素的变化做出反应的证据；②其他地域的经营者供应或销售相关商品的即时性和可行性，例如将订单转向其他地域经营者的转换成本等。

二、市场支配地位

（一）市场支配地位的定义

市场支配地位，是指经营者在相关市场内具有能够控制商品价格、数量或者其他交易条件，或者能够阻碍、影响其他经营者进入相关市场能力的市场地位。这里的"其他交易条件"，是指除商品价格、数量之外能够对市场交易产生实质影响的其他因素，包括商品品种、商品品质、付款条件、交付方式、售后服务、交易选择、技术约束等。这里的"能够阻碍、影响其他经营者进入相关市场",包括排除其他经营者进入相关市场,或者延缓其他经营者在合理时间内进入相关市场,或者导致其他经营者虽能够进入该相关市场但进入成本大幅提高,无法与现有经营者开展有效竞争等情形。

(二) 市场支配地位的认定

认定经营者具有市场支配地位,应当依据下列因素:

1. 该经营者在相关市场的市场份额,以及相关市场的竞争状况

确定经营者在相关市场的市场份额,可以考虑一定时期内经营者的特定商品销售金额、销售数量或者其他指标在相关市场所占的比重。分析相关市场竞争状况,可以考虑相关市场的发展状况、现有竞争者的数量和市场份额、商品差异程度、创新和技术变化、销售和采购模式、潜在竞争者情况等因素。

2. 该经营者控制销售市场或者原材料采购市场的能力

确定经营者控制销售市场或者原材料采购市场的能力,可以考虑该经营者控制产业链上下游市场的能力,控制销售渠道或者采购渠道的能力,影响或者决定价格、数量、合同期限或者其他交易条件的能力,以及优先获得企业生产经营所必需的原料、半成品、零部件、相关设备以及需要投入的其他资源的能力等因素。

3. 该经营者的财力和技术条件

确定经营者的财力和技术条件,可以考虑该经营者的资产规模、盈利能力、融资能力、研发能力、技术装备、技术创新和应用能力、拥有的知识产权等,以及该财力和技术条件能够以何种方式和程度促进该经营者业务扩张或者巩固、维持市场地位等因素。

4. 其他经营者对该经营者在交易上的依赖程度

确定其他经营者对该经营者在交易上的依赖程度,可以考虑其他经营者与该经营者之间的交易关系、交易量、交易持续时间、在合理时间内转向其他交易相对人的难易程度等因素。

5. 其他经营者进入相关市场的难易程度

确定其他经营者进入相关市场的难易程度,可以考虑市场准入、获取必要资源的难度、采购和销售渠道的控制情况、资金投入规模、技术壁垒、品牌依赖、用户转换成本、消费习惯等因素。

6. 与认定该经营者市场支配地位有关的其他因素

根据经营者的某些特殊性,认定该经营者市场支配地位时可能需要考虑除前述因素之外的其他因素。常见情形包括:①认定互联网等新经济业态经营者具有市场支配地位,可以考虑相关行业竞争特点、经营模式、用户数量、网络效应、锁定效应、技术特性、市场创新、掌握和处理相关数据的能力及经营者在关联市场的市场力量等因素。②认定知识产权领域经营者具有市场支配地位,可以考虑知识产权的替代性、下游市场对利用知识产权所提供商品的依赖程度、交易相对人对经营者的制衡能力等因素。③认定两个以上的经营者具有市场支配地位,还应当考虑市场结构、相关市场透明度、相关商品同

质化程度、经营者行为一致性等因素。

(三) 市场支配地位的推定

有下列情形之一的,可以推定经营者具有市场支配地位:①一个经营者在相关市场的市场份额达到二分之一的;②两个经营者在相关市场的市场份额合计达到三分之二的;③三个经营者在相关市场的市场份额合计达到四分之三的。有前述第二项、第三项规定的情形,其中有的经营者市场份额不足十分之一的,不应当推定该经营者具有市场支配地位。

被推定具有市场支配地位的经营者,有证据证明不具有市场支配地位的,不应当认定其具有市场支配地位。

(四) 市场支配地位的举证责任与证据

垄断民事纠纷案件中,被诉垄断行为属于滥用市场支配地位的,原告应当对被告在相关市场内具有支配地位和其滥用市场支配地位承担举证责任。

被诉垄断行为属于公用企业或者其他依法具有独占地位的经营者滥用市场支配地位的,人民法院可以根据市场结构和竞争状况的具体情况,认定被告在相关市场内具有支配地位,但有相反证据足以推翻的除外。

原告可以以被告对外发布的信息作为证明其具有市场支配地位的证据。被告对外发布的信息能够证明其在相关市场内具有支配地位的,人民法院可以据此作出认定,但有相反证据足以推翻的除外。

三、滥用市场支配地位的行为

在我国,经营者具有市场支配地位并不违法,但具有市场支配地位的经营者,不得滥用市场支配地位,排除、限制竞争。《反垄断法》禁止具有市场支配地位的经营者从事下列滥用市场支配地位的行为。

(一) 不公平价格行为

不公平价格行为,也称垄断定价、垄断高价或垄断低价,是指具有市场支配地位的经营者以不公平的高价销售商品或者以不公平的低价购买商品。

认定"不公平的高价"或者"不公平的低价",可以考虑下列因素:①销售价格或者购买价格是否明显高于或者明显低于其他经营者在相同或者相似市场条件下销售或者购买同种商品或者可比较商品的价格;②销售价格或者购买价格是否明显高于或者明显低于同一经营者在其他相同或者相似市场条件区域销售或者购买商品的价格;③在成本基本稳定的情况下,是否超过正常幅度提高销售价格或者降低购买价格;④销售商品的提价幅度是否明显高于成本增长幅度,或者购买商品的降价幅度是否明显高于交易相对人成本降低幅度;⑤需要考虑的其他相关因素。认定市场条件相同或者相似,应当考虑销售渠道、销售模式、供求状况、监管环境、交易环节、成本结构、交易情况等因素。

(二) 低于成本销售

低于成本销售,也称掠夺性定价,是指具有市场支配地位的经营者没有正当理由,以低于成本的价格销售商品。

认定低于成本的价格销售商品,应当重点考虑价格是否低于平均可变成本。平均可变成本是指随着生产的商品数量变化而变动的每单位成本。涉及互联网等新经济业态中的免费模式,应当综合考虑经营者提供的免费商品以及相关收费商品等情况。

这里所称的"正当理由"包括:①降价处理鲜活商品、季节性商品、有效期限即将到达的商品和积压商品的;②因清偿债务、转产、歇业降价销售商品的;③在合理期限内为推广新商品进行促销的;④能够证明行为具有正当性的其他理由。

(三)拒绝交易

拒绝交易,是指具有市场支配地位的经营者没有正当理由,拒绝与交易相对人进行交易。

具有市场支配地位的经营者有下列情形之一的,可能构成拒绝交易:①实质性削减与交易相对人的现有交易数量;②拖延、中断与交易相对人的现有交易;③拒绝与交易相对人进行新的交易;④设置限制性条件,使交易相对人难以与其进行交易;⑤拒绝交易相对人在生产经营活动中,以合理条件使用其必需设施。在依据前述第五项认定经营者滥用市场支配地位时,应当综合考虑以合理的投入另行投资建设或者另行开发建造该设施的可行性、交易相对人有效开展生产经营活动对该设施的依赖程度、该经营者提供该设施的可能性以及对自身生产经营活动造成的影响等因素。

这里所称的"正当理由"包括:①因不可抗力等客观原因无法进行交易;②交易相对人有不良信用记录或者出现经营状况恶化等情况,影响交易安全;③与交易相对人进行交易将使经营者利益发生不当减损;④能够证明行为具有正当性的其他理由。

(四)限定交易

限定交易,也称强制交易,是指具有市场支配地位的经营者没有正当理由,限定交易相对人只能与其进行交易或者只能与其指定的经营者进行交易。

具有市场支配地位的经营者有下列情形之一,可能构成限定交易:①限定交易相对人只能与其进行交易;②限定交易相对人只能与其指定的经营者进行交易;③限定交易相对人不得与特定经营者进行交易。从事上述限定交易行为可以是直接限定,也可以是以设定交易条件等方式变相限定。

这里所称"正当理由"包括:①为满足产品安全要求所必须;②为保护知识产权所必须;③为保护针对交易进行的特定投资所必须;④能够证明行为具有正当性的其他理由。

(五)搭售或者附加不合理交易条件

搭售或附加不合理交易条件,也称搭售、捆绑销售,是指具有市场支配地位的经营者没有正当理由搭售商品,或者在交易时附加其他不合理的交易条件。

具有市场支配地位的经营者有下列情形之一的,可能构成搭售或附加不合理交易条件:①违背交易惯例、消费习惯或者无视商品的功能,将不同商品捆绑销售或者组合销售；②对合同期限、支付方式、商品的运输及交付方式或者服务的提供方式等附加不合理的限制；③对商品的销售地域、销售对象、售后服务等附加不合理的限制；④交易时在价格之外附加不合理费用；⑤附加与交易标的无关的交易条件。

这里所称的"正当理由"包括：①符合正当的行业惯例和交易习惯；②为满足产品安全要求所必须；③为实现特定技术所必须；④能够证明行为具有正当性的其他理由。

（六）差别待遇

差别待遇，是指具有市场支配地位的经营者没有正当理由，对条件相同的交易相对人在交易价格等交易条件上实行不同的待遇。

具有市场支配地位的经营者有下列情形之一的，可能构成差别待遇：①实行不同的交易价格、数量、品种、品质等级；②实行不同的数量折扣等优惠条件；③实行不同的付款条件、交付方式；④实行不同的保修内容和期限、维修内容和时间、零配件供应、技术指导等售后服务条件。条件相同是指交易相对人之间在交易安全、交易成本、规模和能力、信用状况、所处交易环节、交易持续时间等方面不存在实质性影响交易的差别。

这里所称的"正当理由"包括：①根据交易相对人实际需求且符合正当的交易习惯和行业惯例，实行不同交易条件；②针对新用户的首次交易在合理期限内开展的优惠活动；③能够证明行为具有正当性的其他理由。

值得注意的是，认定不公平价格行为的"不公平"和"正当理由"时，还应当考虑下列因素：①有关行为是否为法律、法规所规定；②有关行为对社会公共利益的影响；③有关行为对经济运行效率、经济发展的影响；④有关行为是否为经营者正常经营及实现正常效益所必须；⑤有关行为对经营者业务发展、未来投资、创新方面的影响；⑥有关行为是否能够使交易相对人或者消费者获益。

另外，垄断民事纠纷案件中，被诉垄断行为属于滥用市场支配地位的，被告以其行为具有正当性为由进行抗辩的，应当承担举证责任。

（七）其他滥用市场支配地位的行为

其他滥用市场支配地位的行为，是指除前述六类滥用市场支配地位的行为之外，国务院反垄断执法机构认定的所有滥用市场支配地位的行为。国务院反垄断执法机构认定其他滥用市场支配地位行为，应当同时符合下列条件：①经营者具有市场支配地位；②经营者实施了排除、限制竞争行为；③经营者实施相关行为不具有正当理由；④经营者相关行为对市场竞争具有排除、限制影响。

第三节 垄 断 协 议

一、垄断协议的定义与特征

（一）垄断协议的定义

垄断协议，也称限制竞争协议、联合限制竞争行为，是指两个或两个以上行为人排除、限制竞争的协议、决定或者其他协同行为。《反垄断法》规定:"本法所称垄断协议,是指排除、限制竞争的协议、决定或者其他协同行为。"

(二)垄断协议的特征

与其他垄断行为相比较,垄断协议具有以下主要特征。

1. 行为人为两个或者两个以上的独立主体

垄断协议发生在两个或两个以上的经营者之间,具有"多个主体共同行为"的特征。这使得垄断协议区别于单个经营者所实施的滥用市场支配地位行为。

同时,垄断协议的行为人应是事实上具有独立性的主体,即要求行为人在事实上具有独立决策能力。如果仅在法律上属于独立主体,具有权利能力和行为能力,但在事实上不具有独立的经济决策能力,则不能认定为垄断协议的行为人。例如母公司与其全资子公司虽然在法律上各自都是独立的主体,但事实上子公司完全听命于母公司,没有独立的决策权,不具有达成和实施垄断协议的主体资格。这使得垄断协议区别于以主体资格消灭、减等或行为被控制为特点的经营者集中。

2. 外在表现为协同行为

垄断协议是由两个或两个以上经营者共同实施的行为,以行为人之间存在协同行为为特征。行为人之间的协同行为表现为以下三种情形:①协议。这里的"协议"与合同法意义上的协议相同,既包括书面协议,也包括口头协议。②决定。这里的"决定",是指企业集团、其他形式的企业联合组织以及行业协会等要求其成员企业共同实施排除、限制竞争的决议。决定可以是书面、口头等形式。③其他协同行为。其他协同行为是指经营者之间虽未明确订立协议或者决定,但实质上存在协调一致的行为。

认定其他协同行为,应当考虑下列因素:①经营者的市场行为是否具有一致性;②经营者之间是否进行过意思联络或者信息交流;③经营者能否对行为的一致性作出合理解释;④相关市场的市场结构、竞争状况、市场变化等情况。

二、垄断协议的类型与认定

(一)横向垄断协议

横向垄断协议,是指具有竞争关系的经营者达成的垄断协议。《反垄断法》禁止具有竞争关系的经营者达成下列垄断协议。

1. 价格同盟

价格同盟,是指具有竞争关系的经营者通过协议、决议或者其他协同行为,固定或者变更商品价格的行为。《反垄断法》禁止具有竞争关系的经营者就商品或者服务(以下统称商品)价格达成下列垄断协议:①固定或者变更价格水平、价格变动幅度、利润水平或者折扣、手续费等其他费用;②约定采用据以计算价格的标准公式;③限制参与协议的经营者的自主定价权;④通过其他方式固定或者变更价格。

2. 数量限制

数量限制，是指具有竞争关系的经营者通过协议、决议或者其他协同行为，限制商品生产数量或销售数量的行为。禁止具有竞争关系的经营者就限制商品的生产数量或者销售数量达成下列垄断协议：①以限制产量、固定产量、停止生产等方式限制商品的生产数量，或者限制特定品种、型号商品的生产数量；②以限制商品投放量等方式限制商品的销售数量，或者限制特定品种、型号商品的销售数量；③通过其他方式限制商品的生产数量或者销售数量。

3. 市场分割

市场分割，是指具有竞争关系的经营者通过协议、决议或者其他协同行为，分割销售市场或者原材料采购市场的行为。禁止具有竞争关系的经营者就分割销售市场或者原材料采购市场达成下列垄断协议：①划分商品销售地域、市场份额、销售对象、销售收入、销售利润或者销售商品的种类、数量、时间；②划分原料、半成品、零部件、相关设备等原材料的采购区域、种类、数量、时间或者供应商；③通过其他方式分割销售市场或者原材料采购市场。前款规定中的原材料还包括经营者生产经营所必需的技术和服务。

4. 技术限制

技术限制，是指具有竞争关系的经营者通过协议、决议或者其他协同行为，限制购买新技术、新设备或者限制开发新技术、新产品的行为。禁止具有竞争关系的经营者就限制购买新技术、新设备或者限制开发新技术、新产品达成下列垄断协议：①限制购买、使用新技术、新工艺；②限制购买、租赁、使用新设备、新产品；③限制投资、研发新技术、新工艺、新产品；④拒绝使用新技术、新工艺、新设备、新产品；⑤通过其他方式限制购买新技术、新设备或者限制开发新技术、新产品。

5. 联合抵制

联合抵制，又称集体拒绝交易、集体排他性交易，是指具有竞争关系的经营者通过协议、决议或者其他协同行为，拒绝与其他特定经营者进行交易的行为。《反垄断法》禁止具有竞争关系的经营者就联合抵制交易达成下列垄断协议：①联合拒绝向特定经营者供应或者销售商品；②联合拒绝采购或者销售特定经营者的商品；③联合限定特定经营者不得与其具有竞争关系的经营者进行交易；④通过其他方式联合抵制交易。

6. 其他横向垄断协议

其他横向垄断协议，是指前述五种横向垄断协议之外的，国务院反垄断执法机构认定的其他横向垄断协议。具有竞争关系的经营者之间的不属于前述五种情形的其他协议、决定或者协同行为，有证据证明排除、限制竞争的，应当认定为其他横向垄断协议并予以禁止。

（二）纵向垄断协议

纵向垄断协议，是指同一产业中处于不同市场环节而具有交易关系的经营者达成的垄断协议。《反垄断法》禁止经营者与交易相对人达成下列垄断协议。

1. 固定转售价格

固定转售价格，是指经营者与交易相对人达成合意，交易相对人按照约定的固定价格向第三人转售商品的行为。固定转售价格包括固定向第三人转售商品的价格水平、价格变动幅度、利润水平或者折扣、手续费等其他费用。

2. 限定转售最低价格

限定转售最低价格，是指经营者与交易相对人达成合意，交易相对人按照不低于约定的最低价格向第三人转售商品的行为。限定转售最低价格包括：①限定向第三人转售商品的最低价格；②通过限定价格变动幅度、利润水平或者折扣、手续费等其他费用限定向第三人转售商品的最低价格。

3. 其他纵向垄断协议

其他纵向垄断协议，是指除前述两种纵向垄断协议之外的，国务院反垄断执法机构认定的其他纵向垄断协议。经营者与交易相对人之间的不属于前述两种情形的其他协议、决定或者协同行为，有证据证明排除、限制竞争的，应当认定为其他横向垄断协议并予以禁止。

国务院反垄断执法机构认定其他垄断协议（包括其他横向垄断协议和其他纵向垄断协议）时，应当考虑下列因素：①经营者达成、实施协议的事实；②市场竞争状况；③经营者在相关市场中的市场份额及其对市场的控制力；④协议对商品价格、数量、质量等方面的影响；⑤协议对市场进入、技术进步等方面的影响；⑥协议对消费者、其他经营者的影响；⑦与认定垄断协议有关的其他因素。

（三）行业协会组织达成和实施垄断协议

行业协会，是以行业共同利益为目的，由相同或者相近行业的经营者在自愿基础上依法组成，实行行业服务和自律管理的非营利性社会团体法人。

《反垄断法》规定，行业协会不得组织本行业的经营者从事达成、实施垄断协议。禁止行业协会从事下列行为：①制定、发布含有排除、限制竞争内容的行业协会章程、规则、决定、通知、标准等；②召集、组织或者推动本行业的经营者达成含有排除、限制竞争内容的协议、决议、纪要、备忘录等；③其他组织本行业经营者达成或者实施垄断协议的行为。

三、垄断协议的豁免制度

（一）豁免

豁免，是指对违反《反垄断法》的行为，由于其满足一定的条件，而不被《反垄断法》禁止。通说认为，豁免不同于适用除外。适用除外是将特定领域排除在《反垄断法》的适用范围之外，根本不予适用。豁免则是在适用《反垄断法》的过程中，发现某些违反《反垄断法》的行为符合法定条件而不予禁止。

（二）垄断协议豁免的适用条件

一般而言，垄断协议具有排除、限制竞争的效果，可能严重影响市场竞争机制功能的正常发挥，故《反垄断法》予以禁止。但在某些特别情形下，垄断协议可能有利于促进社会整体经济利益。基于此，《反垄断法》规定了垄断协议的豁免制度。

经营者能够证明所达成的协议属于下列情形之一的，可予以豁免：①为改进技术、研究开发新产品的；②为提高产品质量、降低成本、增进效率，统一产品规格、标准或者实行专业化分工的；③为提高中小经营者经营效率，增强中小经营者竞争力的；④为实现节约能源、保护环境、救灾救助等社会公共利益的；⑤因经济不景气，为缓解销售量严重下降或者生产明显过剩的；⑥为保障对外贸易和对外经济合作中的正当利益的；⑦法律和国务院规定的其他情形。

属于前述第一项至第五项情形，予以豁免时，经营者还应当证明所达成的协议不会严重限制相关市场的竞争，并且能够使消费者分享由此产生的利益。认定消费者能否分享协议产生的利益，应当考虑消费者是否因协议的达成、实施在商品价格、质量、种类等方面获得利益。

认定经营者能否豁免时，应当考虑下列因素：①协议实现该情形的具体形式和效果；②协议与实现该情形之间的因果关系；③协议是否是实现该情形的必要条件；④其他可以证明协议属于相关情形的因素。

四、垄断协议的宽大制度

（一）意义

垄断协议通常具有严重排除、限制竞争的效果，同时具有高度隐秘性，查处难度较大。如果相关经营者能够主动配合，将极大降低执法机构发现垄断协议并展开调查的难度。因此，《反垄断法》针对垄断协议设置了宽大制度，规定经营者主动向反垄断执法机构报告达成垄断协议的有关情况并提供重要证据的，反垄断执法机构可以酌情减轻或者免除对该经营者的处罚。

（二）适用

参与垄断协议的经营者主动报告达成垄断协议有关情况并提供重要证据的，可以申请依法减轻或者免除处罚。这里的"重要证据"，是指能够对反垄断执法机构启动调查或者对认定垄断协议起到关键性作用的证据，包括参与垄断协议的经营者、涉及的商品范围、达成协议的内容和方式、协议的具体实施等情况。

经营者提出申请的，反垄断执法机构应当根据经营者主动报告的时间顺序，提供证据的重要程度以及达成、实施垄断协议的有关情况，决定是否减轻或者免除处罚。对于第一个申请者，反垄断执法机构可以免除处罚或者按照不低于80%的幅度减轻罚款；对于第二个申请者，可以按照30%~50%的幅度减轻罚款；对

典型案例 8-1 垄断协议

于第三个申请者，可以按照 20%~30%的幅度减轻罚款。

第四节　经营者集中

一、经营者集中的定义与规制模式

（一）经营者集中的定义

经营者集中，是指经营者之间通过合并、取得股份或者资产、合同等方式取得对其他经营者的控制权或者能够对其他经营者施加决定性影响的行为。

经营者集中包括三种情形：①经营者合并；②经营者通过取得股权或者资产的方式取得对其他经营者的控制权；③经营者通过合同等方式取得对其他经营者的控制权或者能够对其他经营者施加决定性影响。这里所称的"控制权"，是指经营者直接或者间接，单独或者共同对其他经营者的生产经营活动或者其他重大决策具有或者可能具有决定性影响的权利或者实际状态。

判断经营者是否通过交易取得对其他经营者的控制权或者能够对其他经营者施加决定性影响，应当考虑下列因素：①交易的目的和未来的计划；②交易前后其他经营者的股权结构及其变化；③其他经营者股东大会的表决事项及其表决机制，以及其历史出席率和表决情况；④其他经营者董事会或者监事会的组成及其表决机制；⑤其他经营者高级管理人员的任免等；⑥其他经营者股东、董事之间的关系，是否存在委托行使投票权、一致行动人等；⑦该经营者与其他经营者是否存在重大商业关系、合作协议等；⑧其他应当考虑的因素。

（二）经营者集中的规制模式

一方面，经营者集中具有积极效果，主要表现为：①经营者集中有利于实现规模经济，提高经济效率。②经营者集中可以使企业的存量资产和生产要素得到调整和重组，有利于实现资源的优化配置，促进产业结构、产品结构和企业结构的合理化和均衡化。③经营者集中可以减轻企业破产给社会带来的压力，激发经营者的竞争活力，有利于优化市场竞争环境。

另一方面，经营者集中具有消极效果，主要表现为：①经营者集中可能消灭竞争对手的主体资格，从而减少相关市场的竞争者数量，从根本上排除竞争。②经营者通过集中可能控制其他经营者，从而限制竞争。

由于经营者集中的经济效果具有双重性，《反垄断法》对经营者集中的规制没有采用禁止模式，而是采用"申报—审查"模式。国家市场监督管理总局（以下简称市场监管总局）负责经营者集中反垄断审查工作，并对违法实施的经营者集中进行调查处理。市场监管总局根据工作需要，可以委托省、自治区、直辖市市场监管部门实施经营者集中审查。

二、经营者集中的申报与立案

（一）申报

1. 申报标准

经营者集中达到国务院规定的申报标准（以下简称申报标准）的，经营者应当事先向国务院反垄断执法机构申报，未申报的不得实施集中。经营者集中未达到申报标准，但按照规定程序收集的事实和证据表明该经营者集中具有或者可能具有排除、限制竞争效果的，国务院反垄断执法机构应当依法进行调查。

国务院反垄断执法机构可以根据经济发展水平、行业规模等制定和修改申报标准，并及时向社会公布。现行的申报标准是：①参与集中的所有经营者上一会计年度在全球范围内的营业额合计超过 100 亿元人民币，并且其中至少两个经营者上一会计年度在中国境内的营业额均超过 4 亿元人民币；②参与集中的所有经营者上一会计年度在中国境内的营业额合计超过 20 亿元人民币，并且其中至少两个经营者上一会计年度在中国境内的营业额均超过 4 亿元人民币。这里的"营业额"，包括相关经营者上一会计年度内销售产品和提供服务所获得的收入，扣除相关税金及附加。

2. 申报豁免

经营者集中有下列情形之一的，可以不向国务院反垄断执法机构申报：①参与集中的一个经营者拥有其他每个经营者百分之五十以上有表决权的股份或者资产的；②参与集中的每个经营者百分之五十以上有表决权的股份或者资产被同一个未参与集中的经营者拥有的。

3. 申报材料

经营者向国务院反垄断执法机构申报集中，应当提交下列文件、资料，并对提交的材料的真实性负责。

（1）申报书。申报书应当载明参与集中的经营者的名称、住所、经营范围、预定实施集中的日期，并附申报人身份证件或者注册登记文件，境外申报人还须提交当地公证机关的公证文件和相关的认证文件。委托代理人申报的，应当提交授权委托书。

（2）集中对相关市场竞争状况影响的说明。包括：集中交易概况，相关市场界定，参与集中的经营者在相关市场的市场份额及其对市场的控制力，主要竞争者及其市场份额，市场集中度；市场进入，行业发展现状；集中对市场竞争结构、行业发展、技术进步、国民经济发展、消费者以及其他经营者的影响，集中对相关市场竞争影响的效果评估及依据。

（3）集中协议。包括各种形式的集中协议文件，如协议书、合同以及相应的补充文件等。

（4）参与集中的经营者经会计师事务所审计的上一会计年度财务会计报告。

（5）国务院反垄断执法机构要求提交的其他文件、资料。

申报人应当对申报文件、资料中的商业秘密、未披露信息或者保密商务信息进行标注，并且同时提交申报文件、资料的公开版本和保密版本。申报文件、资料应当使用中文。

（二）立案

国务院反垄断执法机构应当对申报人提交的文件、资料进行核查，发现申报文件、资料不完备的，可以要求申报人在规定期限内补交。申报人逾期未补交的，视为未申报。

国务院反垄断执法机构经核查认为申报文件、资料符合法定要求的，应当自收到完备的申报文件、资料之日予以立案并书面通知申报人。

经营者集中未达到申报标准，参与集中的经营者自愿提出经营者集中申报，国务院反垄断执法机构收到申报文件、资料后经审查认为有必要立案的，应当按照《反垄断法》予以立案审查并作出决定。

三、经营者集中的审查

（一）审查程序

经营者集中审查的基本程序为"初步审查—进一步审查"。对外资并购境内企业或者以其他方式参与经营者集中，涉及国家安全的，还应当按照国家有关规定进行国家安全审查（以下简称并购安全审查）。

1. 初步审查

国务院反垄断执法机构应当自收到经营者提交的符合规定的文件、资料之日起三十日内，对申报的经营者集中进行初步审查，作出是否实施进一步审查的决定，并书面通知经营者。国务院反垄断执法机构作出决定前，经营者不得实施集中。国务院反垄断执法机构作出不实施进一步审查的决定或者逾期未作出决定的，经营者可以实施集中。

2. 进一步审查

国务院反垄断执法机构决定实施进一步审查的，应当自决定之日起九十日内审查完毕，作出是否禁止经营者集中的决定，并书面通知经营者。作出禁止经营者集中的决定，应当说明理由。审查期间，经营者不得实施集中。

有下列情形之一的，国务院反垄断执法机构经书面通知经营者，可以延长前款规定的审查期限，但最长不得超过六十日：①经营者同意延长审查期限的；②经营者提交的文件、资料不准确，需要进一步核实的；③经营者申报后有关情况发生重大变化的。国务院反垄断执法机构逾期未作出决定的，经营者可以实施集中。

3. 并购安全审查

对外资并购境内企业或者以其他方式参与经营者集中，涉及国家安全的，除依照本法规定进行经营者集中审查外，还应当按照国家有关规定进行国家安全审查。并购安全审查内容包括：①并购交易对国防安全，包括对国防需要的国内产品生产能力、国内服务提供能力和有关设备设施的影响。②并购交易对国家经济稳定运行的影响。③并购交易对社会基本生活秩序的影响。④并购交易对涉及国家安全关键技术研发能力的影响。

（二）审查标准

"具有或可能具有排除、限制竞争效果"是禁止经营者集中的基本标准。评估经营者集中的竞争影响，可以考察相关经营者单独或者共同排除、限制竞争的能力、动机及可能性。集中涉及上下游市场或者关联市场的，可以考察相关经营者利用在一个或者多个市场的控制力，排除、限制其他市场竞争的能力、动机及可能性。判断经营者集中是否"具有或可能具有排除、限制竞争效果"，应当考虑以下因素。

1. 参与集中的经营者在相关市场的市场份额及其对市场的控制力

评估参与集中的经营者对市场的控制力，可以考虑参与集中的经营者在相关市场的市场份额、产品或者服务的替代程度、控制销售市场或者原材料采购市场的能力、财力和技术条件，以及相关市场的市场结构、其他经营者的生产能力、下游客户购买能力和转换供应商的能力、潜在竞争者进入的抵消效果等因素。

2. 相关市场的市场集中度

评估相关市场的市场集中度，可以考虑相关市场的经营者数量及市场份额等因素。

3. 经营者集中对市场进入、技术进步的影响

评估经营者集中对市场进入的影响，可以考虑经营者通过控制生产要素、销售和采购渠道、关键技术、关键设施等方式影响市场进入的情况，并考虑进入的可能性、及时性和充分性。评估经营者集中对技术进步的影响，可以考虑经营者集中对技术创新动力、技术研发投入和利用、技术资源整合等方面的影响。

4. 经营者集中对消费者和其他有关经营者的影响

评估经营者集中对消费者的影响，可以考虑经营者集中对产品或者服务的数量、价格、质量、多样化等方面的影响。评估经营者集中对其他有关经营者的影响，可以考虑经营者集中对同一相关市场、上下游市场或者关联市场经营者的市场进入、交易机会等竞争条件的影响。

5. 经营者集中对国民经济发展的影响

评估经营者集中对国民经济发展的影响，可以考虑经营者集中对经济效率、经营规模及其对相关行业发展等方面的影响。

6. 国务院反垄断执法机构认为应当考虑的影响市场竞争的其他因素

评估经营者集中的竞争影响，还可以综合考虑集中对公共利益的影响、参与集中的经营者是否为濒临破产的企业等因素。

（三）审查决定

根据不同的情况，国务院反垄断执法机构应作出以下不同的审查决定。

1. 禁止集中决定

经营者集中具有或者可能具有排除、限制竞争效果的，国务院反垄断执法机构应当作出禁止经营者集中的决定。但是，经营者能够证明该集中对竞争产生的有利影响明显

大于不利影响，或者符合社会公共利益的，国务院反垄断执法机构可以作出对经营者集中不予禁止的决定。

2. 不予禁止决定

国务院反垄断执法机构认为经营者集中不具有排除、限制竞争效果的，或者经营者能够证明该集中对竞争产生的有利影响明显大于不利影响，或者符合社会公共利益的，国务院反垄断执法机构可以作出对经营者集中不予禁止的决定。

典型案例 8-2 经营者集中

对不予禁止的经营者集中，国务院反垄断执法机构可以决定附加减少集中对竞争产生不利影响的限制性条件。国务院反垄断执法机构应当将禁止经营者集中的决定或者对经营者集中附加限制性条件的决定，及时向社会公布。

根据经营者集中交易具体情况，限制性条件可以包括如下种类：①剥离有形资产、知识产权等无形资产或者相关权益等结构性条件；②开放其网络或者平台等基础设施、许可关键技术（包括专利、专有技术或者其他知识产权）、终止排他性协议等行为性条件；③结构性条件和行为性条件相结合的综合性条件。

对反垄断执法机构依法作出的禁止经营者集中的决定或者对经营者集中附加限制性条件的决定不服的，经营者可以先依法申请行政复议；对行政复议决定不服的，可以依法提起行政诉讼。对反垄断执法机构作出的前述决定之外的其他决定不服的，可以依法申请行政复议或者提起行政诉讼。

第五节 行 政 垄 断

一、行政垄断的定义与特征

（一）行政垄断的定义

行政垄断，是指行政机关和法律、法规授权的具有管理公共事务职能的组织滥用行政权力，排除、限制竞争的行为。

（二）行政垄断的特征

与滥用市场支配地位等经济性垄断行为相比，行政垄断具有以下特征。

1. 主体的特定性

滥用市场支配地位、垄断协议、经营者集中等经济性垄断行为的主体均为经营者。与之不同，行政垄断的主体特定于拥有行政权力的机关或组织，主要包括行政机关和法律、法规授权的具有管理公共事务职能的组织。这就决定了行政垄断对竞争的排除与限制效果往往更为严重，而对其进行调整与规制难度更大。

2. 表现的强制性

行政垄断是行政机关和法律、法规授权的具有管理公共事务职能的组织滥用行政权力，实施的排除、限制竞争的行为，其优势来源不是经济性因素，而是行政权力。行政权力的公权属性使得行政垄断具有鲜明的强制性。对相对人而言，行政垄断通常具有不可对抗性。

3. 危害的多重性

一方面，行政垄断与滥用市场支配地位等经济性垄断行为的本质相同，即都是排除、限制竞争的行为，故行政垄断同样具有破坏市场竞争秩序，损害市场绩效，减损消费者福利等危害。另一方面，行政垄断的优势来源是行政权力，是行为人通过行政手段将行政管理权直接或者间接地作用于市场竞争活动而产生的，可能导致市场自身的运行规则屈从于行政干预，并增加公务人员以权谋私的机会和空间，诱发腐败，毒化社会风气，不利于我国政治文明和精神文明建设。基于此，《反垄断法》明确禁止行政机关和法律、法规授权的具有管理公共事务职能的组织滥用行政权力，排除、限制竞争。

二、行政垄断的类型及认定

根据外在表现形式的不同，《反垄断法》将行政垄断分为以下六类。

（一）行政强制交易

行政强制交易，又称行政指定交易、行政限定交易，是指行政机关和法律、法规授权的具有管理公共事务职能的组织滥用行政权力，限定或者变相限定单位或者个人经营、购买、使用其指定的经营者提供的商品和服务（以下统称商品）的行为。

行政机关和法律、法规授权的具有管理公共事务职能的组织不得滥用行政权力，实施下列行为，限定或者变相限定单位或者个人经营、购买、使用其指定的经营者提供的商品：①以明确要求、暗示、拒绝或者拖延行政审批、重复检查、不予接入平台或者网络等方式，限定或者变相限定经营、购买、使用特定经营者提供的商品；②通过限制投标人所在地、所有制形式、组织形式等方式，限定或者变相限定经营、购买、使用特定投标人提供的商品；③没有法律、法规依据，通过设置项目库、名录库等方式，限定或者变相限定经营、购买、使用特定经营者提供的商品；④限定或者变相限定单位或者个人经营、购买、使用其指定的经营者提供的商品的其他行为。

（二）地区封锁

地区封锁，又称限制商品的地区间自由流通，是指行政机关和法律、法规授权的具有管理公共事务职能的组织滥用行政权力，实施的妨碍商品在地区之间自由流通的行为。

行政机关和法律、法规授权的具有管理公共事务职能的组织不得滥用行政权力，实施下列行为，妨碍商品在地区之间的自由流通：①对外地商品设定歧视性收费项目、实行歧视性收费标准，或者规定歧视性价格、实行歧视性补贴政策；②对外地商品规定与本地同类商品不同的技术要求、检验标准，或者对外地商品采取重复检验、重复认证等措施，阻碍、限制外地商品进入本地市场；③没有法律、法规依据，采取专门针对外地商品的行政许可、备案，或者对外地商品实施行政许可、备案时，设定不同的许可或者备案条件、程序、期限等，阻碍、限制外地商品进入本地市场；④没有法律、法规依据，设置关卡、通过软件或者互联网设置屏蔽等手段，阻碍、限制外地商品进入本地市场或者本地商品运往外地市场；⑤妨碍商品在地区之间自由流通的其他行为。

（三）排斥或限制招投标

排斥或限制招投标，是指行政机关和法律、法规授权的具有管理公共事务职能的组织滥用行政权力，以设定歧视性资质要求、评审标准或者不依法发布信息等方式，排斥或者限制外地经营者参加本地的招标投标活动的行为。

行政机关和法律、法规授权的具有管理公共事务职能的组织不得滥用行政权力，实施下列行为，排斥或者限制外地经营者参加本地的招标投标活动：①不依法发布信息；②明确外地经营者不能参与本地特定的招标投标活动；③对外地经营者设定歧视性的资质要求或者评审标准；④通过设定与招标项目的具体特点和实际需要不相适应或者与合同履行无关的资格、技术和商务条件，变相限制外地经营者参加本地招标投标活动；⑤排斥或者限制外地经营者参加本地招标投标活动的其他行为。

（四）排斥或限制投资

排斥或限制投资，是指行政机关和法律、法规授权的具有管理公共事务职能的组织滥用行政权力，采取与本地经营者不平等待遇等方式，排斥或者限制外地经营者在本地投资或者设立分支机构的行为。

行政机关和法律、法规授权的具有管理公共事务职能的组织不得滥用行政权力，实施下列行为，排斥或者限制外地经营者在本地投资或者设立分支机构：①拒绝外地经营者在本地投资或者设立分支机构；②没有法律、法规依据，对外地经营者在本地投资的规模、方式以及设立分支机构的地址、商业模式等进行限制；③对外地经营者在本地的投资或者设立的分支机构在投资、经营规模、经营方式、税费缴纳等方面规定与本地经营者不同的要求，在安全生产、节能环保、质量标准等方面实行歧视性待遇；④排斥或者限制外地经营者在本地投资或者设立分支机构的其他行为。

（五）强制经营者垄断

强制经营者垄断，也称强制经营者从事垄断行为，是指行政机关和法律、法规授权的具有管理公共事务职能的组织滥用行政权力，强制经营者从事《反垄断法》规定的垄断行为。

行政机关和法律、法规授权的具有管理公共事务职能的组织不得强制经营者从事《反垄断法》禁止的垄断行为，主要指以行政命令、行政授权、行政指导等方式或者通过行业协会、商会，强制、组织或者引导经营者达成垄断协议、滥用市场支配地位，以及实施具有或者可能具有排除、限制竞争效果的经营者集中等行为。

（六）抽象行政垄断行为

抽象行政垄断行为，是指行政机关和法律、法规授权的具有管理公共事务职能的组织滥用行政权力，制定含有排除、限制竞争内容的规定的行为，即以抽象行政行为的方式排除、限制竞争。

行政机关和法律、法规授权的具有管理公共事务职能的组织不得滥用行政权力，以规定、办法、决定、公告、通知、意见、会议纪要等形式，制定、发布含有排除、限制竞争内容的市场准入、产业发展、招商引资、招标投标、政府采购、经营行为规范、资质标准等涉及市场主体经济活动的规章、规范性文件和其他政策措施。

三、公平竞争审查制度

为规范政府有关行为，防止出台排除、限制竞争的政策措施，我国建立健全公平竞争审查制度。建立公平竞争审查制度，健全行政机关内部决策合法性审查机制，有利于保证政府行为符合相关法律法规要求，确保政府依法行政。

（一）审查对象

行政机关以及法律、法规授权的具有管理公共事务职能的组织（以下统称政策制定机关），在制定市场准入和退出、产业发展、招商引资、招标投标、政府采购、经营行为规范、资质标准等涉及市场主体经济活动的规章、规范性文件、其他政策性文件以及"一事一议"形式的具体政策措施（以下统称政策措施）时，应当进行公平竞争审查，评估对市场竞争的影响，防止排除、限制市场竞争。

经公平竞争审查认为不具有排除、限制竞争效果或者符合例外规定的，可以实施；具有排除、限制竞争效果且不符合例外规定的，应当不予出台或者调整至符合相关要求后出台；未经公平竞争审查的，不得出台。

（二）审查方式

1. 自我审查

公平竞争审查主要采用自我审查的方式。具体如下：①涉及市场主体经济活动的行政法规、国务院制定的政策措施，以及政府部门负责起草的地方性法规、自治条例和单行条例，由起草部门在起草过程中依法进行公平竞争审查。未经公平竞争审查的，不得提交审议。②以县级以上地方各级人民政府名义出台的政策措施，由起草部门或者本级人民政府指定的相关部门进行公平竞争审查。起草部门在审查过程中，可以会同本级市场监管部门进行公平竞争审查。未经审查的，不得提交审议。③以多个部门名义联合制定出台的政策措施，由牵头部门负责公平竞争审查，其他部门在各自职责范围内参与公平竞争审查。政策措施涉及其他部门职权的，政策制定机关在公平竞争审查中应当充分征求其意见。

2. 第三方评估

政策制定机关可以根据工作实际，委托具备相应评估能力的高等院校、科研院所、专业咨询公司等第三方机构，对有关政策措施进行公平竞争评估，或者对公平竞争审查有关工作进行评估。政策制定机关在开展公平竞争审查工作的以下阶段和环节，均可以采取第三方评估方式进行：①对拟出台的政策措施进行公平竞争审查；②对经公平竞争审查出台的政策措施进行定期评估；③对适用例外规定出台的政策措施进行逐年评估；④对公平竞争审查制度实施情况进行综合评价；⑤与公平竞争审查工作相关的其他阶段和环节。

对拟出台的政策措施进行公平竞争审查时，存在以下情形之一的，应当引入第三方评估：①政策制定机关拟适用例外规定的；②被多个单位或者个人反映或者举报涉嫌违反公平竞争审查标准的。

第三方评估结果作为政策制定机关开展公平竞争审查、评价制度实施成效、制定工作推进方案的重要参考。对拟出台的政策措施进行第三方评估的，政策制定机关应当在书面审查结论中说明评估情况。最终做出的审查结论与第三方评估结果不一致的，应当在书面审查结论中说明理由。

（三）审查标准

要从维护全国统一市场和公平竞争的角度，按照以下标准进行审查。

1. 市场准入和退出标准

市场准入和退出标准主要包括：①不得设置不合理和歧视性的准入和退出条件；②公布特许经营权目录清单，且未经公平竞争，不得授予经营者特许经营权；③不得限定经营、购买、使用特定经营者提供的商品和服务；④不得设置没有法律法规依据的审批或者事前备案程序；⑤不得对市场准入负面清单以外的行业、领域、业务等设置审批程序。

2. 商品和要素自由流动标准

商品和要素自由流动标准主要包括：①不得对外地和进口商品、服务实行歧视性价格和歧视性补贴政策；②不得限制外地和进口商品、服务进入本地市场或者阻碍本地商品运出、服务输出；③不得排斥或者限制外地经营者参加本地招标投标活动；④不得排斥、限制或者强制外地经营者在本地投资或者设立分支机构；⑤不得对外地经营者在本地的投资或者设立的分支机构实行歧视性待遇，侵害其合法权益。

3. 影响生产经营成本标准

影响生产经营成本标准主要包括：①不得违法给予特定经营者优惠政策；②安排财政支出一般不得与企业缴纳的税收或非税收入挂钩；③不得违法免除特定经营者需要缴纳的社会保险费用；④不得在法律规定之外要求经营者提供或者扣留经营者各类保证金。

4. 影响生产经营行为标准

影响生产经营行为标准主要包括：①强制经营者从事《反垄断法》规定的垄断行为；②违法披露或者要求经营者披露生产经营敏感信息，为经营者从事垄断行为提供便利条件；③超越定价权限进行政府定价；④违法干预实行市场调节价的商品和服务的价格水平。

（四）例外规定

属于下列情形之一的政策措施，虽然在一定程度上具有限制竞争的效果，但在符合规定的情况下可以出台实施：①维护国家经济安全、文化安全、科技安全或者涉及国防建设的；②为实现扶贫开发、救灾救助等社会保障目的的；③为实现节约能源资源、保护生态环境、维护公共卫生健康安全等社会公共利益的;④法律、行政法规规定的其他情形。属于前述第一项至第三项情形的,政策制定机关应当说明相关政策措施对实现政策目的不可或缺,且不会严重限制市场竞争,并明确实施期限。

政策制定机关应当在书面审查结论中说明政策措施是否适用例外规定。认为适用例外规定的,应当对符合适用例外规定的情形和条件进行详细说明。

政策制定机关应当逐年评估适用例外规定的政策措施的实施效果,形成书面评估报告。实施期限到期或者未达到预期效果的政策措施,应当及时停止执行或者进行调整。

第八章　即测即练题

本章思考题

1. 如何理解垄断行为的含义?
2. 如何界定相关市场?
3. 如何理解《反垄断法》的适用范围?
4. 《反垄断法》如何规制滥用市场支配地位?
5. 《反垄断法》如何规制垄断协议?
6. 《反垄断法》如何规制经营者集中?
7. 《反垄断法》如何规制行政垄断?
8. 如何理解我国反垄断法的实施?

第九章 反不正当竞争法律制度

> **本章学习目标**
>
> 1. 了解：
> （1）反不正当竞争法的形式渊源；
> （2）反不正当竞争法与反垄断法的关系；
> （3）不正当竞争行为的法律责任。
> 2. 掌握：
> （1）不正当竞争行为的特征；
> （2）不正当竞争行为的类型。
> 3. 运用：
> （1）正确认定商业混淆行为；
> （2）正确认定虚假宣传行为；
> （3）正确认定商业诋毁行为；
> （4）正确认定商业贿赂行为；
> （5）正确认定不正当有奖销售行为；
> （6）正确认定侵犯商业秘密行为；
> （7）正确认定互联网新型不正当竞争行为。

第九章 引导案例

第一节 反不正当竞争法律制度概述

一、反不正当竞争法与不正当竞争行为

（一）反不正当竞争法的定义和形式渊源

1. 反不正当竞争法的定义

反不正当竞争法，是指国家为促进和保护竞争，通过规制不正当竞争行为来调整竞争关系及与竞争有密切联系的其他社会关系的法律规范的总称。作为竞争法的组成部分

之一，我国反不正当竞争法在促进社会主义市场经济健康发展，鼓励和保护公平竞争，制止不正当竞争行为，保护经营者和消费者的合法权益等方面发挥了重要作用。

2. 反不正当竞争法的形式渊源

从形式渊源上看，我国反不正当竞争法由两部分构成：①主要形式渊源，即《中华人民共和国反不正当竞争法》①（以下简称《反不正当竞争法》）。②其他形式渊源，即散见于其他法律法规之中的相关规定。例如《中华人民共和国广告法》（以下简称《广告法》）中的相关规定。

扩展阅读9-1 《反不正当竞争法》形式渊源（部分）

（二）不正当竞争行为的定义、特征与类型

1. 不正当竞争行为的定义

经营者在生产经营活动中，应当遵循自愿、平等、公平、诚信的原则，遵守法律和商业道德。通说认为，不正当竞争行为，是指经营者有悖于商业道德且违反法律规定的市场竞争行为。《反不正当竞争法》第二条第二款规定："本法所称的不正当竞争行为，是指经营者在生产经营活动中，违反本法规定，扰乱市场竞争秩序，损害其他经营者或者消费者的合法权益的行为。"

2. 不正当竞争行为的特征

不正当竞争行为具有以下主要特征：①不正当竞争行为的主体是经营者。这里的"经营者"，是指从事商品生产、经营或者提供服务的自然人、法人和非法人组织。②不正当竞争行为具有竞争性。不正当竞争行为是经营者以谋取交易机会或竞争优势为目的的商业行为。这使得不正当竞争行为既有别于旨在限制、排除竞争的垄断行为，又区别于那些与谋取市场竞争利益没有直接关系的侵权行为。③不正当竞争行为具有违法性。这里的"违法性"，既包括违反《反不正当竞争法》第二章具体的禁止性规范，也包括经营者在市场交易中违背自愿、平等、公平、诚信的原则，以及违反公认的商业道德的行为。这使得不正当竞争行为区别于正当竞争行为。

3. 不正当竞争行为的类型

依照《反不正当竞争法》，不正当竞争行为可以分为以下八类：①商业混淆行为；②商业贿赂行为；③虚假宣传行为；④侵犯商业秘密行为；⑤不正当有奖销售行为；⑥商业诋毁行为；⑦互联网新型不正当竞争行为；⑧其他不正当竞争行为。

其他不正当竞争行为，是指《反不正当竞争法》第二章等有关法律没有明确列举，但违反诚实信用原则和商业道德，并扰乱市场竞争秩序、损害其他经营者或者消费者合法权益的行为。这里的"其他经营者"，是指与经营者在生产经营活动中存在可能的争夺交易机会、损害竞争优势等关系的市场主体。这里的"商业道德"，是指特定商业领域普

---

① 《中华人民共和国反不正当竞争法》1993年9月2日第八届全国人民代表大会常务委员会第三次会议通过；2017年11月4日第十二届全国人民代表大会常务委员会第三十次会议修订；根据2019年4月23日第十三届全国人民代表大会常务委员会第十次会议《关于修改〈中华人民共和国建筑法〉等八部法律的决定》修正。

遍认可和遵循的行为规范。认定是否违反商业道德，应当结合案件具体情况，综合考虑行业规则或者商业惯例，经营者的主观状态，交易相对人的选择意愿，对市场竞争秩序和消费者知情权、选择权的影响等因素，还可以参考行业主管部门、行业协会或者自律组织制定的从业规范、自律公约、技术规范等。

二、反不正当竞争法与反垄断法的关系

（一）反不正当竞争法与反垄断法的共性

反不正当竞争法与反垄断法共性颇多，主要包括：①二者的调整对象具有共性，即二者都以市场竞争关系为调整对象。②二者的地位具有共性。二者都属于市场竞争法的范畴，都是市场竞争法的重要组成部分。③二者的终极目的具有共性。二者都旨在促进社会主义市场经济健康发展，促进和维护公平、自由的竞争机制，保护经营者和消费者的合法权益。

（二）反不正当竞争法与反垄断法的区别

反不正当竞争法与反垄断法区别显著，主要包括：①二者的规制对象有区别。反不正当竞争法规制的是不正当竞争行为，反垄断法规制的是垄断行为。②二者的直接目的有区别。反不正当竞争法主要对那些享有竞争自由的主体违反商业道德和善良风俗、滥用竞争自由损害竞争对手及其他主体合法利益的行为进行规制，解决竞争的不正当、不公平与无序等问题，其直接目的是维护竞争的正当性。而反垄断法主要对各种排斥与限制竞争、减少与削弱竞争以及消除竞争的行为进行规制，解决竞争的不充分、不自由或缺乏等问题，其直接目的是维护竞争的自由性。

三、不正当竞争行为的法律责任

不正当竞争行为的法律责任包括民事责任、行政责任和刑事责任。经营者违反《反不正当竞争法》规定，应当承担民事责任、行政责任和刑事责任，其财产不足以支付的，优先用于承担民事责任。

（一）民事责任

1. 损害赔偿

经营者违反《反不正当竞争法》规定，给他人造成损害的，应当依法承担民事责任。经营者承担的最主要的民事责任是损害赔偿。损害赔偿数额的确定应遵循以下规则：①因不正当竞争行为受到损害的经营者的赔偿数额，按照其因被侵权所受到的实际损失确定；实际损失难以计算的，按照侵权人因侵权所获得的利益确定。②经营者恶意实施侵犯商业秘密行为，情节严重的，可以在按照上述方法确定数额的一倍以上五倍以下确定赔偿数额。③赔偿数额还应当包括经营者为制止侵权行为所支付的合理开支。④经营者实施商业混淆行为、侵犯商业秘密行为，权利人因此所受到的实际损失、侵权人因侵权所获得的利益难以确定的，由人民法院根据侵权行为的情节判决给予权利人五百万元以下的赔偿。

2. 停止侵害行为等

除了损害赔偿外，不正当竞争行为的民事责任还包括停止侵害行为、排除妨碍、消除影响等。例如，经营者实施侵犯商业秘密行为的，权利人可以要求经营者停止侵害行为。再如，经营者擅自使用他人企业名称实施商业混淆行为的，权利人可以要求经营者停止使用或者变更其企业名称。

（二）行政责任

1. 典型不正当竞争行为的行政责任

依据《反不正当竞争法》，七类典型不正当竞争行为的行政责任有所不同。具体见表 9-1。

表 9-1 典型不正当竞争行为的行政责任

行为	行政责任
商业混淆行为	由监督检查部门责令停止违法行为，没收违法商品。违法经营额五万元以上的，可以并处违法经营额五倍以下的罚款；没有违法经营额或者违法经营额不足五万元的，可以并处二十五万元以下的罚款。情节严重的，吊销营业执照
虚假宣传行为	由监督检查部门责令停止违法行为，处二十万元以上一百万元以下的罚款；情节严重的，处一百万元以上二百万元以下的罚款，可以吊销营业执照。经营者属于发布虚假广告的，依照《广告法》的规定处罚
商业诋毁行为	由监督检查部门责令停止违法行为、消除影响，处十万元以上五十万元以下的罚款；情节严重的，处五十万元以上三百万元以下的罚款
商业贿赂行为	由监督检查部门没收违法所得，处十万元以上三百万元以下的罚款。情节严重的，吊销营业执照
不正当有奖销售行为	由监督检查部门责令停止违法行为，处五万元以上五十万元以下的罚款
侵犯商业秘密行为	由监督检查部门责令停止违法行为，没收违法所得，处十万元以上一百万元以下的罚款；情节严重的，处五十万元以上五百万元以下的罚款
互联网新型不正当竞争行为	由监督检查部门责令停止违法行为，处十万元以上五十万元以下的罚款；情节严重的，处五十万元以上三百万元以下的罚款
备注	①经营者从事不正当竞争，受到行政处罚的，由监督检查部门记入信用记录，并依照有关法律、行政法规的规定予以公示。②不正当竞争行为的监督检查部门为市场监督管理部门

2. 行政责任的法定情节

依据《反不正当竞争法》，经营者行政责任的法定情节主要包括：①从轻或者减轻处罚。即经营者从事不正当竞争，有主动消除或者减轻违法行为危害后果等法定情形的，依法从轻或者减轻行政处罚。②不予处罚。即经营者从事不正当竞争，违法行为轻微并及时纠正，没有造成危害后果的，不予行政处罚。

（三）刑事责任

刑事责任通常只适用于社会危害特别严重的不正当竞争行为。《反不正当竞争法》仅原则性地规定"违反本法规定，构成犯罪的，依法追究刑事责任"。因此，不正当竞争行为刑事责任的直接依据是《中华人民共和国刑法》（以下简称《刑法》）的相关规定。例如，依据《刑法》第二百一十九条，实施侵犯商业秘密行为，情节严重的，处三年以下有期徒刑，并处或者单处罚金；情节特别严重的，处三年以上十年以下有期徒刑，并处罚金。

第二节　商业混淆行为

一、商业混淆行为的定义与特征

（一）商业混淆行为的定义

商业混淆行为，又称市场混淆行为、仿冒行为、欺骗性交易行为，是指经营者擅自使用与他人有一定影响的相同或者相似的标识，足以引人误认为是他人商品或者与他人存在特定联系的行为。

（二）商业混淆行为的特征

与其他不正当竞争行为相比，商业混淆行为具有以下主要特征。

1. 直接指向对象为标识

商业混淆行为的直接指向对象为标识，并不限于商业标识，也包括非商业标识。商业混淆行为直接指向的标识可以分为三类：①商品标识。即用以区别不同商品的商业标识。例如商品的名称等。②主体标识。即表明特定主体身份、用以区别不同主体的标识。例如企业名称、社会组织名称等。③其他标识。即除前述两类标识之外的其他标识。例如网站名称。

2. 直接目的为"搭便车"

商业混淆行为中，经营者擅自使用的他人标识通常都是有一定影响的标识。具有一定影响的标识，反映出社会对特定主体或特定商品有较高的认可程度和依赖程度。经营者通过擅自使用他人有一定影响的标识，意在使人误认为是特定商品或与特定主体存在联系，从而误购。可见，经营者实施商业混淆行为的直接目的在于不正当地搭他人有一定影响标识的便车来扩大自己的销售，即"搭便车"。

二、商业混淆行为的类型

按照直接指向标识的不同，《反不正当竞争法》将商业混淆行为划分为以下四类。

（一）擅自使用商品名称、包装和装潢等

擅自使用商品名称、包装和装潢等，是指擅自使用与他人有一定影响的商品名称、包装、装潢等相同或者近似的标识的商业混淆行为。该类商业混淆行为直接指向的是他人显著性的商品标识。

这些具有显著性的商品标识包括：①商品名称。这里的"商品名称"，仅指商品的特

定名称,不包括商品的通用名称。商品的通用名称指某类商品的一般名称,不能区别同种类商品的特定商品,例如"纯牛奶"。商品的特定名称是对特定商品的称呼,具有显著性,例如纯牛奶"特仑苏"。②包装。即为了在流通过程中保护商品、方便储存、促进销售,按一定技术方法而采用的容器、材料及辅助等的总体名称。例如箱、袋、筐、桶、瓶等。③装潢。即为了说明或美化商品,吸引消费者购买而对商品进行的装饰。装潢通常表现为文字、字母、线条、图案、色彩及其组合。由经营者营业场所的装饰、营业用具的式样、营业人员的服饰等构成的具有独特风格的整体营业形象,可视为"装潢"。④其他具有显著性的商品标识。即除商品名称、包装、装潢之外的所有具有显著性的商品标识。

(二)擅自使用经营者名称或姓名

擅自使用经营者名称或姓名,是指擅自使用他人有一定影响的企业名称(包括简称、字号等)、社会组织名称(包括简称等)、姓名(包括笔名、艺名、译名等)的商业混淆行为。该类商业混淆行为直接指向的是他人的主体标识。

这些主体标识包括:①企业名称。即企业的称呼。企业名称包括企业登记主管机关依法登记注册的企业名称,以及在中国境内进行商业使用的境外企业名称。规范的企业名称通常为"企业所在地的县级及以上行政区划名称或地名+字号+行业+组织形式"。实践中,为了方便称呼和记忆,企业名称往往简化为字号或简称,例如"华为"或"华为公司"。有一定影响的个体工商户的名称(包括简称、字号等),可视为企业名称。②社会组织名称。即社会组织的称呼。规范的社会组织名称通常为"社会组织所在地的县级及以上行政区划名称或地名+字号+行(事)业或业务领域+组织形式[①]"。实践中,社会组织名称往往简化为一定的简称,例如"红十字会"。③姓名。即自然人的称呼。规范的姓名通常是自然人身份证上载明的姓名。实践中,姓名还包括自然人使用的笔名、艺名、译名等。

(三)擅自使用域名、网站名称或网页等

擅自使用域名、网站名称或网页等,是指经营者擅自使用他人有一定影响的域名主体部分、网站名称、网页等的商业混淆行为。这类商业混淆行为通常发生在电子商务领域,其直接指向的是他人的互联网标识。

这些互联网标识包括:①域名(domain name)主体部分。域名,是指代替难以记忆和书写的数字型IP地址的符号型标识。例如www.youku.com。域名的主体部分具有显著性,可以用来区别不同的上网单位和个人。例如"youku"。②网站名称(website name)。即网站的称呼。例如"天猫"。网站名称具有显著性,可以用来区别不同的网站。③网页(web page)。网页,又称网络页面,是指通过各种标记描述文字、图片、表格、声音等元素形成的文件。网页是构成网站的基本元素,其内容、布局、风格等具有显著性,可以用来区别信息资源的来源。④其他互联网标识。即除域名主体部分、网站名称、网页

[①] 社会组织名称中所标明的组织形式必须明确易懂,一般称学校、学院、医院、中心、院、园、所、馆、会、中心、俱乐部等。

之外的所有互联网标识。

（四）其他商业混淆行为

其他商业混淆行为，是指除前述三类商业混淆行为之外，其他足以引人误认为是他人商品或者与他人存在特定联系的所有商业混淆行为。其他商业混淆行为直接指向的对象为除前述标识之外的其他标识，例如商品条形码、经营者二维码等。这类商业混淆行为的设定具有兜底作用，有利于增强《反不正当竞争法》的灵活性和适应性。

三、商业混淆行为的认定

通说认为，商业混淆行为应同时具备下列要件。

（一）主体为经营者

商业混淆行为的主体仅限于经营者。非经营者如果擅自使用与他人相同或者相似的标识，即使足以引人误认为是他人商品或者与他人存在特定联系，该行为并不构成商业混淆行为。这主要是因为非经营者不从事商品生产、经营或者提供服务，不进入市场，其所实施的擅自使用与他人相同或者相似的标识的行为，不属于市场竞争问题，不构成商业混淆行为。

（二）外在表现为经营者擅自使用他人有一定影响的标识

1. 有一定影响的标识

"有一定影响的"标识，是指具有一定的市场知名度并具有区别商品来源的显著特征的标识。标识是否具有一定的市场知名度，应当综合考虑中国境内相关公众的知悉程度，商品销售的时间、区域、数额及对象，宣传的持续时间、程度和地域范围，标识受保护的情况等因素。

一般认为，下列标识不具有区别商品来源的显著特征：①商品的通用名称、图形、型号；②仅仅直接表示商品的质量、原料、功能、用途、重量、数量及其他特点的标识；③仅由商品自身的性质产生的形状，为获得技术效果而需有的商品形状以及使商品具有实质性价值的形状；④其他缺乏显著特征的标识。但前述①②④规定的标识经过使用取得显著特征，并具有一定的市场知名度，可认定为有一定影响的标识。

2. 擅自使用

这里的"使用"，是指商业性使用，即在中国境内将有一定影响的标识用于商品、商品包装、商品交易文书或者广告宣传、展览等其他商业活动、识别商品来源的行为。经营者只有擅自将他人的标识作商业性使用从而使其成为该经营者的商业标识，才可能构成商业混淆行为。

这里的"擅自"使用，具体包括两种情形：①冒用他人标识。又称冒用行为，是指未经权利人许可，擅自使用他人的标识，也就是将他人的标识擅自使用在自己的商品或服务上。在这种情况下，经营者使用的标识与他人标识完全相同，极易导致误认。②仿用他人标识。又称仿用行为，是指在自己的商品或服务上，使用与他人相似的标识，也就是模仿他人的标识，在不影响该标识实质性特征的情况下对其稍作改变而进行使用。在这种情况下，经营者使用的标识与他人标识的主要部分、整体印象等方面相近似，容易导致误认。认定与有一定影响的标识相同或者近似，可以参照商标相同或者近似的判断原则和方法。

下列两种情形，不属于擅自使用。①"正当使用"。有一定影响的标识，包含本商品的通用名称、图形、型号，或者直接表示商品的质量、原料、功能、用途、重量、数量以及其他特点，或者含有地名，他人因客观叙述商品而正当使用，不属于擅自使用。②"善意使用"。即在不同地域范围内使用相同或者近似的有一定影响的商品名称、包装、装潢、企业名称、社会组织名称、姓名等标识，在后使用者善意使用的。"善意使用"，应当结合案件具体情况，综合考虑在先使用标识的市场知名度、对在先使用的知晓情况、标识使用的地域等因素依法认定。因后来的经营活动进入相同地域范围，足以导致商品来源产生混淆，在先使用者可请求判令在后使用者附加足以区别商品来源的其他标识的。

（三）结果为引人误认为他人商品或者与他人存在特定联系

这里的"人"，即误认人，是指相关公众，通常包括交易相对人和消费者。误认人产生"误认"时，通常仅要求其具备一般的认知能力和一般的注意力水平。

这里的"引人误认"，包括：①误认的事实。即致使相关公众已经产生了误认误购的客观事实。②误认的危险。即足以引起相关公众误认误购的危险或可能性。在相同商品上使用相同或者视觉上基本无差别的商品名称、包装、装潢等标识，应当视为足以造成与他人有一定影响的标识相混淆。

"误认"的内容，是指"误认为他人商品或者与他人存在特定联系"。包括：①商品来源误认。即误认为是他人的商品。②关联性误认。即误认为商品或经营者与他人存在特定联系。例如误认为与他人具有商业联合、许可使用、商业冠名、广告代言等特定联系。

典型案例 9-1　商业混淆行为

第三节　虚假宣传行为

一、虚假宣传行为的定义与特征

（一）虚假宣传行为的定义

虚假宣传行为，又称虚假或引人误解的商业宣传行为、误导性宣传行为、误导行为，是指经营者在商业活动中利用广告或者其他方法对商品或服务（以下所称商品包括服务）提供与实际不相符合的虚假信息或引人误解的信息，欺骗、误导消费者的行为。

（二）虚假宣传行为的特征

与其他不正当竞争行为相比，虚假宣传行为具有以下主要特征。

1. 直接指向对象为经营者自己所经营的商品

虚假宣传行为本质上是商业宣传行为。经营者之所以愿意付出一定的时间、金钱等成本进行商业宣传，是为了直接或间接地介绍自己所经营的商品，包括商品的性能、功能、质量、销售状况、用户评价、曾获荣誉等，以扩大自己的销售。即虚假宣传行为的宣传对象是经营者自己所经营的商品。

2. 直接目的为"往自己脸上贴金"

在虚假宣传行为中，为了扩大自己的销售，经营者往往就其所经营的商品提供虚假或引人误解的信息，旨在夸大商品的性能、功能、质量、销售状况、用户评价、曾获荣誉等，使消费者误以为经营者的商品具有比实际情况更好的性能、功能、质量、销售状况、用户评价、曾获荣誉等，从而误购。可见，经营者实施虚假宣传的直接目的是"往自己脸上贴金"。

二、虚假宣传行为的类型

根据商业宣传形式的不同，虚假宣传行为可分为虚假广告和其他虚假宣传行为两类。该分类在法律适用上具有重要意义。

（一）虚假广告

1. "广告"为商业广告

虚假广告，是指经营者以广告形式进行的虚假宣传行为。这里的"广告"，等同于《广告法》中的"广告"，仅限于商业广告，不包括非商业广告。所谓商业广告，是指由经营者承担费用，通过一定的媒介和形式直接或间接地介绍自己所经营的商品的商业活动。所谓非商业广告，是指不具有商业目的，而是为了达到某种宣传的目的而做的广告，例如公益广告。

2. 虚假广告的情形

依据《广告法》，广告以虚假或者引人误解的内容欺骗、误导消费者的，构成虚假广告。广告有下列情形之一的，为虚假广告：①商品或者服务不存在的；②商品的性能、功能、产地、用途、质量、规格、成分、价格、生产者、有效期限、销售状况、曾获荣誉等信息，或者服务的内容、提供者、形式、质量、价格、销售状况、曾获荣誉等信息，以及与商品或者服务有关的允诺等信息与实际情况不符，对购买行为有实质性影响的；③使用虚构、伪造或者无法验证的科研成果、统计资料、调查结果、文摘、引用语等信息作证明材料的；④虚构使用商品或者接受服务的效果的；⑤以虚假或者引人误解的内容欺骗、误导消费者的其他情形。

3. 虚假广告的法律适用

《反不正当竞争法》规定，经营者发布虚假广告的，依照《广告法》的规定处罚。即虚假广告适用《广告法》。依据《广告法》，经营者发布虚假广告的，由市场监督管理部门责令停止发布广告，责令广告主在相应范围内消除影响，处广告费用三倍以上五倍以下的罚款，广告费用无法计算或者明显偏低的，处二十万元以上一百万元以下的罚款；

两年内有三次以上违法行为或者有其他严重情节的，处广告费用五倍以上十倍以下的罚款，广告费用无法计算或者明显偏低的，处一百万元以上二百万元以下的罚款，可以吊销营业执照，并由广告审查机关撤销广告审查批准文件、一年内不受理其广告审查申请。

（二）其他虚假宣传行为

其他虚假宣传行为，是指以广告之外的其他形式进行的所有虚假宣传行为。其他虚假宣传行为的具体形式多元且复杂，常见情形包括：①雇用或者伙同他人进行欺骗性诱导销售。即经营者通过雇用或者伙同他人冒充顾客，充当"托儿"，对商品进行宣传。②进行虚假或引人误解的现场演示。即经营者通过虚假或引人误解的现场演示来介绍、宣传自己的商品。③经营者在其张贴、散发、邮寄的商品说明书及其他宣传资料中，对外传递虚假或引人误解的信息，进行虚假宣传。④利用网络进行虚假或引人误解的宣传。例如"刷单"。其他虚假宣传行为适用《反不正当竞争法》。

三、虚假宣传行为的认定

通说认为，虚假宣传行为应同时具备以下要件。

（一）主体为经营者

虚假宣传行为的主体限于经营者。非经营者实施的虚假宣传行为，由于不具有商业目的，不影响市场竞争，不构成《反不正当竞争法》所规制的虚假宣传行为。

（二）外在表现为经营者作虚假或者引人误解的商业宣传

1. 商业宣传

虚假宣传行为发生在商业活动中，故仅限于商业宣传行为，不涉及非商业宣传行为。所谓商业宣传，是指经营者直接或间接地介绍自己所经营的商品的活动。所谓非商业宣传，是指非经营者为了达到非商业目的而进行的宣传活动，例如公益宣传。

2. 虚假或者引人误解的商业宣传

从宣传的内容来看，虚假宣传对外传递的对购买行为有实质性影响的信息，主要包括三类：①关于商品自然属性的信息。例如商品的性能、功能、产地、用途、质量、规格、成分、有效期限等。②商品的市场信息。例如价格、销售状况、曾获荣誉等。③商品经营者的信息。例如经营者的资质、资产规模、曾获荣誉等。

从宣传内容的性质来看，虚假宣传的内容具有虚假性或引人误解性。①虚假性。即经营者宣传的商品信息与实际情况不相符合。例如商品不具有专利，却宣传为专利产品。②引人误解性。即信息因其模糊性、歧义性或片面性等，导致消费者误解。经营者具有下列情形之一，足以造成消费者误解的，可以认定为具有引人误解性：对商品作片面的宣传或者对比的；将科学上未定论的观点、现象等作为定论的事实用于商品宣传的；使用歧义性语言进行商业宣传的；其他足以引人误解的商业宣传行为。

从方式来看，虚假宣传包括两种情形：①经营者自己进行虚假宣传。这是最常见、最普遍的虚假宣传方式。②经营者帮助其他经营者进行虚假宣传。即经营者通过组织虚假交易等帮助其他经营者进行虚假宣传。例如"刷单""炒信"等。

（三）后果为欺骗、误导消费者

这里的"消费者"，即被欺骗、误导的人。消费者被欺骗、误导时，通常仅要求其具备一般的认知能力和一般的注意力水平。即普通的消费者在一般的注意力下被欺骗、误导，就可认定为"欺骗、误导消费者"。

"欺骗、误导消费者"包括两种情形：①欺骗、误导的事实。即致使消费者已经被欺骗、误导的客观事实。虚假或引人误解的商业宣传已经造成普通消费者误认误购所宣传的商品的，通常应当认定为虚假宣传行为。②欺骗、误导的危险。即足以引起消费者被欺骗、误导的危险或可能性。商业宣传的内容如果缺乏真实性，但是普通消费者能够正确理解其含义和用意的，亦即不足以引起消费者被欺骗、误导的危险或可能性，不属于虚假宣传。认定是否存在欺骗、误导的危险时，应当根据日常生活经验、消费者一般注意力、发生误解的事实和被宣传对象的实际情况等因素进行判断。

典型案例 9-2　虚假宣传行为

第四节　商业诋毁行为

一、商业诋毁行为的定义与特征

（一）商业诋毁行为的定义

商业诋毁行为，又称诋毁商誉行为、商业诽谤行为、损害商誉行为，是指经营者自己或利用他人，通过编造、传播虚假信息或误导性信息等不正当手段，对竞争对手的商誉进行诋毁、贬低，以削弱其市场竞争能力并为自己谋取不正当利益的行为。

（二）商业诋毁行为的特征

与其他不正当竞争行为相比，商业诋毁行为具有以下主要特征。

1. 直接指向对象：竞争对手的商誉

商业诋毁行为一般发生在竞争者之间，其直接指向的对象是竞争对手的商誉。商誉，是指特定商品或经营者所获得的良好的社会综合评价。商誉的获得，通常并不容易，往往需要经营者长期不懈努力和积极进取，是经营者长期妥善经营、精心管理的结果。商誉会给经营者带来竞争优势，提高其经济效益。商誉包括：①商品声誉。即特定商品所获得的良好的社会综合评价。②商业信誉。即特定经营者所获得的良好的社会综合评价。

2. 直接目的："往别人身上泼脏水"

商誉是企业重要的无形资产，也是市场竞争力的重要组成部分，是企业形象和文化的外在表现与社会认同。商业诋毁行为中，经营者自己或利用他人，通过编造、传播虚假信息或误导性信息等不正当手段，诋毁、贬低竞争对手的商誉，旨在削弱竞争对手由于其商誉而拥有的市场竞争优势,从而为自己谋取不正当的利益。即经营者实施商业诋毁行为的直接目的为"往别人身上泼脏水"。

二、商业诋毁行为的类型

根据具体手段的不同,商业诋毁行为可以分为以下类型。

(一)通过交易相对人进行商业诋毁

通过交易相对人进行商业诋毁,是指经营者利用与交易相对人具体接触的机会,向自己的客户散布谣言,攻击、贬低他人的商誉。例如甲超市对其顾客说:"一定不要购买隔壁乙超市的牛奶,因为乙超市经常将过期的牛奶换上新日期进行销售。"事实上乙超市根本就没有做过这种事。这类商业诋毁行为的特点是:①发生于具体的交易过程中;②只针对特定的交易相对人进行商业诋毁;③一般以口头的方式散布不利于竞争对手的谣言。

(二)通过广告进行商业诋毁

依据《广告法》,广告不得贬低其他生产经营者的商品或者服务。经营者利用在大众媒体、互联网等刊登的广告,诋毁、贬低竞争对手的商誉,即构成这类商业诋毁行为。这类商业诋毁行为的特点是:①以广告为实施手段。②以大众媒体、互联网等为广告媒介。③针对不特定的社会公众进行商业诋毁。④影响面广,危害性大。

(三)其他商业诋毁行为

其他商业诋毁行为,是指除前述两类商业诋毁行为之外的,采用其他手段进行的所有商业诋毁行为。例如通过网络恶意评价进行商业诋毁,即经营者利用网络技术手段或载体,以交易达成后违背事实的恶意评价损害竞争对手的商誉。

三、商业诋毁行为的认定

通说认为,商业诋毁行为应同时具备以下要件。

(一)主体为具有竞争关系的经营者

商业诋毁行为人限于经营者。非经营者编造、传播虚假信息或者误导性信息,即使损害了他人的商誉,也不构成商业诋毁行为。这主要是因为非经营者的行为不是市场行为,不影响市场竞争,不构成不正当竞争行为。

这里的"竞争关系",是指商业诋毁行为人与被诋毁人之间是竞争对手。当诋毁人与被诋毁人之间不是竞争对手时,不属于商业诋毁行为。这里的竞争对手可以是特定的单个经营者,也可以是特定的某一类或某一范围内的经营者。一般认为,竞争对手包括三种情形:①生产、销售相同或者近似商品的经营者为竞争对手。②经营者生产、销售的商品虽然不相同或者近似,但具备类似功能,可以进行相互替代的,也可能构成竞争对手。③经营者之间存在争夺消费者注意力、购买力等商业利益冲突的,也可能成为竞争对手。

（二）外在表现为编造、传播虚假信息或者误导性信息

1. "虚假信息或者误导性信息"

从信息的内容来看，商业诋毁行为所涉及的信息内容具有开放性，包括与竞争对手商誉的所有相关信息，可以分为两类：①与竞争对手的商品声誉相关的信息。包括商品的性能、功能、产地、用途、质量、规格、成分、有效期限、销售状况等。例如声称竞争对手的商品不安全。②与竞争对手的商业信誉相关的信息。包括经营者的资质、信用等。例如声称竞争对手不具备特定的资质。

从信息的性质来看，商业诋毁行为所涉及的信息具有虚假性或者误导性。信息如果不具有虚假性或者误导性，不构成商业诋毁行为。①虚假性。即信息与客观事实不符。②误导性。即信息因其模糊性、歧义性和片面性等，使得受众对之产生错误的认识。

2. "编造、传播"

这里的"编造"，是指杜撰并不存在的虚假信息，可表现为对特定内容的全部编造、部分编造或者对真实情况予以歪曲等。这里的"传播"，是指将编造的事实予以宣传与扩散。传播可以是编造者自己传播，也可以是非编造者传播；可以是通过向竞争对手的交易相对方发函、发电子邮件等方式传播，也可以是通过大众媒体传播。

"编造、传播"要求商业诋毁行为所涉及的虚假信息或者误导性信息具有公开性，即这些虚假信息或者误导性信息借助某种传播方式为他人所知悉。这意味着编造或者传播都可以构成商业诋毁行为，但只编造信息而信息事实上未被传播的，不构成商业诋毁。因此，从行为的具体表现来看，商业诋毁行为包括：①"编造＋传播"。即行为人编造了虚假信息或误导性信息并进行传播。②"传播"。行为人并未编造，只是传播虚假信息或误导性信息。通说认为，经营者故意传播他人编造的虚假信息或者误导性信息，损害竞争对手的商业信誉、商品声誉的，属于商业诋毁行为。

（三）后果为损害竞争对手的商誉

损害竞争对手的商誉包括：①损害的事实。即经营者的商业诋毁行为已经致使竞争对手商誉发生了现实的损害。在具体实践中，这种损害往往体现为受害人及其产品服务的评价被降低、信用受到质疑、形象遭到损坏、产品销量下降、利润减少等。②损害的危险。即经营者的商业诋毁行为导致竞争对手商誉发生损害的危险或可能性。

四、商业诋毁行为与虚假宣传行为的关系

（一）商业诋毁行为与虚假宣传行为的区别

《反不正当竞争法》将商业诋毁行为和虚假宣传行为列为两类独立的不正当竞争行为，这主要是因为两者之间存在显著区别，包括：①直接指向的对象不同。商业诋毁行为直接指向的对象是竞争对手的商誉，往往涉及竞争对手经营的商品。而虚假宣传行为直接指向的对象是经营者自己经营的商品。②直接目的不同。商业诋毁行为人的直接目的是"往别人身上泼脏水"，即意在诋毁、贬低、丑化竞争对手及其商品。而虚假宣传行为人的直接目的是"给自己脸上贴金"，即意在抬高、夸大、美化经营者自己及其所推销

的商品。③后果不同。商业诋毁行为的后果是使受众误认为竞争对手的商誉低于其实际情况，从而放弃、拒绝购买竞争对手的商品。而虚假宣传行为的后果是使受众误认为经营者的商品高于其实际情况，从而认可、购买经营者的商品。

（二）商业诋毁行为与虚假宣传行为的联系

实践中，商业诋毁行为与虚假宣传行为的关系复杂，可能彼此独立，也可能相互联系。①彼此独立。当经营者虚假编造、传播虚假或误导性信息，只贬低、损害竞争对手的商誉时，只构成商业诋毁行为。当经营者的虚假宣传只抬高自己，不涉及他人的商誉时，只构成虚假宣传行为。②相互联系。当经营者虚假宣传的内容既贬低他人，又抬高自己时，该行为既构成商业诋毁行为，又构成虚假宣传行为。此时，可依照重责任吸收轻责任的原则，选择违法责任较重的一种不正当竞争行为确定相应的法律责任。

第五节 商业贿赂行为

一、商业贿赂行为的定义和危害

（一）商业贿赂行为的定义

商业贿赂行为，是指经营者在市场交易过程中，通过给付财物或者其他利益，收买、利诱对交易有决定权或者决定性影响的人，以获取交易机会或竞争优势的行为。

（二）商业贿赂行为的危害

因为商业贿赂行为具有严重的社会危害性，《反不正当竞争法》将其列为典型的不正当竞争行为予以明确禁止。商业贿赂行为的主要危害如下。

1. 妨碍和扭曲公平竞争机制的正常运行

在商业贿赂的情况下，经营者不是通过质量、价格或售后服务等的正当竞争去争取交易机会，而是依靠贿赂对方的职员或受托人贿赂来获取交易机会。受贿人不是根据对经营者商品的客观比较来决定和谁进行交易，而是谁给好处或者谁给的好处多就与谁进行交易，从而使公平竞争机制受到严重的扭曲和破坏。

2. 侵犯其他经营者和消费者利益

商业贿赂行为的受损害者通常是其他经营者和消费者。一方面，商业贿赂往往使那些专心于以贿赂手段推销商品或购买商品的经营者抢占商机和竞争优势，不正当地剥夺了其他经营者的竞争机会，消解了其他经营者的竞争优势，侵犯其他经营者的利益。另一方面，因商业贿赂而成功交易后，行贿人向受贿人所支付的贿金等，或者通过商品的价格来转移，或者通过降低商品的质量来消化，从而侵害消费者的权益。

3. 危害社会道德，腐蚀社会风气

一方面，商业贿赂为假冒伪劣商品的流通大开方便之门，造成市场信用度下降，甚至造成"劣币驱逐良币"的怪象，严重影响市场经济的正常发展。另一方面，商业贿赂为企业的管理人员、采购人员以及政府公务人员等收受回扣、中饱私囊、贪污受贿提供了土壤，严重败坏商业风气，污染经营环境，诱发腐败。

二、商业贿赂行为的认定

通说认为，商业贿赂行为应同时具备以下要件。

（一）主体为行贿人和受贿人

商业贿赂行为是双方行为，其主体既包括行贿人，也包括受贿人。

1. 行贿人为经营者

行贿人，是指向受贿人不正当给付财物或其他利益的单位或者个人。行贿人限于经营者。非经营者实施的行贿行为，因其不具有商业目的，不影响市场竞争，不构成商业贿赂行为。行贿人可以是买方，也可以是卖方；可以是法人，也可以是非法人组织或者个人。

经营者的工作人员进行贿赂的，应当认定为经营者的行为；但是，经营者有证据证明该工作人员的行为与为经营者谋取交易机会或者竞争优势无关的除外。

2. 受贿人为对交易具有决定权或决定性影响的人

受贿人，是指收受行贿人不正当给付的财物或其他利益的单位或者个人。受贿人通常是对交易具有决定权或决定性影响的人，其范围宽泛，既包括经营者，也包括非经营者；可以是法人，也可以是非法人组织或者个人。

《反不正当竞争法》将受贿人分为三类：①交易相对方的工作人员。例如交易相对方的法定代表人、总经理、采购人员、财务人员。②受交易相对方委托办理相关事务的单位或者个人。例如受交易相对方委托办理招标事宜的招标代理机构及其工作人员。③利用职权或者影响力影响交易的单位或者个人。例如交易相对方的上级部门的负责人。

（二）直接指向对象为财物或其他利益

商业贿赂行为直接指向的对象为财物或其他利益，包括三类：①"财"。即货币。通说认为货币是固定充当一般等价物的特殊商品。货币既包括现金，也包括银行存款等；既包括人民币，也包括外币，例如美元、欧元。②"物"。即具有一定经济价值的实物。实践中，商业贿赂行为涉及的物多种多样，例如烟、酒、名表、金银珠宝、艺术品、房屋。③"其他利益"。即前述货币和实物之外的其他各种利益。例如为受贿人的亲属提供工作岗位等。

（三）外在表现为不正当地移转财物或其他利益

商业贿赂行为外在表现为财物或其他利益由行贿人采用不正当的手段移转至受贿人。这些不正当地移转财物或其他利益的手段包括：①暗中给付。商业贿赂的本质是一种不正当的利益交换，行贿人和受贿人往往以秘密的方法进行财物或其他利益的暗中移转，以避人耳目。②采用其他不正当手段移转。这些不正当手段通常以各种合法的外部形式做掩护，而在行贿人与受贿人之间实现财物或其他利益的不正当移转。例如经营者假借促销费、宣传费、赞助费、科研费、劳务费、咨询费等名义进行给付。再如经营者免费或以不合理低价向受贿人提供旅游接待、房屋装修、汽车使用权，为受贿人亲属安排出国学习、提供工作机会等。无论是暗中给付，还是采用其他不正当手段移转，商业贿赂行为往往具有隐蔽性，行为人通常不入账或不按照财务会计制度的要求如实入账。

（四）直接目的为获取交易机会或竞争优势

行贿人进行商业贿赂的目的是获取交易机会或竞争优势。商业贿赂行为的商业目的使之与其他贿赂行为相区别。其他贿赂行为的目的多种多样，例如为了工作调动、职务升迁、子女入学。这些贿赂行为均不是为了获取交易机会或竞争优势，不具有商业性质，不构成商业贿赂行为。

三、商业贿赂行为与折扣、佣金的区分

（一）商业贿赂行为与折扣的区分

1. 折扣的概念

折扣，即商品购销中的让利，是指经营者在销售商品时，以明示并如实入账的方式给予对方的价格优惠。即卖方在所成交的价款上给买方的一定比例的减让，而退还给对方的一种交易上的优惠，所以折扣也称价格让利。这里的"如实入账"，是指根据合同约定的金额和支付方式，在依法设立的反映其生产经营活动或者行政事业经费收支的财务账上按照财务会计制度明确如实记载。折扣包括两种情形：①支付价款时对价款总额按一定比例即时予以扣除。②支付价款总额后再按一定比例予以退还。

2. 商业贿赂行为与折扣的区别

商业贿赂行为与折扣的区别主要包括：①主体不同。商业贿赂的受贿人是影响交易的单位或者个人；折扣的收受人是交易相对人，即买方。②方式不同。商业贿赂行为具有隐蔽性，通常不入账或不如实入账；而折扣的给予和接受均是以明示和如实入账的方式进行。③性质不同。商业贿赂行为具有违法性，是《反不正当竞争法》明确禁止的不正当竞争行为；折扣因其符合商业惯例，而具有合法性。

（二）商业贿赂行为与佣金的区分

1. 佣金的概念

佣金，是指经营者在市场交易中给予为其提供服务的具有合法经营资格的中间人的劳务报酬。佣金是商业活动中的一种劳务报酬，是具有独立地位和经营资格的中间人在商业活动中为他人提供中介服务所得到的报酬。佣金由商业活动的中间人或者经纪人收取，可以由卖方给付，也可由买方给付。

经营者在交易活动中，可以以明示方式给予中间人佣金。这里的"明示"，指如实记载在经营者与中间人之间订立的居间合同、中介合同或者代理合同中。《反不正当竞争法》规定，经营者向中间人支付佣金的，应当如实入账；接受佣金的经营者也应当如实入账。

2. 商业贿赂行为与佣金的区别

商业贿赂行为与佣金的区别主要包括：①主体不同。商业贿赂行为的受贿人是影响

交易的单位或者个人；而佣金的收受人是具有独立地位和经营资格的中间人。②方式不同。商业贿赂行为往往具有隐蔽性，通常不入账或不如实入账；而佣金的支付和接受均是以明示和如实入账的方式进行。③性质不同。商业贿赂行为具有违法性，是《反不正当竞争法》明确禁止的不正当竞争行为；佣金是一种劳务报酬，是对为交易提供服务的中间人所付出的劳务的价值补偿，且采取明示入账的方式支付和接受，符合商业惯例，具有合法性。

第六节　不正当有奖销售行为

一、有奖销售行为的定义和特征

（一）有奖销售行为的定义

有奖销售，又称附奖赠促销，是指经营者销售商品时，为实现促销之目的，附带性地向购买者提供金钱、物品或者其他经济利益作为奖励的促销行为。

（二）有奖销售行为的类型

根据奖励方式的不同，有奖销售行为可以分为以下两类。

1. 附赠式有奖销售

附赠式有奖销售行为，是指经营者对购买指定商品或者购买金额达到一定标准的所有购买者提供赠品以资奖励的有奖销售行为。例如购买一套西装赠送一条领带。该类有奖销售行为的主要特点包括：①奖励面广。即凡达到同一购买水平的所有购买者均能获得奖励。②奖励相同。即达到同一购买水平的所有购买者获得的奖励均相同。③奖励通常价值较小。

2. 抽奖式有奖销售

抽奖式有奖销售，是指以抽签、摇号等带有偶然性的方法决定购买者是否中奖以及奖励等级的有奖销售行为。这类有奖销售行为的主要特点包括：①奖励面窄。即并非达到同一购买水平的所有购买者均能获得奖励，通常只有少数中奖者才能获得奖励，大部分人得不到奖励。②奖励不同。即奖励往往划分为不同的等级，中奖者因获得的奖励等级不同，而获得不同的奖励。③奖励通常价值较大，头奖甚至可能价值巨大。

（三）有奖销售行为的特征

与单纯的奖励行为和销售行为相比，有奖销售行为具有以下主要特征。

1. 主体的特定性

有奖销售作为一种促销手段，是经营者针对交易相对人所采取的行为，是在卖方和买方之间进行的一种商业活动。其主体具有特定性，特定于销售方及其交易相对人。因此，下列两种情形不属于有奖销售：①非经营者提供的奖励。②经营者向交易相对人以外的人提供奖励。

2. 法律关系的双重性

在有奖销售行为中,经营者与交易相对人之间存在双重法律关系。①买卖关系。即经营者向购买者销售商品、购买者向经营者购买商品的买卖关系。买卖关系是主法律关系。②赠与关系。即经营者向购买者提供赠品或奖品的赠与关系。赠与关系是从法律关系,依附、从属于买卖关系。

3. 目的的商业性

经营者实施有奖销售行为的目的是促销,即招徕顾客,扩大销售,增加利润。无论经营者如何将其有奖销售行为粉饰为"回馈顾客"、"大酬宾"等,都不会改变其借此盈利的商业性本质。这是有奖销售与政府及其有关部门批准的有奖募捐或者彩票发售活动的重大区别。有奖募捐或者彩票发售属于具有公益目的的活动,不是商业活动,不属于有奖销售。

二、有奖销售行为的双重社会影响

(一)有奖销售行为的积极社会影响

正当的有奖销售行为具有以下积极社会影响。①对于经营者而言,有奖销售可以扩大销售量,增加经营利润,加速资金周转,提高生产经营效率。②对于消费者而言,有奖销售行为可以让消费者获得奖品、奖金等额外奖励,与经营者分享利益。③对于社会而言,有奖销售能在一定程度上激发社会公众的购买欲望,刺激消费,使潜在的货币购买力变为现实的货币购买力,从而拉动内需,促进经济增长。

(二)有奖销售行为的消极社会影响

不正当的有奖销售行为具有以下消极社会影响。①破坏公平竞争,损害其他经营者利益。不正当的有奖销售行为可能威胁经营者之间质量、价格及服务等正常竞争,扭曲公平的竞争秩序,损害其他经营者利益。②损害消费者利益。经营者采用不正当的手段进行有奖销售,可能造成利益的虚假让渡,影响消费者的正常消费决策,损害消费者利益。③刺激虚假需求,传递错误市场信息,引发市场波动与混乱。不正当的有奖销售可能诱惑消费者盲目购买,从而传递错误市场信息,使企业过分追求短期行为,引发市场供求关系出现波动与混乱,不利于经济长期健康持续发展。

基于有奖销售行为的积极社会影响和消极社会影响,《反不正当竞争法》尊重正当的有奖销售行为,禁止不正当的有奖销售行为。

三、不正当有奖销售行为的类型与认定

《反不正当竞争法》明确禁止以下三类不正当有奖销售行为。每一类不正当有奖销售行为的认定要件有所不同。

(一)巨奖销售

巨奖销售,是指最高奖金额超过 5 万元的抽奖式有奖销售。巨奖销售虽然中奖概率

极低，但巨额的奖金能诱惑大量心存侥幸的消费者，助长人们的投机心理，且严重影响其他经营者的正常经营，破坏公平的竞争秩序。因此，《反不正当竞争法》明确禁止巨奖销售。

巨奖销售应同时具备以下要件：①主体为经营者。非经营者进行的奖励行为，即使金额超过五万元，因其不具有商业性，不构成巨奖销售。②经营者实施的是抽奖式有奖销售。如果经营者实施的是非抽奖式有奖销售，不构成巨奖销售。③最高奖金额超过5万元（不含5万元）。如果经营者以非现金的物品或者其他经济利益作为奖励的，按照同期市场同类商品的正常价格折算其金额。

（二）欺骗性有奖销售

欺骗性有奖销售，是指经营者采用谎称有奖或者故意让内定人员中奖的欺骗方式进行有奖销售。欺骗性有奖销售使得利益让渡具有欺骗性，消费者无法通过有奖销售与经营者分享利益，既损害消费者利益，又破坏公平的竞争秩序。因此，《反不正当竞争法》明确禁止欺骗性有奖销售。

欺骗性有奖销售应同时具备以下要件：①主体为经营者。非经营者进行的奖励行为，即使存在欺骗性，因其不具有商业性，不构成欺骗性有奖销售。②经营者进行的有奖销售活动，既包括抽奖式有奖销售，也包括附赠式有奖销售。③经营者在进行有奖销售活动时，采用了谎称有奖或者故意让内定人员中奖的欺骗方式。这里的"谎称有奖"，是指经营者未设奖励却谎称有奖进行销售，使不明真相的购买者上当受骗。这里的"内定人员"，是指经营者事先确定使其中奖的人员，这些人员既可以是经营者的内部工作人员，也可以是经营者以外的其他特定购买者。"故意让内定人员中奖"的方法，既可表现为把有中奖标志的奖券、号码直接送给内定人员，也可表现为把中奖标志的商品或有奖号码作特殊记号后告知内定人员等。

（三）信息不明确的有奖销售

信息不明确的有奖销售，是指经营者对所设奖的种类、兑奖要件、奖金金额或者奖品等有奖销售信息不明确，影响兑奖的有奖销售行为。信息不明确的有奖销售因其信息的不明确性使得利益让渡具有虚假性，消费者无法通过有奖销售与经营者分享利益，既损害消费者利益，又破坏公平的竞争秩序。因此，《反不正当竞争法》明确禁止信息不明确的有奖销售。

信息不明确的有奖销售应同时具备以下要件：①主体为经营者。非经营者进行的奖励行为，即使存在不明确的信息，因其不具有商业性，不构成信息不明确的有奖销售。②经营者进行的有奖销售活动，既包括抽奖式有奖销售，也包括附赠式有奖销售。③经营者在进行有奖销售活动时，提供了不明确的信息，影响兑奖。经营者举办有奖销售，应当向购买者明示其所设奖的种类、中奖概率、奖金金额或者奖品种类、兑奖时间、兑奖方式等事项。属于非现场即时开奖的抽奖式有奖销售，告知事项还应当包括开奖的时间、地点、方式和通知中奖者的时间、方式。经营者对已经向公众明示的事项不得变更。经营者就以上事项给出的信息不明确，影响兑奖的，构成信息不明确的有奖销售。

第七节　侵犯商业秘密行为

一、商业秘密的定义和特征

（一）商业秘密的定义

商业秘密，是指不为公众所知悉、具有商业价值并经权利人采取相应保密措施的技术信息、经营信息等商业信息。

根据信息内容的不同，商业秘密可以分为以下两类：①技术秘密。即不为公众所知悉、具有商业价值并经权利人采取相应保密措施的技术信息。例如产品配方、工艺方法等。②经营秘密。即不为公众所知悉、具有商业价值并经权利人采取相应保密措施的经营信息。例如投资计划、客户名单等。

（二）商业秘密的特征

1. 秘密性

秘密性，是指作为商业秘密的某种信息不为公众所知悉，即公众不能从公开渠道直接获得。这里的"公众"，并非指商业秘密的权利人以外的一切人，而是指一般人。秘密性要求一般人不易通过正当途径获取或探明这些信息。这种秘密性是相对的，而不是绝对的。因为一项商业秘密在使用和管理中是无法避免在一定范围内或一定程度上为他人所知，例如商业秘密的权利人为了生产经营等方面的需要，许可他人使用该项秘密，该信息并不丧失其秘密性。因此，法律并不要求商业秘密是处于绝对的、完全的保密状态下，只要权利人的信息在合理的范围内是处于秘密状态的，即符合秘密性的要求。

2. 保密性

保密性，是指作为商业秘密的信息必须是权利人采取保密措施予以保护、管理的信息。不采取任何保密性措施的信息，不被认定为商业秘密。与商业秘密的秘密性特征一样，法律对保密措施的要求也不是绝对的，而只是相对合理即可。具有下列情形之一，在正常情况下足以防止涉密信息泄露的，应当认定权利人采取了相应的保密措施：①限定涉密信息的知悉范围，只对必须知悉的相关人员告知其内容；②对于涉密信息载体采取加锁等防范措施；③在涉密信息的载体上标有保密标志；④对于涉密信息采用密码或者代码等；⑤签订保密协议；⑥对于涉密的机器、厂房、车间等场所限制来访者或者提出保密要求；⑦确保信息秘密的其他合理措施。

3. 价值性

价值性，是指商业秘密的使用可以为权利人带来经济上的利益，使权利人比不知晓或不使用该商业秘密的同行业竞争者处于更有利的地位或拥有更大的竞争优势。商业秘密的价值既包括现实的经济利益，也包括通过将来使用而可能获得的潜在经济利益。这使得商业秘密区别于政治秘密、个人隐私等。

二、侵犯商业秘密行为的定义和类型

（一）侵犯商业秘密行为的定义

侵犯商业秘密行为，是指行为人不正当地获取、披露、使用或允许他人使用权利人的商业秘密，从而损害权利人利益的行为。

（二）侵犯商业秘密行为的类型

根据表现形式的不同，《反不正当竞争法》将侵犯商业秘密行为分为以下四种类型。

1. 不当获取商业秘密行为

不当获取商业秘密行为，是指以盗窃、贿赂、欺诈、胁迫、电子侵入或者其他不正当手段获取权利人的商业秘密的行为。不当获取商业秘密行为以不正当手段违背权利人意志获取了商业秘密，破坏了商业秘密的秘密性，该行为本身已构成了侵犯商业秘密行为。至于获取后是否披露、使用，不影响对"不当获取"行为违法性的认定。

2. 披露、使用不当获取的商业秘密行为

披露、使用不当获取的商业秘密行为，是指行为人将以不正当手段获取的商业秘密予以披露、使用的行为。由于这些商业秘密已被不法行为人非法占有，它的披露、使用均于法无据，并非权利人的意思表示，亦属于侵犯商业秘密行为。

3. 不当披露、使用正当获取的商业秘密行为

不当披露、使用正当获取的商业秘密行为，是指行为人依合同或其他合法途径获知权利人的商业秘密，但违反约定或违反权利人要求有关保守秘密的要求，披露、使用或者允许他人使用其所掌握的商业秘密的行为。与披露、使用不当获取的商业秘密行为不同，该类侵犯商业秘密行为的行为人是依合同或其他合法途径获知权利人的商业秘密。例如交易相对人依商业秘密许可合同知悉权利人的商业秘密，但违反保密约定而披露该商业秘密的，构成不当披露、使用正当获取的商业秘密行为。

4. 教唆、引诱、帮助他人侵犯商业秘密

教唆、引诱、帮助他人侵犯商业秘密，是指行为人并不直接实施前述各种侵犯商业秘密的行为，而是采用各种方法或手段教唆、引诱、帮助他人违反保密义务或者违反权利人有关保守商业秘密的要求，获取、披露、使用或者允许他人使用权利人的商业秘密。

三、侵犯商业秘密行为的认定

通说认为，侵犯商业秘密行为应同时具备以下要件。

（一）主体为经营者等

侵犯商业秘密行为的主体是经营者。但实践中，非经营者也可能不正当地获取、披露、使用或允许他人使用权利人的商业秘密。例如，权利人的员工因为工作需要知悉权利人的商业秘密，但违反保密要求而披露其所知悉的商业秘密。针对这类情形，《反不正

当竞争法》规定，经营者以外的其他自然人、法人和非法人组织不正当地获取、披露、使用或允许他人使用权利人的商业秘密，从而损害权利人利益的，视为侵犯商业秘密。

另外，《反不正当竞争法》规定，第三人明知或者应知商业秘密权利人的员工、前员工或者其他单位、个人不正当获取权利人的商业秘密，仍获取、披露、使用或者允许他人使用该商业秘密的，视为侵犯商业秘密。这里的"第三人"，是指相对于商业秘密的权利人和侵犯商业秘密的违法行为人这二者之外的第三方。

（二）直接指向的对象为他人的商业秘密

侵犯商业秘密行为直接指向的对象是他人的商业秘密。被侵犯的他人商业秘密，包括技术秘密和经营秘密。在侵犯商业秘密的民事审判程序中，根据"谁主张，谁举证"的基本原则，一般应由权利人举证证明涉案的信息属于商业秘密。但由于商业秘密的特殊性，为了适当减轻权利人的举证责任，《反不正当竞争法》规定，商业秘密权利人提供初步证据，证明其已经对所主张的商业秘密采取保密措施，且合理表明商业秘密被侵犯，涉嫌侵权人应当证明权利人所主张的商业秘密不属于本法规定的商业秘密。

（三）外在表现为不当获取、披露、使用他人的商业秘密以及教唆、引诱、帮助他人侵犯商业秘密

1. 不当获取

不当获取，是指采用不正当的手段知悉权利人的商业秘密。不正当手段包括：①盗窃。即以秘密的方法获取他人的商业秘密。例如偷走载有商业秘密的文件。②贿赂。即以给付财物或其他利益等手段诱使对方告知其所知悉的商业秘密。③欺诈。即用虚假的情况引诱对方作出错误判断而告知其所知悉的商业秘密。④胁迫。即以给他人带来财产、人身或精神损害为要挟迫使他人违反其真实意愿而告知商业秘密。⑤电子侵入。即以黑客技术等电子技术手段侵入他人计算机信息系统，从而获取他人商业秘密。⑥其他不正当手段。即除前述手段外的所有不正当手段，属于兜底性规定。例如用酒将他人灌醉以获取商业秘密。

具有下列情形之一，不属于不当获取：①依合同或其他合法途径获知权利人的商业秘密。②通过自行开发研制得到与他人商业秘密相同的商业信息。③通过反向工程获得与他人商业秘密相同的商业信息。所谓"反向工程"，是指通过技术手段从公开渠道取得的产品进行拆卸、测绘、分析、研究等而获得该产品的有关技术信息。

2. 不当披露、使用

不当披露、使用的行为人，既包括不当获取他人商业秘密者，也包括依合同或其他合法途径获知权利人的商业秘密者。

不当披露，既包括向特定人披露，也包括向不特定的社会公众披露。不当使用，既包括直接将商业秘密用于自己的生产经营，也包括以一定的方式有偿或无偿将商业秘密提供给他人使用。

3. 教唆、引诱、帮助他人侵犯商业秘密

教唆、引诱、帮助他人侵犯商业秘密，是指行为人自己并不直接不当获取、披露、

使用他人的商业秘密,而是教唆、引诱、帮助他人不当获取、披露、使用权利人的商业秘密。①这里的"教唆",主要表现为行为人通过劝说、怂恿、授意等方法,将自己的侵犯商业秘密的意图灌输给本来没有侵权意图的人,使被教唆者产生侵犯商业秘密的意图而实施侵犯商业秘密行为。②这里的"引诱",主要表现为行为人采用即引导、诱惑等方法,使被引诱人陷入模糊认识,从而作出诱导设计好的侵犯商业秘密行为。③这里的"帮助",主要表现为行为人通过各种方法为他人侵犯商业秘密提供条件或支持。

4. 侵犯商业秘密行为举证责任的倒置

在侵犯商业秘密的民事审判程序中,根据"谁主张,谁举证"的基本原则,一般应由权利人举证证明涉嫌侵权人存在侵犯商业秘密的行为。但由于侵犯商业秘密行为的特殊性,为了适当减轻权利人的举证责任,《反不正当竞争法》规定在一定条件下,举证责任倒置。即商业秘密权利人提供初步证据合理表明商业秘密被侵犯,且提供以下证据之一的,涉嫌侵权人应当证明其不存在侵犯商业秘密的行为:①有证据表明涉嫌侵权人有渠道或者机会获取商业秘密,且其使用的信息与该商业秘密实质上相同;②有证据表明商业秘密已经被涉嫌侵权人披露、使用或者有被披露、使用的风险;③有其他证据表明商业秘密被涉嫌侵权人侵犯。

第八节 互联网新型不正当竞争行为

一、互联网新型不正当竞争行为的定义

(一)互联网不正当竞争行为的定义

互联网不正当竞争行为,是指发生在互联网领域的不正当竞争行为。既包括发生在互联网领域的传统不正当竞争行为,也包括发生在互联网领域的新型不正当竞争行为。传统不正当竞争行为,是商业混淆行为、商业诋毁行为、虚假宣传行为、商业贿赂行为、不正当有奖销售行为、侵犯商业秘密行为这六类典型不正当竞争行为的总称。发生在互联网领域的传统不正当竞争行为,是前述六类典型不正当竞争行为在互联网领域中的具体表现,与前述六类典型的不正当竞争行为并无本质区别,故不再赘述。

(二)互联网新型不正当竞争行为的定义

互联网新型不正当竞争行为,是指经营者利用技术手段,通过影响用户选择或者其他方式,实施的妨碍、破坏其他经营者合法提供的网络产品或者服务正常运行的行为。例如恶意不兼容行为。

二、互联网新型不正当竞争行为的特征

与其他不正当竞争行为相比较,互联网新型不正当竞争行为具有以下主要特征。

(一)领域为互联网

互联网新型不正当竞争行为发生于互联网领域中。这使得互联网新型不正当竞争行

为区别于发生于传统领域的不正当竞争行为。与传统领域相比，互联网领域的市场竞争具有以下主要特点：①双边市场。经济学意义上的双边市场，是指两组参与者需要通过平台进行交易，且一组参与者加入平台的收益取决于加入该平台另一组参与者的数量。互联网市场的双边性决定了互联网的基本商业模式，即一方面通过提供免费业务来吸引基础用户，另一方面通过提供广告等收费业务或向用户提供增值服务而赚取利润。免费业务是手段，收费业务是目的。②外部性。即用户的规模越大，产品的价值越大。例如使用同种网络产品的人越多，网络群体越大，则其价值越大。③锁定效应。即用户黏性较强，一旦使用特定互联网产品或服务后，不会轻易更换其他类似产品或服务。这是因为若更换使用其他类似产品将大大提高用户的个人成本，从而放弃更换，选择继续使用原产品。

（二）手段具有技术性

从手段上看，互联网新型不正当竞争行为具有鲜明的技术性。互联网新型不正当竞争行为是经营者采用特殊的网络技术手段，通过影响用户选择或者其他方式，实施的妨碍、破坏其他经营者合法提供的网络产品或者服务正常运行的行为。这使得互联网新型不正当竞争行为区别于发生在互联网领域的传统不正当竞争行为。这些网络技术手段多样且持续更新，例如不正当的技术拦截、不正当的插入链接等。互联网新型不正当竞争行为的技术性，为其提供了很好的掩护，加大了行为的隐蔽性和查证难度。

（三）直接目的为争夺注意力

互联网经济是"注意力经济"，注意力成为互联网经营者的生存基础，互联网领域的市场竞争成为"注意力竞争"。一方面，"注意力竞争"使互联网市场竞争的行业界限被进一步淡化，跨界竞争甚至无所谓跨界的情形更为突出。另一方面，"注意力竞争"使得互联网经营者围绕着争夺用户的注意力而展开竞争。因此与之相适应，互联网新型不正当竞争行为也主要是围绕着争夺注意力这一核心问题展开。互联网新型不正当竞争行为无论其外在表现形式如何多样，其直接目的均是争夺注意力。

三、互联网新型不正当竞争行为的类型与认定

根据技术手段的不同，《反不正当竞争法》将互联网新型不正当竞争行为分为以下四类。

（一）插入链接和强制进行目标跳转的行为

插入链接和强制进行目标跳转的行为，是指经营者未经其他经营者同意，在其合法提供的网络产品或者服务中，插入链接、强制进行目标跳转的行为。

一般认为，未经其他经营者和用户同意而直接发生的目标跳转，属于"强制进行目标跳转"。仅插入链接，目标跳转由用户主动触发的，应当综合考虑插入链接的具体方式、是否具有合理理由以及对用户利益和其他经营者利益的影响等因素，认定该行为是否属于插入链接和强制进行目标跳转的行为。

（二）误导、欺骗、强迫类行为

误导、欺骗、强迫类行为，是指经营者误导、欺骗、强迫用户修改、关闭、卸载其他经营者合法提供的网络产品或服务的行为。例如"用户安装某款安全软件后，该软件自动对某款社交软件进行体检，以红色字体警示用户该软件存在严重健康问题（实际上并不存在），并以绿色字体提供'一键修复'帮助。用户点击'一键修复'后，该安全软件即禁用了该社交软件的部分插件，并将该社交软件的安全沟通界面替换成自己的相应界面。这种情况属于误导、欺骗、强迫用户修改他人网络产品或者服务的不正当竞争行为[①]。"

经营者事前未明确提示并经用户同意，以误导、欺骗、强迫用户修改、关闭、卸载等方式，恶意干扰或者破坏其他经营者合法提供的网络产品或者服务，应当认定属于误导、欺骗、强迫类行为。

（三）恶意不兼容行为

恶意不兼容行为，是指经营者恶意对其他经营者合法提供的网络产品或者服务实施不兼容的行为。

一般认为，经营者实施的不兼容行为同时符合下列要件的，应当认定为恶意不兼容行为：①针对其他特定经营者实施不兼容；②妨碍用户正常使用其他经营者合法提供的网络产品或服务；③其他经营者不能通过与第三方合作等方式，消除不兼容行为产生的影响；④缺乏合理理由。

（四）其他妨碍、破坏行为

其他妨碍、破坏行为，是指经营者实施的其他妨碍、破坏其他经营者合法提供的网络产品或者服务正常运行的行为。随着互联网技术和商业模式的不断创新发展，会不断出现新类型的互联网不正当竞争行为，具有兜底性的其他妨碍、破坏行为可以规制这些行为，从而增加《反不正当竞争法》的适用性和灵活性。

一般认为，经营者利用网络从事生产经营活动，同时符合下列要件的，可以认定为其他妨碍、破坏行为：①利用网络技术手段实施；②违背其他经营者意愿并导致其合法提供的网络产品或服务无法正常运行；③有悖诚实信用原则和商业道德；④扰乱市场竞争秩序并损害消费者的合法权益；⑤缺乏合理理由。

第九章　即测即练题

本章思考题

1.《反不正当竞争法》如何规制商业混淆行为？

[①] 王瑞贺：《中华人民共和国反不正当竞争法释义》，法律出版社 2018 年版，第 45 页。

2.《反不正当竞争法》如何规制商业诋毁行为?
3.《反不正当竞争法》如何规制虚假宣传行为?
4.《反不正当竞争法》如何规制商业贿赂行为?
5.《反不正当竞争法》如何规制不正当有奖销售行为?
6.《反不正当竞争法》如何规制侵犯商业秘密行为?
7.《反不正当竞争法》如何规制互联网新型不正当竞争行为?

第十章 劳动法律制度

本章学习目标

1. 了解：
(1) 劳动法的形式渊源；
(2) 劳动法的调整对象；
(3) 劳动法的基本原则；
(4) 劳动法的适用范围。
2. 掌握：
(1) 劳动关系的认定标准；
(2) 劳动关系的调整方法；
(3) 劳动争议的处理程序。
3. 运用：
(1) 正确订立劳动合同；
(2) 正确订立集体合同；
(3) 正确理解工时和休假；
(4) 正确理解工资；
(5) 正确对待职业安全卫生；
(6) 正确对待特殊劳动保护；
(7) 正确处理劳动保障；
(8) 正确处理劳动争议。

第十章 引导案例

第一节 劳动法律制度概述

一、劳动法的定义与形式渊源

（一）劳动法的定义

通说认为，劳动法是指为了保护劳动者的合法权益，国家制定的调整劳动关系和与劳动关系有密切联系的其他社会关系的法律规范的总称。其目的是建立和维护适应社会主义市场经济的劳动制度，维护用人单位与劳动者之间稳定和谐的劳动关系，促进经济发展和社会进步。需注意的是，劳动法上的劳动有特定的内涵，"专指职工以谋生为目的而从事的，履行劳动法规、集体合同和劳动合同所规定义务的集体劳动"。不是所有劳动都是劳动法上的劳动，自我劳动（如家务劳动、个体劳动）、公益劳动等，都不属于劳动法上的劳动。

（二）劳动法的形式渊源

即劳动法律规范的具体表现形式。我国劳动法除了宪法渊源之外，形式渊源体系非常庞大。①法律层次的渊源：除了《中华人民共和国劳动法》[①]（以下简称《劳动法》）这部劳动基本法之外，还包括专项劳动法律，如《中华人民共和国劳动合同法》[②]（以下简称《劳动合同法》）、《中华人民共和国社会保险法》[③]（以下简称《社会保险法》）等。②其他形式渊源，即其他法律、行政法规、部委规章、劳动法律法规解释、地方性法规规章等规范性文件。如《民法典》、《刑法》、《工伤保险条例》、《劳动人事争议仲裁办案规则》、原劳动部《关于贯彻执行〈中华人民共和国劳动法〉若干问题的意见》、《最高人民法院关于审理劳动争议案件适用法律问题的解释（一）》、《陕西省最低工资规定》等相关规定。

扩展阅读 10-1 《劳动法》形式渊源（部分）

二、劳动法的调整对象

劳动法的调整对象，主要包括两种：一是劳动关系，二是与劳动关系有密切联系的其他社会关系。

（一）劳动关系

1. 劳动关系的定义与特征

劳动关系是指劳动者与用人单位在实现社会化劳动过程中产生的社会关系。劳动关系主要具有以下特征：

（1）双方主体资格法定。劳动者的主体资格，《劳动法》规定除国家另有规定外，禁止用人单位招用未满十六周岁的未成年人；《劳动合同法》进一步规定，劳动者开始依法

[①] 《中华人民共和国劳动法》1994 年 7 月 5 日第八届全国人民代表大会常务委员会第八次会议通过，根据 2009 年 8 月 27 日第十一届全国人民代表大会常务委员会第十次会议《关于修改部分法律的决定》第一次修正，根据 2018 年 12 月 29 日第十三届全国人民代表大会常务委员会第七次会议《关于修改〈中华人民共和国劳动法〉等七部法律的决定》第二次修正。

[②] 《中华人民共和国劳动合同法》2007 年 6 月 29 日第十届全国人民代表大会常务委员会第二十八次会议通过；根据 2012 年 12 月 28 日第十一届全国人民代表大会常务委员会第三十次会议《关于修改〈中华人民共和国劳动合同法〉的决定》修正。

[③] 《中华人民共和国社会保险法》2010 年 10 月 28 日第十一届全国人民代表大会常务委员会第十七次会议通过根据 2018 年 12 月 29 日第十三届全国人民代表大会常务委员会第七次会议《关于修改〈中华人民共和国社会保险法〉的决定》修正。

享受基本养老保险待遇的劳动合同终止。用人单位的主体资格,《劳动合同法》及其实施条例明确规定为中华人民共和国境内的企业、个体经济组织、民办非企业单位、依法成立的会计师事务所、律师事务所等合伙组织和基金会等组织。

（2）产生于社会化劳动过程之中。社会化大生产背景下的劳动关系，不仅产生于劳动力所有者与劳动力使用者两个不同主体之间，而且具备产业化、市场化属性，劳动关系的社会化，构成了劳动法调整的劳动关系的基本特点。

（3）兼具人身性和财产性。劳动者向用人单位提供劳动时，是将其一定限度内人身自由交给用人单位支配，所以劳动关系具有强烈的人身属性；正是基于对特定劳动力的使用，用人单位必须支付相应的对价——劳动报酬，因此劳动者也获得赖以生存的物质资料，进而使得劳动关系的财产属性与人身属性相互交织。同时这种双向给付也构成了劳动关系的主要内容。

（4）兼具平等性与隶属性。劳动者作为自然人，用人单位作为组织体，二者是法律地位平等的民事主体。法律地位的平等是二者可以通过双向选择签订劳动合同的前提；但是劳动关系一旦确立，劳动者必须接受用人单位规章制度和劳动纪律的管理，这就使得二者之间又形成职责上的隶属性。

2. 劳动关系的认定

劳动关系的认定标准，目前主要依据的是原劳动和社会保障部《关于确立劳动关系有关事项的通知》（劳社部发〔2005〕12号）：用人单位招用劳动者未订立书面劳动合同，但同时具备下列情形的，劳动关系成立。①用人单位和劳动者符合法律、法规规定的主体资格；②用人单位依法制定的各项劳动规章制度适用于劳动者，劳动者受用人单位的劳动管理，从事用人单位安排的有报酬的劳动；③劳动者提供的劳动是用人单位业务的组成部分。

用人单位未与劳动者签订劳动合同，认定双方存在劳动关系时可参照下列凭证：①工资支付凭证或记录（职工工资发放花名册）、缴纳各项社会保险费的记录；②用人单位向劳动者发放的"工作证""服务证"等能够证明身份的证件；③劳动者填写的用人单位招工招聘"登记表""报名表"等招用记录；④考勤记录；⑤其他劳动者的证言等。其中，①③④项的有关凭证由用人单位负举证责任。

（二）与劳动关系有密切联系的其他社会关系

也称为劳动附随关系。有的是劳动关系发生的前提，如就业许可、就业培训等；有的贯穿劳动关系始终，如养老保险、医疗保险等；有的则与劳动关系产生、变更、消灭关系密切，如集体协商、劳动监察、劳动争议处理等。正是由于这些社会关系与劳动关系的密切关联性，劳动法也对这些社会关系进行调整。按性质划分，可以概括为以下几种：

（1）劳动行政关系，即劳动保障行政部门和经授权具有行政职能的有关机构与用人单位及其团体、劳动者及其团体和劳动服务主体之间，由于执行劳动行政职能而发生的社会关系。

（2）劳动团体关系，即劳动者团体（工会）或其成员与用人单位团体或其成员之间，由于协调、维护劳动关系双方利益而发生的社会关系。

（3）劳动服务关系，即劳动服务主体与用人单位和劳动者之间因为劳动关系运行提供社会服务而发生的社会关系。

（4）劳动争议调处关系，即劳动争议处理机构与用人单位、劳动者之间由于调处劳动争议发生的社会关系。

三、劳动法的基本原则

劳动法的基本原则是贯穿劳动法立、改、废与劳动执法的基本思想与行为准则，体现了劳动法的核心与灵魂。

（一）维护劳动者合法权益原则

维护劳动者合法权益是劳动法的立法宗旨，主要体现在两方面：一是法律、法规明确规定了劳动者应享有的基本权利和在各个劳动环节的具体权利；二是法律、法规具体规定了用人单位必须履行的劳动义务及相应的法律责任。

（二）劳动利益协调原则

劳动关系双方利益相互依存，因而协调双方利益应该贯穿劳动立法、执法和争议处理的全过程。主要体现在：一是要兼顾用人单位利益，劳动者履行劳动义务是享有劳动权利的前提，在劳动过程中应尽职尽责，维护用人单位合法权益；二是职工通过职工大会、职工代表大会，或者依法参加董事会、监事会的法律形式，参与企业决策，与用人单位平等协商企业内部规章制度和涉及劳动者重大利益的其他事项；三是充分发挥政府、用人单位和劳动者三方协调机制的作用，促进劳资双方及社会利益的平衡发展。

四、劳动法的适用范围

我国劳动法的适用范围是以立法明确规定用人单位的类型来确定的。具体包括中华人民共和国境内的：①企业；②个体经济组织；③民办非企业单位；④依法成立的会计师事务所、律师事务所等合伙组织和基金会；⑤被视为用人单位的国家机关、事业组织、社会团体。

此外需注意，公务员和比照实行公务员制度的事业组织和社会团体的工作人员，以及农村劳动者（乡镇企业职工和进城务工、经商的农民除外）、现役军人和家庭保姆等不适用劳动法。

第二节　劳动合同制度

一、劳动合同概述

（一）劳动合同的定义

劳动合同，也称为劳动契约，是劳动者与用人单位明确双方劳动权利与劳动义务的协议，是证明双方劳动关系的证据之一。劳动合同用工是我国企业基本用工形式。

（二）劳动合同的特征

劳动合同除具有一般合同的特性外，还具有如下特征：

（1）主体特定性。劳动合同的双方具有特定性，一方是劳动者，一方是用人单位。两个自然人之间、两个组织体之间，都不存在签订劳动合同的可能。

（2）时间持续性。劳动合同是典型的继续性合同，在劳动关系存续期间，双方通过劳动给付才能实现各自的劳动权利义务，才能实现劳动合同订立的目的。

（3）意思附和性。劳动合同是典型的附和合同，对普通劳动者而言，无论是劳动合同的内容、劳动条件，还是劳动纪律、规章制度等，都几乎没有讨价还价的权利，只要用人单位做出的意思表示不违法，这种意思附和性就法律是认可的。

（4）职责从属性。在劳动合同履行过程中，劳动者作为用人单位的一员，必须服从用人单位依法制定的劳动纪律和规章制度，接受用人单位的管理、指挥和监督，因而双方具有职责上的从属性。

（5）较强涉他性。劳动合同某些条款或履行结果与劳动者的直系亲属关系非常密切。例如《最低工资规定》第六条明确规定"确定和调整月最低工资标准，应参考当地就业者及其赡养人口的最低生活费用……"。

（三）劳动合同的种类

按照不同标准可以对劳动合同进行多种分类，其中比较常见的分类主要有：

1. 以合同期限为标准的分类

我国《劳动法》《劳动合同法》均采用了此种分类。劳动合同分为三类：①固定期限劳动合同，是指用人单位与劳动者约定合同终止时间的劳动合同。②无固定期限劳动合同，是指用人单位与劳动者约定无确定终止时间的劳动合同。③以完成一定工作任务为期限的劳动合同，是指用人单位与劳动者约定以某项工作的完成为合同期限的劳动合同。

为了保护一定范围的劳动者，《劳动合同法》第十四条规定："有下列情形之一，劳动者提出或者同意续订、订立劳动合同的，除劳动者提出订立固定期限劳动合同外，应当订立无固定期限劳动合同：（一）劳动者在该用人单位连续工作满十年的；（二）用人单位初次实行劳动合同制度或者国有企业改制重新订立劳动合同时，劳动者在该用人单位连续工作满十年且距法定退休年龄不足十年的；(三)连续订立二次固定期限劳动合同，且劳动者没有本法第三十九条和第四十条第一项、第二项规定的情形，续订劳动合同的。用人单位自用工之日起满一年不与劳动者订立书面劳动合同的，视为用人单位与劳动者已订立无固定期限劳动合同。"

2. 以用工形式为标准的分类

以用工形式为标准可以分为典型劳动合同、非典型劳动合同。①典型劳动合同是指依据《劳动合同法》的一般性规定订立的劳动合同。②非典型劳动合同是指依据《劳动合同法》的特别规定订立的劳动合同，主要包括劳务派遣劳动合同和非全日制劳动合同。劳动派遣劳动合同是指劳务派遣单位（用人单位）与被派遣劳动者订立的劳动合同，该合同还应载明被派遣劳动者的用工单位以及派遣期限、工作岗位等情况。非全日制劳动合同是指劳动者与用人单位签订的，以小时计酬为主，劳动者在同一用人单位一般平均每日工作时间不超过四小时，每周工作时间累计不超过二十四小时的劳动合同。

二、劳动合同的订立与效力

（一）劳动合同的订立

1. 依法订立劳动合同

（1）订立前的告知或说明义务

《劳动合同法》规定，用人单位招用劳动者时，应当如实告知劳动者工作内容、工作条件、工作地点、职业危害、安全生产状况、劳动报酬，以及劳动者要求了解的其他情况；用人单位有权了解劳动者与劳动合同直接相关的基本情况，劳动者应当如实说明。

（2）订立的时间与形式

《劳动合同法》规定，建立劳动关系，应当订立书面劳动合同。已建立劳动关系，未同时订立书面劳动合同的，应当自用工之日起一个月内订立书面劳动合同。

2. 未依法订立劳动合同的法律后果

（1）用人单位自用工之日起与劳动者建立劳动关系。

（2）自用工之日起一个月内，经用人单位书面通知后，劳动者不与用人单位订立书面劳动合同的，用人单位应当书面通知劳动者终止劳动关系，无需向劳动者支付经济补偿，但是应当依法向劳动者支付其实际工作时间的劳动报酬。

（3）用人单位自用工之日起超过一个月不满一年未与劳动者订立书面劳动合同的，应当依照《劳动合同法》第八十二条的规定向劳动者每月支付两倍的工资，并与劳动者补订书面劳动合同；劳动者不与用人单位订立书面劳动合同的，用人单位应当书面通知劳动者终止劳动关系，并依照《劳动合同法》第四十七条的规定支付经济补偿。

（4）用人单位自用工之日起满一年未与劳动者订立书面劳动合同的，自用工之日起满一个月的次日至满一年的前一日应当依照《劳动合同法》第八十二条的规定向劳动者每月支付两倍的工资，并视为自用工之日起满一年的当日已经与劳动者订立无固定期限劳动合同，应当立即与劳动者补订书面劳动合同。

（二）劳动合同的内容

1. 必备条款

劳动合同依法应当具备如下条款：①用人单位的名称、住所和法定代表人或者主要负责人；②劳动者的姓名、住址和居民身份证或者其他有效身份证件号码；③劳动合同期限；④工作内容和工作地点；⑤工作时间和休息休假；⑥劳动报酬；⑦社会保险；⑧劳动保护、劳动条件和职业危害防护；⑨法律、法规规定应当纳入劳动合同的其他事项。

2. 可备条款

除上述必备条款外，用人单位与劳动者可以约定以下条款：

（1）试用期条款

试用期是用人单位和劳动者依法约定的相互考察期，最长不超过六个月。同一用人单位与同一劳动者只能约定一次试用期。试用期包含在劳动合同期限内；劳动合同仅约定试用期的，试用期不成立，该期限为劳动合同期限。以完成一定工作任务为期限的劳动合同或者劳动合同期限不满三个月的，不得约定试用期。试用期工资不得低于本单位相同岗位最低档工资或者劳动合同约定工资的80%，并不得低于用人单位所在地的最低工资标准。

（2）服务期条款

服务期是用人单位和劳动者依法约定的，由用人单位为劳动者提供专项培训费用对其进行专业技术培训，该劳动者为用人单位服务满约定年限。劳动者违反服务期约定的，应当按照约定向用人单位支付违约金。违约金的数额不得超过用人单位提供的培训费用。用人单位要求劳动者支付的违约金不得超过服务期尚未履行部分所应分摊的培训费用。

（3）竞业限制条款

竞业限制条款指用人单位与负有保密义务的劳动者依法约定的，该劳动者在解除或者终止劳动合同后一定期限内，不得到与本单位生产或者经营同类产品、从事同类业务的有竞争关系的其他用人单位，或者自己开业生产或者经营同类产品、从事同类业务的条款。竞业限制的人员限于用人单位的高级管理人员、高级技术人员和其他负有保密义务的人员。竞业限制的范围、地域、期限由用人单位与劳动者约定，竞业限制的约定不得违反法律、法规的规定。竞业限制期限，不得超过二年。在竞业限制期限内按月给予劳动者经济补偿。劳动者违反竞业限制约定的，应当按照约定向用人单位支付违约金。

（4）保密条款

用人单位与劳动者可以在劳动合同中约定保守用人单位的商业秘密和与知识产权相关的保密事项。劳动者违反劳动合同中约定的保密义务，给用人单位造成损失的，应当承担赔偿责任。

（5）补充保险

补充保险是指在参加国家基本社会保险之外，用人单位根据需要自主为劳动者建立的补充保险。例如企业年金，就是企业及其职工在依法参加基本养老保险的基础上，自主建立的补充养老保险。

（6）福利待遇

主要包括子女教育、住房补贴、交通补助、通信补贴、用餐补助等等。不同的福利待遇，既是用人单位吸引人才、留住人才的措施，也是劳动者选择就业的考虑因素之一。

（三）劳动合同的成立与效力

1. 劳动合同的成立要件

劳动合同的成立要件包括三个：①有劳动合同双方当事人；②双方当事人作出完整的意思表示；③双方当事人的意思表示达成一致。

2. 劳动合同的有效与生效

劳动合同的有效是指劳动合同具备法律规定的要件，在当事人双方之间产生法律约束力。劳动合同的有效要件包括：①双方主体合格；②双方意思表示真实；③意思表示合法；④合同形式合法。

一般情况下，劳动合同的生效要件与有效要件是一致的；但是法律另有规定或者当事人另有约定的除外。例如，双方在劳动合同中约定"本劳动合同自劳动者按期毕业并取得相应毕业证书和学位证书之日起生效"。

3. 劳动合同的无效

劳动合同的无效是指劳动合同因欠缺法律规定的有效要件对当事人全部或部分不产生法律约束力的状态。依据《劳动法》《劳动合同法》的规定，以下劳动合同无效或者部分无效：①以欺诈、胁迫的手段或者乘人之危，使对方在违背真实意思的情况下订立或者变更劳动合同的；②用人单位免除自己的法定责任、排除劳动者权利的；③违反法律、行政法规强制性规定的；④劳动合同中劳动报酬和劳动条件等标准低于集体合同规定标准的。

对劳动合同的无效或者部分无效有争议的，由劳动争议仲裁机构或者人民法院确认。劳动合同部分无效，不影响其他部分效力的，其他部分仍然有效。

劳动合同被确认无效，劳动者已付出劳动的，用人单位应当依法向劳动者支付劳动报酬。由于用人单位原因订立无效劳动合同，给劳动者造成损害的，用人单位应当赔偿劳动者因合同无效所造成的经济损失。

三、劳动合同的履行与变更

（一）劳动合同的履行

劳动合同的履行，是指依据劳动合同的约定，双方当事人全面履行各自义务，从而实现双方订立劳动合同目的的法律行为。劳动合同的履行是劳动合同的核心，也是生效劳动合同追求的法律效果。

1. 全面履行原则

用人单位与劳动者应当按照劳动合同的约定，全面履行各自的义务。这里的全面履行，既要求双方当事人必须以自己的行为亲自、恰当履行各自所承担的义务，也包括当事人双方在劳动合同履行中互相配合、相互协作，为对方履行义务提供必要的条件与支持。

2. 合法履行原则

《劳动合同法》中着重强调三个方面：一是用人单位应当按照劳动合同约定和国家规定，向劳动者及时足额支付劳动报酬；二是用人单位应当严格执行劳动定额标准，不得强迫或者变相强迫劳动者加班。用人单位安排加班的，应当按照国家有关规定向劳动者支付加班费；三是劳动者拒绝用人单位管理人员违章指挥、强令冒险作业的，不视为违反劳动合同。

3. 特殊履行规则

（1）用人单位变更名称、法定代表人、主要负责人或者投资人等事项，不影响劳动合同的履行。（2）用人单位发生合并或者分立等情况，原劳动合同继续有效，劳动合同由承继其权利和义务的用人单位继续履行。

（二）劳动合同的变更

劳动合同的变更，是指劳动合同生效后尚未履行完毕之前，当事人双方协商或单方依法修改劳动合同内容的法律行为。

1. 双方协商变更

用人单位与劳动者协商一致，可以变更劳动合同约定的内容。变更劳动合同，应当采用书面形式。变更后的劳动合同文本由用人单位和劳动者各执一份。

用人单位与劳动者协商一致变更劳动合同，虽未采用书面形式，但已经实际履行了口头变更的劳动合同超过一个月，变更后的劳动合同内容不违反法律、行政法规且不违背公序良俗，当事人以未采用书面形式为由主张劳动合同变更无效的，人民法院不予支持。

2. 单方依法变更

依据《劳动合同法》的规定，有下列情形之一的，用人单位可以单方变更劳动合同：①劳动者患病或者非因工负伤，在规定的医疗期满后不能从事原工作，用人单位可另行安排工作；②劳动者不能胜任工作，用人单位可调整工作岗位。

四、劳动合同的解除与终止

（一）劳动合同解除

1. 劳动合同解除的概念与分类

劳动合同的解除是指有效的劳动合同尚未履行完毕之前，当事人提前消灭劳动合同效力的法律行为。依据不同标准，劳动合同解除有不同的分类。其中，比较有法律意义的分类有以下几种：①依据解除方式的不同，可以分为双方解除和单方解除；②依据解除原因的不同，可以分为协议解除和法定解除；③依据解除主体的不同，可以分为单位解除和劳动者解除；④依据解除过错的不同，可以分为过错解除和无过错解除。

2. 劳动合同的双方解除

我国《劳动法》第二十四条和《劳动合同法》第三十六条规定，用人单位与劳动者协商一致，可以解除劳动合同。对双方解除的具体方式与程序，法律并无强制性规定，双方皆可提出，只要与对方达成合意即可，故又称为协议解除。

3. 用人单位的单方解除

单方解除是指一方当事人通过行使解除权，使双方劳动合同的效力提前消灭的法律行为。法律对单方解除权的行使条件和程序作出了明确规定，故又称为法定解除。用人单位的单方解除，也称为辞退，因涉及劳动者的生存权和职业安定，法律对用人单位单方解除的条件和程序进行了严格的限制。

（1）过错性辞退。根据《劳动合同法》，辞退条件有：一是在试用期间被证明不符合录用条件的；二是严重违反用人单位规章制度的；三是严重失职，营私舞弊，给用人单位造成重大损害的；四是劳动者同时与其他用人单位建立劳动关系，对完成本单位的工作任务造成严重影响，或者经用人单位提出，拒不改正的；五是以欺诈、胁迫的手段或者乘人之危，使用人单位在违背真实意思的情况下订立无效劳动合同的；六是被依法追究刑事责任的。辞退程序：劳动者存在上述过错行为之一的，用人单位可以即时辞退。

（2）预告辞退。根据《劳动合同法》，辞退条件有：一是劳动者患病或者非因工负伤，在规定的医疗期满后不能从事原工作，也不能从事由用人单位另行安排的工作的；二是劳动者不能胜任工作，经过培训或者调整工作岗位，仍不能胜任工作的；三是劳动合同订立时所依据的客观情况发生重大变化，致使劳动合同无法履行，经用人单位与劳动者协商，未能就变更劳动合同内容达成协议的。辞退程序：劳动者存在上述情形之一的，用人单位提前三十日以书面形式通知劳动者本人或者额外支付劳动者一个月工资后可以辞退。

（3）裁员。根据《劳动合同法》，裁员条件有：一是依照企业破产法规定进行重整的；二是生产经营发生严重困难的；三是企业转产、重大技术革新或者经营方式调整，经变更劳动合同后，仍需裁减人员的；四是其他因劳动合同订立时所依据的客观经济情况发生重大变化，致使劳动合同无法履行的。裁员程序：用人单位有上述情形之一，需要裁减人员二十人以上或者裁减不足二十人但占企业职工总数百分之十以上的，用人单位提前三十日向工会或者全体职工说明情况，听取工会或者职工的意见后，裁减人员方案经向劳动行政部门报告，可以裁减人员。

（4）预告辞退和裁员的禁止条件。根据《劳动合同法》，劳动者有下列情形之一的，用人单位不得预告辞退和裁员：一是从事接触职业病危害作业的劳动者未进行离岗前职业健康检查，或者疑似职业病病人在诊断或者医学观察期间的；二是在本单位患职业病或者因工负伤并被确认丧失或者部分丧失劳动能力的；三是患病或者非因工负伤，在规定的医疗期内的；四是女职工在孕期、产期、哺乳期的；五是在本单位连续工作满十五年，且距法定退休年龄不足五年的；六是法律、行政法规规定的其他情形。

4. 劳动者的单方解除

也称辞职，基于劳动自由原则，法律对劳动者的单方解除条件和程序规定比较宽松，具体如下：

（1）预告辞职。根据《劳动合同法》，劳动者提前三十日以书面形式通知用人单位即可辞职；试用期内，劳动者提前三日通知用人单位即可辞职。

（2）即时辞职。根据《劳动合同法》，用人单位存在以下情形之一，劳动者可以即时辞职：①未按照劳动合同约定提供劳动保护或者劳动条件的；②未及时足额支付劳动报酬的；③未依法为劳动者缴纳社会保险费的；④用人单位的规章制度违反法律、法规的规定，损害劳动者权益的；⑤以欺诈、胁迫的手段或者乘人之危，使劳动者在违背真实意思的情况下订立无效劳动合同的；⑥法律、行政法规规定劳动者可以解除劳动合同的其他情形。

（3）不告而辞。用人单位以暴力、威胁或者非法限制人身自由的手段强迫劳动者劳动的，或者用人单位违章指挥、强令冒险作业危及劳动者人身安全的，劳动者可以立即解除劳动合同，不需事先告知用人单位。

（二）劳动合同的终止

1. 劳动合同终止的概念

劳动合同终止是指基于法定事由的出现，劳动合同效力归于消灭，不再履行。

2. 劳动合同终止的事由

①劳动合同期满的；②劳动者开始依法享受基本养老保险待遇的；③劳动者死亡，或者被人民法院宣告死亡或者宣告失踪的；④用人单位被依法宣告破产的；⑤用人单位被吊销营业执照、责令关闭、撤销或者用人单位决定提前解散的；⑥法律、行政法规规定的其他情形。

3. 劳动合同终止的延期

劳动合同终止事实出现，但劳动者具有法律规定特定情形时，劳动合同期限自动延长至特定情形消失。例如《工会法》第十九条的规定，基层工会专职主席、副主席或者委员自任职之日起，其劳动合同期限自动延长，延长期限相当于其任职期间；非专职主席、副主席或者委员自任职之日起，其尚未履行的劳动合同期限短于任期的，劳动合同期限自动延长至任期期满。但是，任职期间个人严重过失或者达到法定退休年龄的除外。

（三）解除和终止劳动合同的法律后果

1. 劳动者的法律责任

①劳动者应当按照双方约定，办理工作交接；②劳动者违法解除劳动合同，或者违反劳动合同中约定的保密义务或者竞业限制，给用人单位造成损失的，应当承担赔偿责任。

2. 用人单位的法律责任

（1）用人单位应出具解除或者终止劳动合同的证明，并在十五日内为劳动者办理档案和社会保险关系转移手续。

（2）用人单位在预告辞退、裁员、劳动者即时辞职等法定情形下应当向劳动者支付经济补偿的，在劳动者办结工作交接时支付。

（3）用人单位对已经解除或者终止的劳动合同的文本，至少保存两年备查。

（4）用人单位违法解除或终止劳动合同的法律后果：①劳动者要求继续履行劳动合同的，用人单位应当继续履行；②劳动者不要求继续履行劳动合同或者劳动合同已经不能继续履行的，用人单位应当依照法定经济补偿的2倍支付赔偿金。赔偿金的计算年限自用工之日起计算。

典型案例10-1 劳动合同解除

五、特别规定

（一）集体合同

1. 集体合同的订立

企业职工一方与用人单位通过平等协商，可以就劳动报酬、工作时间、休息休假、劳动安全卫生、保险福利等事项订立集体合同，也可就劳动安全卫生、女职工权益保护、工资调整机制等订立专项集体合同。集体合同由工会代表企业职工一方与用人单位订立；尚未建立工会的用人单位，由上级工会指导劳动者推举的代表与用人单位订立。在县级以下区域内，建筑业、采矿业、餐饮服务业等行业可以由工会与企业方面代表订立行业性集体合同，或者订立区域性集体合同。

2. 集体合同的生效

集体合同订立后，应当报送劳动行政部门；劳动行政部门自收到集体合同文本之日起十五日内未提出异议的，集体合同即行生效。

3. 集体合同的效力

①依法订立的集体合同对用人单位和劳动者具有约束力。行业性、区域性集体合同对当地本行业、本区域的用人单位和劳动者具有约束力。②集体合同中劳动报酬和劳动条件等标准不得低于当地人民政府规定的最低标准；用人单位与劳动者订立的劳动合同中劳动报酬和劳动条件等标准不得低于集体合同规定的标准。

（二）劳务派遣

1. 劳务派遣的适用范围

劳务派遣用工是补充形式，只能在临时性、辅助性或者替代性的工作岗位上实施。临时性工作岗位是指存续时间不超过六个月的岗位；辅助性工作岗位是指为主营业务岗位提供服务的非主营业务岗位；替代性工作岗位是指用工单位的劳动者因脱产学习、休假等原因无法工作的一定期间内，可以由其他劳动者替代工作的岗位。

2. 劳务派遣单位的义务

劳务派遣单位履行用人单位对劳动者的义务：①与被派遣劳动者订立两年以上的固定期限劳动合同，劳动合同还应当载明用工单位、派遣期限、工作岗位等情况；②按月支付劳动报酬，被派遣劳动者在无工作期间，劳务派遣单位应当按照所在地人民政府规定的最低工资标准，向其按月支付报酬；③跨地区派遣劳动者的，被派遣劳动者享有的劳动报酬和劳动条件，按照用工单位所在地的标准执行；④不得克扣用工单位按照劳务派遣协议支付给被派遣劳动者的劳动报酬；⑤劳务派遣单位和用工单位不得向被派遣劳动者收取费用；⑥劳务派遣单位不得以非全日制用工形式招用被派遣劳动者。

3. 用工单位的义务

用工单位指接受以劳务派遣形式用工的单位，其向被派遣劳动者履行下列义务：①执行国家劳动标准，提供相应的劳动条件和劳动保护；②告知被派遣劳动者的工作要求和劳动报酬；③支付加班费、绩效奖金，提供与工作岗位相关的福利待遇；④对在岗被派遣劳动者进行工作岗位所必需的培训；⑤连续用工的，实行正常的工资调整机制；⑥用工单位不得将被派遣劳动者再派遣到其他用人单位；⑦用工单位应当严格控制劳务派遣用工数量，不得超过其用工总量的10%。

4. 被派遣劳动者的权利

被派遣劳动者享有与用工单位的劳动者同工同酬的权利；有权在劳务派遣单位或者用工单位依法参加或者组织工会，维护自身的合法权益。

（三）非全日制用工

（1）双方当事人可以订立口头协议，且不得约定试用期。

（2）从事非全日制用工的劳动者可以与一个或者一个以上用人单位订立劳动合同；

但是，后订立的劳动合同不得影响先订立的劳动合同的履行。

（3）双方当事人任何一方都可以随时通知对方终止用工；终止用工，用人单位不向劳动者支付经济补偿。

（4）非全日制用工小时计酬标准不得低于用人单位所在地人民政府规定的最低小时工资标准；非全日制用工劳动报酬结算支付周期最长不得超过十五日。

第三节　劳动基准制度

一、劳动基准概述

（一）劳动基准的定义

劳动基准是指国家法律规定的劳动条件与劳动待遇的最低标准。我国现行立法虽然没有采用"劳动基准"概念，也没有对劳动基准进行系统化立法，但对劳动基准的主要内容，例如工资、工作时间、休息时间、职业安全卫生、女职工与未成年工的特殊劳动保护等在《劳动法》和不同的规范性文件中均作了相应规定。

（二）劳动基准的特征

劳动基准是国家对劳动关系的适度干预，具有以下特征：

（1）法定性。劳动基准由国家通过法律、法规等规范性文件直接规定，例如最低工资、最长工时、休息休假等都有专门规定，用人单位必须遵照执行。

（2）底线性。劳动基准是国家为了保障劳动者的生存权，通过立法规定的劳动条件和劳动待遇的最低标准，是用人单位和劳动者协商的底线；如果低于底线即使协商一致，合同也无效。

（3）强制性。劳动基准是立法规定的用人单位对劳动者的最低义务，必须执行；凡是违反劳动基准侵害劳动者权益的行为，依法都要承担违法责任。

二、工时制度

（一）工作时间

1. 工作时间的定义

工作时间立法拉开了现代劳动法的序幕。工作时间，又称劳动时间，是指国家法律规定的劳动者履行劳动义务的时间，一般以小时为计算单位，包括一昼夜工作的小时数（工作日）和一周之内工作的天数和小时数（工作周）。

工作时间主要特征有：①长度具有法定性。标准工作时间、工作时间的种类及适用范围、休息时间均由法律明确规定。②它是履行劳动义务的主要形式。在法定或约定工作时间从事生产和劳动，既是劳动者履行劳动义务的主要形式，也是其享有劳动报酬及其他劳动权利的基础。③工作时间不限于实际劳动时间，还包括工作预备时间、结束整理时间以及法定的非劳动消耗时间，例如劳动者依法参加社会活动的时间。

2. 工作时间的类型

（1）标准工作时间，是法律规定的正常情况下劳动者从事劳动的最长时间，既是工时制度的立法基础，也是其他特殊工时的参照标准和计算依据。包括两项内容：一是劳动者每日工作时间不超过 8 小时，每周工作时间不超过 40 小时；二是每周至少休息一日。

（2）缩短工作时间，《国务院关于职工工作时间的规定》第四条规定："在特殊条件下从事劳动和有特殊情况，需要适当缩短工作时间的，按照国家有关规定执行。"目前适用于从事矿山、井下、高山、高温、低温、有毒有害、特别繁重或过度紧张的劳动者，夜班劳动者，哺乳期女职工，未成年工等。

（3）不定时工作时间，经劳动行政部门批准，企业对符合下列条件之一的职工，可以实行不定时工作制：①企业中的高级管理人员、外勤人员、推销人员、部分值班人员和其他因工作无法按标准工作时间衡量的职工；②企业中的长途运输人员、出租汽车司机和铁路、港口、仓库的部分装卸人员以及因工作性质特殊，需机动作业的职工；③其他因生产特点、工作特殊需要或职责范围的关系，适合实行不定时工作制的职工。

（4）综合计算工作时间，经劳动行政部门批准，企业对符合下列条件之一的职工，可实行综合计算工时工作制，即分别以周、月、季、年等为周期，综合计算工作时间，但其平均日工作时间和平均周工作时间应与法定标准工作时间基本相同：①交通、铁路、邮电、水运、航空、渔业等行业中因工作性质特殊，需连续作业的职工；②地质及资源勘探、建筑、制盐、制糖、旅游等受季节和自然条件限制的行业的部分职工；③其他适合实行综合计算工时工作制的职工。

对于实行不定时工作制和综合计算工时工作制等其他工作和休息办法的职工，企业在保障职工身体健康并充分听取职工意见的基础上，采用集中工作、集中休息、轮休调休、弹性工作时间等适当方式，确保职工的休息休假权利和生产、工作任务的完成。

（二）休息时间

休息时间是与工作时间相对的一个概念，是指法律规定劳动者不必从事生产和劳动，而由自己自由支配的时间。主要包括：

1. 日常休息时间

①一个工作日内的间歇时间，依据劳动者生理规律和习惯，应在工作 4 小时后给予劳动者一次间歇休息时间，最短不得少于半小时。②两个工作日间的间歇时间，指劳动者在一个工作日结束至下一个工作日开始之间的休息时间。③两个工作周间的间歇时间，又称公休假，是指劳动者连续工作一周后享有的休息时间。企业和不能实行统一工作时间的事业单位，可以根据实际情况采取轮班制的办法，灵活安排周休息日，但应保证劳动者每周工作时间不超过 40 小时，每周至少休息 1 天。

2. 休假

主要包括：①法定节日，目前全体公民享有的法定节日每年有 11 天；此外还有属于部分公民的节日、少数民族的节日。②年休假，法律规定劳动者连续工作满 1 年的每年享有的带薪连续休息时间，法律依据是《职工带薪年休假条例》。③探亲假，是指与父母或配偶分居两地的职工享有的带薪假期。主要执行依据是 1981 年国务院制定的《关于职工探亲待遇的规定》。④婚丧假，是指劳动者本人结婚、直系亲属死亡时依法享有的假期。执行依据是原国家劳动总局、财政部1980年颁布《关于国营企业职工请婚丧假和路程假问题的通知》。

（5）产假。根据《女职工劳动保护特别规定》，女职工生育享受98天产假，其中产前可以休假15天；难产的，增加产假15天；生育多胞胎的，每多生育1个婴儿，增加产假15天。女职工怀孕未满4个月流产的，享受15天产假；怀孕满4个月流产的，享受42天产假。

（三）延长工作时间

延长工作时间是指超过法律规定长度的工作时间。超过日标准工作时间的，称为加点；公休日和法定假日工作的，称为加班。

1. 延长工作时间的限制措施

（1）禁止安排未成年工、怀孕7个月以上的女工和哺乳未满周岁婴儿的女工加班加点；

（2）用人单位由于生产经营需要，经与工会和劳动者协商后可以延长工作时间；

（3）用人单位因特殊原因需要延长工作时间的，在保障劳动者身体健康的条件下延长工作时间每日不得超过3小时，但是每月不得超过36小时；

（4）用人单位安排劳动者延长工作时间的，支付不低于工资150%的工资报酬；休息日安排劳动者工作又不能安排补休的，支付不低于工资200%的工资报酬；法定休假日安排劳动者工作的，支付不低于工资300%的工资报酬。

2. 延长工作时间限制措施的例外

有下列情形之一的，延长工作时间不受上述（2）（3）的限制：①发生自然灾害、事故或者因其他原因，威胁劳动者生命健康和财产安全，需要紧急处理的；②生产设备、交通运输线路、公共设施发生故障，影响生产和公众利益，必须及时抢修的；③法律、行政法规规定的其他情形。

三、工资制度

（一）工资的定义与组成

1. 工资的定义

工资是指劳动者履行劳动义务后用人单位以法定和约定的标准和形式支付的劳动报酬。主要特征有：①劳动者依约依法履行劳动义务是用人单位支付工资的基础；②工资支付的标准和形式是劳动合同约定和劳动法规定的，合同约定与法律规定相抵触的无效；③国家对工资总量实行宏观调控。

2. 工资的组成

根据国家统计局发布的《关于工资总额组成的规定》，工资总额由下列六个部分组成：①计时工资；②计件工资；③奖金；④津贴和补贴；⑤加班加点工资；⑥特殊情况下支付的工资。

（二）最低工资标准

1. 最低工资标准的定义与形式

（1）最低工资标准的定义

最低工资是工资基准的重要组成。根据《最低工资规定》，最低工资标准是指劳动者在法定工作时间或依法签订的劳动合同约定的工作时间内提供了正常劳动的前提下,用人单位依法应支付的最低劳动报酬。这里的正常劳动,是指劳动者按照依法签订的劳动合同约定,在法定工作时间或劳动合同约定的工作时间内从事的劳动。

(2)最低工资标准的形式

最低工资标准一般采取月最低工资标准和小时最低工资标准的形式。月最低工资标准适用于全日制就业劳动者,小时最低工资标准适用于非全日制就业劳动者。

2. 最低工资标准的组成

在劳动者提供正常劳动的情况下,用人单位应支付给劳动者的工资在剔除下列各项以后,不得低于当地最低工资标准:①延长工作时间工资;②中班、夜班、高温、低温、井下、有毒有害等特殊工作环境、条件下的津贴;③法律、法规和国家规定的劳动者福利待遇等。

实行计件工资或提成工资等工资形式的用人单位,在科学合理的劳动定额基础上,其支付劳动者的工资不得低于相应的最低工资标准。

(三)工资支付保障

根据《劳动法》《工资支付暂行规定》及其补充规定,用人单位支付工资必须按照以下规则执行:

(1)工资必须以法定货币形式支付给劳动者本人,不得以实物及有价证券替代货币支付。

(2)用人单位应将工资支付给劳动者本人;劳动者本人因故不能领取工资时,可由其亲属或委托他人代领。用人单位可委托银行代发工资。

(3)工资必须在用人单位与劳动者约定的日期支付;如遇节假日或休息日,则应提前在最近的工作日支付。工资至少每月支付一次,实行周、日、小时工资制的可按周、日、小时支付工资。

(4)用人单位不得克扣劳动者工资。有下列情况之一的,用人单位可以代扣劳动者工资:①用人单位代扣代缴的个人所得税;②用人单位代扣代缴的应由劳动者个人负担的各项社会保险费用;③法院判决、裁定中要求代扣的抚养费、赡养费;④法律、法规规定可以从劳动者工资中扣除的其他费用。

(5)用人单位必须书面记录支付劳动者工资的数额、时间、领取者的姓名以及签字,并保存两年以上备查。用人单位在支付工资时应向劳动者提供一份其个人的工资清单。

四、职业安全卫生制度

(一)职业安全卫生的定义与特征

1. 职业安全卫生的定义

又称劳动安全卫生,是指国家制定的保护劳动者在劳动或工作过程中生命安全与身体健康的基准制度,"安全第一、预防为主、综合治理"是我国职业安全卫生制度的基本方针。

2. 职业安全卫生的特征

(1)保护对象具有特定性和首要性。劳动者的生命安全与身体健康既是该制度的立法宗旨，也是首要保护目标。

（2）保护范围具有限定性。劳动安全卫生保护制度保护的是履行劳动义务的劳动者，其保护范围限于劳动过程，这也决定了劳动安全卫生基准必须针对劳动过程的特点和劳动过程所涉及的物理因素、化学因素以及自然因素等制定相应的规范和措施。

（3）基准具有技术性。为了避免各种职业危害因素对劳动者的生命安全和身体健康造成损害，通常以技术手段对劳动过程进行管理，编制各种劳动安全卫生技术规程并将其转化为法律规则予以执行，从而避免工伤事故和职业病的发生。

（4）实施具有强制性。职业安全卫生基准是"高压线"，用人单位必须遵守执行，同时立法排除了用人单位与劳动者通过集体合同或劳动合同对劳动安全卫生责任予以免除、放弃或降低法定要求的可能性，否则不仅该约定无效，甚至要追究用人单位的违法责任。

（二）用人单位职业安全保护义务

用人单位负有保护劳动者的生命安全和身体健康的法定义务，主要包括以下几个方面：

（1）建立健全管理类、技术类劳动安全卫生制度，严格执行国家劳动安全卫生技术规程和各项标准；

（2）广泛开展对劳动者的职业安全卫生教育和培训，未经安全生产教育和培训合格的人员不得上岗作业；

（3）用人单位必须为劳动者提供符合国家规定的劳动安全卫生条件和必要的劳动防护用品，对从事有职业危害作业的劳动者应当定期进行健康检查；

（4）实施应急救援和伤亡事故立即报告制度。要规范安全生产事故灾害的应急管理和响应程序，及时有效实施应急救援工作。事故发生后，应立即按规定向事故发生地县级以上人民政府安全生产监督管理部门和相关部门报告；

（5）依法参加工伤保险，为从业人员缴纳保险费。《劳动法》《安全生产法》《职业病防治法》均对此作了专门规定。

（三）劳动者职业安全保护权利

劳动者是职业安全卫生制度的首要保护对象，我国《劳动法》《安全生产法》《职业病防治法》等主要规定了劳动者的如下权利：

（1）知情权，即劳动者有权知悉其工作场所、工作岗位存在的危险因素，工作过程中可能产生的职业危害及其应急、防范措施等情况。

（2）拒绝权，劳动者对用人单位管理人员违章指挥、强令冒险作业，有权拒绝履行。《劳动合同法》进一步规定，用人单位违章指挥、强令冒险作业危及劳动者人身安全的，劳动者可以立即解除劳动合同，不需事先告知用人单位，而且有获得经济补偿的权利。

（3）紧急情况下的停止作业权和撤离权，《安全生产法》第五十五条规定："从业人员发现直接危及人身安全的紧急情况时，有权停止作业或者在采取可能的应急措施后撤离作业场所。生产经营单位不得因从业人员在前款紧急情况下停止作业或者采取紧急撤离措施而降低其工资、福利等待遇或者解除与其订立的劳动合同。"

（4）获得工伤保险待遇权。生产经营单位应依法为从业人员办理工伤保险事项，不得以任何形式与从业人员订立协议，免除或者减轻其对从业人员因生产安全事故伤亡依法应承担的责任。职工所在用人单位未依法缴纳工伤保险费，发生工伤事故的，由用人单位支付工伤保险待遇。

（5）获得民事赔偿权。因生产安全事故受到损害的从业人员、职业病病人，除依法享有工伤保险待遇外，依照有关民事法律尚有获得赔偿的权利的，有权提出赔偿要求。

五、特殊劳动保护制度

（一）女职工特殊劳动保护

女职工特殊劳动保护是指根据女性劳动者身体结构、生理机能的特点以及抚育子女的特殊需要，在劳动方面对女性给予的特殊保护。

1. 女职工禁忌劳动范围

禁止安排女职工从事矿山井下、国家规定的第四级体力劳动强度的劳动和其他禁忌从事的劳动。用人单位应当遵守女职工禁忌从事的劳动范围的规定，应将本单位属于女职工禁忌从事的劳动范围的岗位书面告知女职工。

2. 女职工四期劳动保护

（1）经期保护。不得安排女职工在经期从事高处、低温、冷水作业和国家规定的第三级体力劳动强度的劳动。

（2）孕期保护。不得安排女职工在怀孕期间从事国家规定的第三级体力劳动强度的劳动和孕期禁忌从事的劳动。对怀孕七个月以上的女职工，不得安排其延长工作时间和夜班劳动。

（3）产期保护。女职工生育享受98天产假，流产也享有一定的产假。产假期间享有生育津贴。生育或者流产的医疗费用，按照生育保险规定的项目和标准，对已经参加生育保险的，由生育保险基金支付；对未参加生育保险的，由用人单位支付。

（4）哺乳期保护。不得安排女职工在哺乳未满一周岁的婴儿期间从事国家规定的第三级体力劳动强度的劳动和哺乳期禁忌从事的其他劳动，不得安排其延长工作时间和夜班劳动。用人单位应当在每天的劳动时间内为哺乳期女职工安排1小时哺乳时间；女职工生育多胞胎的，每多哺乳1个婴儿每天增加1小时哺乳时间。

（二）未成年工特殊劳动保护

未成年工是指年满十六周岁、未满十八周岁的劳动者。基于未成年工生长发育期的特点，以及接受义务教育的需要，我国《劳动法》《未成年工特殊保护规定》，主要规定了如下特殊保护措施：

1. 禁止使用童工

禁止用人单位招用未满十六周岁的未成年人。文艺、体育和特种工艺单位招用未满十六周岁的未成年人，必须依照国家有关规定，履行审批手续，并保障其接受义务教育的权利。

2. 禁忌劳动范围

不得安排未成年工从事矿山井下、有毒有害、国家规定的第四级体力劳动强度的劳动和其他禁忌从事的劳动，具体的禁忌劳动范围详见《未成年工特殊保护规定》。

3. 定期健康检查

在安排工作岗位之前、工作满1年或者年满18周岁，距离上次体检已超过半年的，用人单位应安排未成年工进行定期健康检查。健康检查按照劳动行政部门制作的《未成年工健康检查表》进行。

4. 未成年工登记制度

用人单位招收使用未成年工，须向所在地县级以上人力资源社会保障部门办理未成年工登记。人力资源社会保障部门按照规定审核体检情况和拟安排的劳动范围。未成年工须持由人力资源社会保障部门核发的《未成年工登记证》上岗。

第四节 劳动保障制度

一、劳动保障制度概述

（一）劳动保障制度的定义

劳动保障制度，即劳动者社会保险制度，是指国家通过立法确立的，以保险形式实行的，在劳动者年老、疾病、失业、工伤、生育等社会风险发生时能够获得国家和社会经济帮助的一种社会保障制度。

（二）劳动保障制度的特征

（1）法定性。一方面法律规定范围内的用人单位和劳动者必须参加；另一方面劳动者社会保险的项目、覆盖范围、缴费比例、经办机构、待遇水平等都是明确规定的，一般不能自由选择。

（2）社会性。一方面劳动者社会保险的覆盖范围、资金筹集、发放、调剂、管理具有社会性；另一方面劳动保障作为一种社会制度，保障社会安定是其重要目的。

（3）基本性。劳动保障的根本目的是劳动者在年老、疾病等社会风险发生时获得生存保障，这也就决定了其待遇标准是保基本。

二、养老保险制度

（一）养老保险的概念

养老保险是指根据法律规定，为保障劳动者在达到法定退休年龄解除劳动义务或因年老丧失劳动能力而退出工作岗位后的基本生活而建立的一种劳动保障制度。

（二）养老保险的基本内容

1. 覆盖范围

《社会保险法》第十条规定："职工应当参加基本养老保险，由用人单位和职工共同缴纳基本养老保险费。无雇工的个体工商户、未在用人单位参加基本养老保险的非全日制从业人员以及其他灵活就业人员可以参加基本养老保险,由个人缴纳基本养老保险费。"

2. 基金筹集

基本养老保险基金由用人单位和个人缴费以及政府补贴等组成。根据《降低社会保险费率综合方案》,自2019年5月1日起,降低城镇职工基本养老保险(包括企业和机关事业单位基本养老保险,以下简称养老保险)单位缴费比例。各省、自治区、直辖市及新疆生产建设兵团(以下统称省)养老保险单位缴费比例高于16%的,可降至16%;目前低于16%的,要研究提出过渡办法。单位缴费记入基本养老保险统筹基金。职工按照本人缴费工资的8%缴纳基本养老保险费,记入个人账户。

3. 养老保险待遇

(1)基本养老金。参加基本养老保险的个人,达到法定退休年龄时累计缴费满十五年的,按月领取基本养老金;达到法定退休年龄时累计缴费不足十五年的,可以缴费至满十五年,按月领取基本养老金;也可以转入新型农村社会养老保险或者城镇居民社会养老保险,按照国务院规定享受相应的养老保险待遇。

(2)其他待遇。参加基本养老保险的个人,因病或者非因工死亡的,其遗属可以领取丧葬补助金和抚恤金;在未达到法定退休年龄时因病或者非因工致残完全丧失劳动能力的,可以领取病残津贴。所需资金从基本养老保险基金中支付。

个人账户不能提前支取,个人死亡的,个人账户余额可以继承。

三、医疗保险制度

(一)医疗保险的概念

医疗保险是指按照法律规定建立的、劳动者因患病而暂时丧失劳动能力的情况下,从国家和社会获得一定医疗服务和物质补偿的一种劳动保障制度。

(二)医疗保险的基本内容

1. 覆盖范围

《社会保险法》第二十三条规定:"职工应当参加职工基本医疗保险,由用人单位和职工按照国家规定共同缴纳基本医疗保险费。无雇工的个体工商户、未在用人单位参加职工基本医疗保险的非全日制从业人员以及其他灵活就业人员可以参加职工基本医疗保险,由个人按照国家规定缴纳基本医疗保险费。"

2. 基金筹集

基本医疗保险费由用人单位和职工共同缴纳。用人单位缴费率应控制在职工工资总额的6%左右;职工缴费率一般为本人工资收入的2%,计入个人账户,个人账户的本金和利息归个人所有,可以结转使用和继承。基本医疗保险的缴费率可以随着经济发展做出相应调整。

(三)医疗保险待遇

(1)医疗服务,职工可以选择在与社会保险经办机构签订医疗保险合同的定点医院就医。

（2）医疗费用待遇，指参保职工在医保定点医疗机构发生的医疗费用，符合基本医疗保险药品目录、诊疗项目、医疗服务设施标准的，按照国家规定从基本医疗保险基金中支付。

四、失业保险制度

（一）失业保险的概念

失业保险是指按照法律规定建立的、对有劳动能力并有就业意愿、非基于本人意愿中断就业的劳动者提供物质帮助并促进其就业的一种劳动保障制度。

（二）失业保险的基本内容

1. 适用范围

根据《失业保险条例》的规定，失业保险的适用范围包括城镇企业事业单位及其职工。城镇企业，是指国有企业、城镇集体企业、外商投资企业、城镇私营企业以及其他城镇企业。

2. 基金筹集

失业保险基金由下列各项构成：①城镇企业事业单位、城镇企业事业单位职工缴纳的失业保险费；②失业保险基金的利息；③财政补贴；④依法纳入失业保险基金的其他资金。

城镇企业事业单位按照本单位工资总额的2%缴纳失业保险费，其职工按照本人工资的1%缴纳失业保险费。城镇企业事业单位招用的农民合同制工人本人不缴纳失业保险费。

3. 失业保险待遇

（1）失业保险金。失业保险金的标准，按照低于当地最低工资标准、高于城市居民最低生活保障标准的水平，由省、自治区、直辖市人民政府确定。领取期限以累计缴费时间为依据，最长不超过24个月。

（2）医疗补助金。失业人员在领取失业保险金期间患病就医的，可以按照规定向社会保险经办机构申请领取医疗补助金。医疗补助金的标准由省、自治区、直辖市人民政府规定。

（3）丧葬补助金与抚恤金。失业人员在领取失业保险金期间死亡的，参照当地对在职职工的规定，对其家属一次性发给丧葬补助金和抚恤金。

五、工伤保险制度

（一）工伤保险的概念

又称职业伤害保险，是指依照法律规定建立的，劳动者在生产工作过程中遭受事故伤害或职业病，由国家和社会向劳动者提供医疗救治、康复保健、生活保障等物质帮助的一种劳动保障制度。

（二）工伤保险的基本内容

1. 适用范围

根据《工伤保险条例》的规定，中华人民共和国境内的企业、事业单位、社会团体、民办非企业单位、基金会、律师事务所、会计师事务所等组织和有雇工的个体工商户（以下称用人单位）应当依照本条例规定参加工伤保险，为本单位全部职工或者雇工（以下称职工）缴纳工伤保险费。

2. 基金筹集

工伤保险基金由用人单位缴纳的工伤保险费、工伤保险基金的利息和依法纳入工伤保险基金的其他资金构成。用人单位应当按时缴纳工伤保险费，职工个人不缴纳工伤保险费。

国家根据不同行业的工伤风险程度确定行业的差别费率，并根据工伤保险费使用、工伤发生率等情况在每个行业内确定若干费率档次。行业差别费率及行业内费率档次由国务院社会保险行政部门制定，报国务院批准后公布施行。

3. 工伤认定与劳动能力鉴定

（1）工伤认定。职工发生事故伤害或者按照职业病防治法规定被诊断、鉴定为职业病，所在单位、工伤职工或者其直系亲属、工会组织依法向用人单位所在地统筹地区劳动保障行政部门提出工伤认定申请。社会保险行政部门依据《工伤保险条例》等依法作出是否认定为工伤的决定。

（2）劳动能力鉴定。职工发生工伤，经治疗伤情相对稳定后存在残疾、影响劳动能力的，应当进行劳动能力鉴定。劳动能力鉴定应当依法向设区的市级劳动能力鉴定委员会提出申请。

4. 工伤保险待遇

①工伤医疗期待遇，包括医疗待遇、工资福利待遇、护理待遇等；②工伤致残待遇，包括一次性伤残补助金、伤残津贴、护理待遇；③工亡待遇，包括丧葬补助金、供养亲属抚恤金和一次性工亡补助金。

六、生育保险制度

（一）生育保险的概念

生育保险是指国家通过立法设立的，对因怀孕和分娩而暂时失去劳动能力的女职工提供医疗服务和物质帮助的一种劳动保障制度。

（二）生育保险的基本内容

1. 覆盖范围

根据2019年国务院办公厅《关于全面推进生育保险和职工基本医疗保险合并实施的意见》，遵循保留险种、保障待遇、统一管理、降低成本的总体思路，推进两项保险合并实施，实现参保同步登记、基金合并运行、征缴管理一致、监督管理统一、经办服务一体化。

参加职工基本医疗保险的在职职工同步参加生育保险。

2. 基金筹集

生育保险基金并入职工基本医疗保险基金，统一征缴，统筹层次一致。按照用人单位参加生育保险和职工基本医疗保险的缴费比例之和确定新的用人单位职工基本医疗保险费率，个人不缴纳生育保险费。同时，根据职工基本医疗保险基金支出情况和生育待遇的需求，按照收支平衡的原则，建立费率确定和调整机制。

3. 生育保险待遇

生育保险待遇包括生育医疗费用和生育津贴，所需资金从职工基本医疗保险基金中支付。生育医疗费用包括生育的医疗费用、计划生育的医疗费用和法律、法规规定的其他项目费用。生育津贴支付期限按照《女职工劳动保护特别规定》等法律法规规定的产假期限执行。确保职工生育期间的生育保险待遇不变。

第五节　劳动争议处理制度

一、劳动争议处理制度概述

（一）劳动争议的定义与特征

劳动争议是指劳动关系双方当事人之间因劳动权利和劳动义务所发生的纠纷。其特征有以下几点：

（1）争议主体具有特定性。通常情况下，一方是劳动者或工会，另一方是用人单位。但是，由于劳动合同往往涉及第三人的物质利益，如劳动者患病、伤残或死亡时，劳动者的近亲属可以成为劳动争议的一方主体。作为用人单位一方，仅指用人单位行政方，不包括用人单位的党团组织、工会组织及车间、班组。

（2）争议基础具有特定性。劳动关系是劳动者与用人单位产生劳动争议的基础；失去这一基础，双方之间不存在劳动争议。

（3）争议内容具有特定性。通常是围绕双方约定的劳动权利和劳动义务发生争执，法律层面的权利、义务在事实层面上往往集中表现为一定的经济利益。

（4）争议影响具有广泛性。一般劳动争议仅发生在单个劳动者与用人单位之间，但某些劳动争议，如集体劳动争议、团体劳动争议等，往往涉及多个劳动者，涉及面广，社会影响大。

（二）劳动争议的处理原则

劳动争议的处理原则，是在劳动争议处理过程中必须遵循的基本准则，贯穿于劳动争议处理的每一个程序之中，是国家劳动立法关于劳动争议处理的基本指导思想。根据我国《劳动法》第七十八条及《劳动争议调解仲裁法》第三条的规定，处理劳动争议应当遵循以下原则：

1. 调解原则

调解，是指在尊重当事人意愿的前提下，由第三方主持，依法劝说争议双方当事人通过协商，在互谅互让的基础上自愿达成协议、消除争议的一种方法。调解作为解决劳动争议的基本手段，贯穿于劳动争议处理的全过程。

2. 及时处理原则

及时处理是指劳动争议处理机构受理劳动争议案件后，应当在法律、法规规定的时限内尽快处理结案，消除纠纷，不能拖延。

3. 依法处理原则

"依法"包含两个方面：一是我国劳动争议处理包括协商、调解、仲裁、诉讼四个程序，协商、调解程序贯彻自愿原则，仲裁是诉讼的前置程序。二是这里的"法"包含三个层次：①法律法规的相关规定；②劳动合同或集体合同中的有效约定；③合法的企业内部规章。

4. 公正处理原则

这是指劳动争议处理机构应站在公正的立场，保证争议双方当事人平等的权利，任何用人单位和劳动者都没有超越法律的特权。此外，为保证公正性，切实维护劳动者的合法权益，处理争议时坚持三方性原则，即要求劳动行政机关、企业用工方和工会组织，三方共同处理劳动争议。

二、劳动争议协商

协商是处理劳动争议的首个程序，是指劳动争议发生后，劳动者可以与用人单位协商，也可以请工会或者第三方共同与用人单位协商，达成和解协议。

协商不是劳动争议处理的必经程序。双方自愿是协商程序的前提，如果一方不愿意协商，或协商失败，可以选择其他程序。协商所达成的协议没有强制执行力。

三、劳动争议调解

调解程序指特定劳动争议调解组织的调解，它不涉及劳动争议仲裁程序和诉讼程序中的调解。自愿是调解的基本原则，该程序不是劳动争议处理的必经程序，尊重当事人申请仲裁和诉讼权利。

（一）调解组织

我国劳动争议调解组织包括企业劳动争议调解委员会、依法设立的基层人民调解组织和在乡镇、街道设立的具有劳动争议调解职能的组织三种类型。

我国境内的用人单位与劳动者之间，发生的下列争议属于劳动争议调解的受案范围：①因确认劳动关系发生的争议；②因订立、履行、变更、解除和终止劳动合同发生的争议；③因除名、辞退和辞职、离职发生的争议；④因工作时间、休息休假、社会保险、福利、培训以及劳动保护发生的争议；⑤因劳动报酬、工伤医疗费、经济补偿或者赔偿金等发生的争议；⑥法律、法规规定的其他劳动争议。

（二）调解程序

（1）当事人可以书面申请，也可以口头申请。口头申请的，调解组织应当当场记录申请人基本情况，申请调解的争议事项、理由和时间。发生劳动争议的劳动者一方在10人以上，并有共同请求的，可以推举代表参加调解活动。

（2）调解劳动争议，应当充分听取双方当事人对事实和理由的陈述，耐心疏导，帮助其达成协议。

（3）经调解达成协议的，应当制作调解协议书，由双方当事人签名或者盖章，经调解员签名并加盖调解组织印章后生效，对双方当事人具有约束力，当事人应当履行。

（4）自劳动争议调解组织收到调解申请之日起15日内未达成调解协议的，当事人可以依法申请仲裁。达成调解协议后，一方当事人在协议约定期限内不履行调解协议的，另一方当事人可以依法申请仲裁。

四、劳动争议仲裁

根据我国《劳动法》《劳动争议调解仲裁法》的规定，除另有规定的，仲裁是处理劳动争议的必经程序，是劳动争议司法救济的前置程序。

（一）劳动争议仲裁委员会

劳动争议仲裁委员会按照统筹规划、合理布局和适应实际需要的原则设立。省、自治区人民政府可以决定在市、县设立劳动争议仲裁委员会；直辖市人民政府可以决定在区、县设立劳动争议仲裁委员会。直辖市、设区的市也可以设立一个或者若干个劳动争议仲裁委员会。劳动争议仲裁委员会不按行政区划层层设立，由劳动行政部门代表、工会代表和企业方面的代表组成，人员应当是单数。

劳动争议仲裁受案范围与前述劳动争议调解受案范围相同。

（二）仲裁程序

（1）申请劳动仲裁的时效期间为1年，从当事人知道或者应当知道其权利被侵害之日起计算。申请人应当提交书面仲裁申请，并按照被申请人人数提交副本。书写仲裁申请确有困难的，可以口头申请，由劳动争议仲裁委员会记入笔录，并告知对方当事人。

（2）劳动仲裁实行仲裁庭制。仲裁庭由3名仲裁员组成，设首席仲裁员。简单劳动争议案件可以由1名仲裁员独任仲裁。仲裁庭裁决劳动争议案件，应当自受理仲裁申请之日起45日内结束；案情复杂需要延期的，经劳动争议仲裁委员会主任批准，可以延期并书面通知当事人，但是延长期限不得超过15日。逾期未裁决的，当事人可以就该劳动争议事项向人民法院提起诉讼。

当事人申请劳动争议仲裁后，可以自行和解。达成和解协议的，可以撤回仲裁申请。仲裁庭在作出裁决前，应当先行调解。调解达成协议的，仲裁庭应当制作调解书，调解书经双方当事人签收后，发生法律效力。调解不成或者调解书送达前，一方当事人反悔的，仲裁庭应当及时作出裁决。

（3）当事人对"一裁终局"以外的其他劳动争议案件的仲裁裁决不服的，可以自收到仲裁裁决书之日起 15 日内向人民法院提起诉讼；期满不起诉的，裁决书发生法律效力。

（三）仲裁注意事项

1. 管辖。劳动争议由劳动合同履行地或者用人单位所在地的劳动争议仲裁委员会管辖。双方当事人分别向劳动合同履行地和用人单位所在地的劳动争议仲裁委员会申请仲裁的，由劳动合同履行地的劳动争议仲裁委员会管辖。

2. 一裁终局。下列劳动争议，仲裁裁决为终局裁决，裁决书自作出之日起发生法律效力：

（1）追索劳动报酬、工伤医疗费、经济补偿或者赔偿金，每项确定的数额均不超过当地月最低工资标准 12 个月金额的争议；

（2）因执行国家的劳动标准在工作时间、休息休假、社会保险等方面发生的争议。劳动者对上述仲裁裁决不服的，可以自收到仲裁裁决书之日起 15 日内向人民法院提起诉讼。

同一仲裁裁决同时包含终局裁决事项和非终局裁决事项，当事人不服该仲裁裁决向人民法院提起诉讼的，应当按照非终局裁决处理。

3. 证据。发生劳动争议，当事人对自己提出的主张有责任提供证据。劳动者无法提供由用人单位掌握管理的与仲裁请求有关的证据，仲裁庭可以要求用人单位在指定期限内提供。用人单位在指定期限内不提供的，应当承担不利后果。

典型案例 10-2 劳动争议处理

五、劳动争议诉讼

诉讼不是劳动争议处理的必经程序。根据《最高人民法院关于审理劳动争议案件适用法律问题的解释（一）》第一条，劳动者与用人单位之间发生的下列纠纷属于劳动争议，当事人不服劳动争议仲裁机构作出的裁决，依法提起诉讼的，人民法院应予受理：

（一）劳动者与用人单位在履行劳动合同过程中发生的纠纷；

（二）劳动者与用人单位之间没有订立书面劳动合同，但已形成劳动关系后发生的纠纷；

（三）劳动者与用人单位因劳动关系是否已经解除或者终止，以及应否支付解除或者终止劳动关系经济补偿金发生的纠纷；

（四）劳动者与用人单位解除或者终止劳动关系后，请求用人单位返还其收取的劳动合同定金、保证金、抵押金、抵押物发生的纠纷，或者办理劳动者的人事档案、社会保险关系等移转手续发生的纠纷；

（五）劳动者以用人单位未为其办理社会保险手续，且社会保险经办机构不能补办导致其无法享受社会保险待遇为由，要求用人单位赔偿损失发生的纠纷；

（六）劳动者退休后，与尚未参加社会保险统筹的原用人单位因追索养老金、医疗费、工伤保险待遇和其他社会保险待遇而发生的纠纷；

（七）劳动者因为工伤、职业病，请求用人单位依法给予工伤保险待遇发生的纠纷；

（八）劳动者依据《劳动合同法》第八十五条规定，要求用人单位支付加付赔偿金发生的纠纷；

（九）因企业自主进行改制发生的纠纷。

目前，劳动争议案件大多由人民法院的民事审判庭（有的地方为行政审判庭）审理，依照《民事诉讼法》规定的诉讼程序进行，此处不赘述。

另需注意，劳动争议案件由用人单位所在地或者劳动合同履行地基层人民法院管辖。劳动合同履行地不明确的，由用人单位所在地的基层人民法院管辖。法律另有规定的，依照其规定。双方当事人就同一仲裁裁决分别向有管辖权的人民法院起诉的，后受理的人民法院应当将案件移送给先受理的人民法院。

第十章　即测即练题

本章思考题

1. 劳动法对哪些主体适用？
2. 劳动关系的认定标准是什么？
3. 劳动立法如何调整非典型劳动关系？
4. 劳动立法如何保障劳动者的休息权？
5. 劳动立法如何保障劳动者的劳动报酬权？
6. 我国劳动保障制度包括哪些内容？
7. 我国劳动争议处理制度的基本规定是什么？

参 考 文 献

[1] 经济法学编写组. 经济法学（第二版）[M]. 北京：高等教育出版社，2019.
[2] 财政部会计资格评价中心. 经济法[M]. 北京：经济科学出版社，2021.
[3] 中国注册会计师协会. 经济法[M]. 北京：中国财政经济出版社，2021.
[4] 史际春. 经济法（第三版）[M]. 北京：中国人民大学出版社，2015.
[5] 刘瑞复. 经济法学原理（第四版）[M]. 北京：北京大学出版社，2013.
[6] 张守文. 经济法学（第七版）[M]. 北京：北京大学出版社，2018.
[7] 杨紫烜. 经济法（第五版）[M]. 北京：北京大学出版社，2015.
[8] 刘大洪. 经济法（第三版）[M]. 北京：中国人民大学出版社，2021.
[9] 李昌麒. 经济法学[M]. 北京：法律出版社，2016.
[10] 漆多俊. 经济法学（第四版）[M]. 北京：高等教育出版社，2019.
[11] 肖江平. 经济法学理研究与案例分析[M]. 北京：北京大学出版社，2014.
[12] 王宝山. 经济法概论[M]. 成都：四川大学出版社，2017.
[13] 孙丹. 经济法[M]. 北京：机械工业出版社，2020.
[14] 张文显. 法理学（第五版）[M]. 北京：高等教育出版社，2019.
[15] 民法学编写组. 民法学[M]. 北京：高等教育出版社，2019.
[16] 李永军. 民法学教程[M]. 北京：中国政法大学出版社，2021.
[17] 谭启平. 中国民法学（第三版）[M]. 北京：法律出版社，2021.
[18] 江伟. 民事诉讼法学[M]. 北京：中国人民大学出版社，2018.
[19] 肖建国. 仲裁法学[M]. 北京：高等教育出版社，2021.
[20] 江伟，肖建国. 仲裁法[M]. 北京：中国人民大学出版社，2016.
[21] 石淼. 民事诉讼法要义及实务[M]. 北京：北京大学出版社，2021.
[22] 张子凡. 新合伙制[M]. 北京：中国经济出版社，2018.
[23] 胡华成，马宏辉. 合伙人：股权分配、激励、融资、转让（第 2 版）[M]. 北京：清华大学出版社，2020.
[24] 郑指梁，吕永丰. 合伙人制度[M]. 北京：清华大学出版社，2017.
[25] 张晨颖. 合伙企业破产法律问题研究[M]. 北京：法律出版社，2016.
[26] 谢秋荣. 合伙企业实务全书[M]. 北京：中国法制出版社，2019.
[27] 朱少平. 中华人民共和国合伙企业法释义及实用指南[M]. 北京：中国法制出版社，2013.
[28] 商法学编写组. 商法学[M]. 北京：高等教育出版社，2019.
[29] 朱锦清. 公司法学[M]. 北京：清华大学出版社，2019.
[30] 王欣新. 公司法[M]. 北京：中国人民大学出版社，2020.
[31] 范健，王建文. 商法学（第五版）[M]. 北京：法律出版社，2021.
[32] 刘凯湘. 2021 年国家统一法律职业资格考试辅导用书（商法）[M]. 北京：法律出版社，2021.
[33] 鄢梦萱. 2021 年国家法律职业资格考试（鄢梦萱讲商法）（主观题专题精讲）[M]. 北京：中国政法大学出版社，2021.
[34] 鄢梦萱. 2021 年国家法律职业资格考试（鄢梦萱讲商经法）（理论卷）[M]. 北京：中国政法大学出版社，2021.

[35] 李晗. 李晗讲商经法之法律法规一本通[M]. 北京：五洲传播出版社，2021.

[36] 崔云岭. 合同法论（第三版）[M]. 北京：法律出版社，2021.

[37] 杨立新. 合同法[M]. 北京：法律出版社，2021.

[38] 梁慧星. 民法总论[M]. 北京：法律出版社，2021.

[39] 崔建远. 合同法（第四版）[M]. 北京：北京大学出版社，2021.

[40] 王利明. 合同法（第二版）[M]. 北京：中国人民大学出版社，2021.

[41] 吴江水. 完美的合同——合同的基本原理及审查与修改（第三版）[M]. 北京：北京大学出版社，2020.

[42] 李少伟，张晓飞. 合同法[M]. 北京：法律出版社，2021.

[43] 隋彭生. 合同法（第九版）[M]. 北京：中国人民大学出版社，2020.

[44] 刘心稳. 票据法（第四版）[M]. 北京：中国政法大学出版社，2018.

[45] 谢怀栻. 票据法概论[M]. 北京：法律出版社，2017.

[46] 谢冬慧，张明霞. 票据法典型案例评析[M]. 南京：南京大学出版社，2014.

[47] 吕来明. 票据法学（第二版）[M]. 北京：北京大学出版社，2017.

[48] 王敦常. 票据法原理[M]. 北京：商务印书馆，2016.

[49] 胡德胜. 票据法基本原理及应用比较研究[M]. 北京：中国政法大学出版社，2015.

[50] 郑孟状，郭站红，姜煜洌. 中国票据法专家建议稿及说明[M]. 北京：法律出版社，2014.

[51] 金锦花. 票据法[M]. 北京：中国政法大学出版社，2015.

[52] 朱锦清. 证券法学（第四版）[M]. 北京：北京大学出版社，2019.

[53] 周友苏. 证券法新论[M]. 北京：法律出版社，2020.

[54] 郑彧. 证券法要义[M]. 北京：北京大学出版社，2021.

[55] 范健，王建文. 证券法（第三版）[M]. 北京：法律出版社，2020.

[56] 王建文. 证券法研究[M]. 北京：中国人民大学出版社，2021.

[57] 郭锋. 中华人民共和国证券法制度精义与条文评注[M]. 北京：中国法制出版社，2020.

[58] 董安生. 证券法原理[M]. 北京：北京大学出版社，2018.

[59] 顾功耘. 证券法学[M]. 北京：高等教育出版社，2021.

[60] 王莲峰. 商标法学[M]. 北京：北京大学出版社，2019.

[61] 张锐. 商标实务指南（第三版）[M]. 北京：法律出版社，2019.

[62] 王迁. 知识产权法教程[M]. 北京：中国人民大学出版社，2021.

[63] 吴汉东. 知识产权法[M]. 北京：法律出版社，2021.

[64] 张耕. 2021年国家统一法律职业资格考试辅导用书（知识产权法）[M]. 北京：法律出版社，2021.

[65] 王太平，姚鹤徽. 商标法[M]. 北京：中国人民大学出版，2020.

[66] 孔祥俊. 商标法原理与判例[M]. 北京：法律出版社，2021.

[67] 法律出版社法规中心. 中华人民共和国商标法注释本[M]. 北京：法律出版社，2021.

[68] 吕明瑜. 竞争法教程（第三版）[M]. 北京：中国人民大学出版社，2021.

[69] 刘继峰. 竞争法学（第三版）[M]. 北京：北京大学出版社，2018.

[70] 徐士英. 新编竞争法教程（第二版）[M]. 北京：北京大学出版社，2020.

[71] 种明钊. 竞争法（第三版）[M]. 北京：法律出版社，2016.

[72] 王先林. 竞争法学（第三版）[M]. 北京：中国人民大学出版社，2018.

[73] 徐孟洲. 竞争法（第三版）[M]. 北京：中国人民大学出版社，2018.

[74] 江帆. 竞争法[M]. 北京：法律出版社，2019.

[75] 孙晋，李胜利. 竞争法原论（第二版）[M]. 北京：法律出版社，2020.

[76] 王晓晔. 王晓晔论反垄断法[M]. 北京：社会科学文献出版社，2019.

[77] 万江. 中国反垄断法（第三版）[M]. 北京：法律出版社，2021.

[78] 孟雁北. 反垄断法（第二版）[M]. 北京：北京大学出版社，2017.

[79] 孔祥俊. 反不正当竞争法新原理·原论[M]. 北京：法律出版社，2019.

[80] 孔祥俊. 反不正当竞争法新原理·总论[M]. 北京：法律出版社，2019.

[81] 孔祥俊. 反不正当竞争法新原理·分论[M]. 北京：法律出版社，2019.

[82] 约翰·P. 温德姆勒. 工业化市场经济国家的集体谈判[M]. 何平，等译. 北京：中国劳动出版社，1994.

[83] 王全兴. 劳动法[M]. 北京：法律出版社，1997.

[84] 董保华. 劳动关系调整的法律机制[M]. 上海：上海交通大学出版社，2000.

[85] 郑尚元. 劳动合同法的制度与理念[M]. 北京：中国政法大学出版社，2008.

[86] 李娟. 当前我国劳动基准面临的问题和对策研究[M]. 北京：中国言实出版社，2015.

[87] 黄乐平. 中国工伤保险制度研究[M]. 北京：法律出版社，2018.

[88] 郑功成，等. 社会保险法及实践研究[M]. 北京：人民出版社，2020.

[89] 国家法官学院、最高人民法院司法案例研究院. 中国法院 2021 年度案例·劳动纠纷（含社会保险纠纷）[G]. 北京：中国法制出版社，2021.

教师服务

感谢您选用清华大学出版社的教材！为了更好地服务教学，我们为授课教师提供本书的教学辅助资源，以及本学科重点教材信息。请您扫码获取。

❯❯ 教辅获取

本书教辅资源，授课教师扫码获取

❯❯ 样书赠送

经济学类重点教材，教师扫码获取样书

 清华大学出版社

E-mail: tupfuwu@163.com 网址: http://www.tup.com.cn/
电话: 010-83470332 / 83470142 传真: 8610-83470107
地址: 北京市海淀区双清路学研大厦 B 座 509 邮编: 100084